I0539384

# ARCHIVOS DEL PRESIDENTE JOSÉ AZCONA

**Notas de Prensa. Mayo—Junio de 1987**

MERENDÓN

COLECCIÓN

**ARCHIVOS DEL PRESIDENTE JOSÉ AZCONA**
(Notas de prensa, Mayo—Junio de 1987)

©Colección MERENDÓN
Supervisión Editorial: Óscar Flores López
Diseño de portada: Andrea Rodríguez
Administración: Tesla Rodas y Jéssica Cordero
Director Ejecutivo: José Azcona Bocock

Instagram: coleccionerandique
Facebook: Colección Erandique

Primera Edición
Tegucigalpa, Honduras—Septiembre de 2024

# EN ISRAEL RECIBEN CON PAN Y SAL PARA EL PRESIDENTE

Estos volúmenes del archivo José Azcona Hoyo de la Colección Merendón nacen de los documentos que dejó mi papá al fallecer. Hubiese sido su voluntad que la información fuese compartida con todas las personas que deseen acceder a la misma.

La colección incluye un registro de publicaciones periódicas contemporáneas con los hechos, informes de gobierno y otros documentos anexos. Esta edición abarca los archivos de prensa de los diarios La Tribuna, El Heraldo, La Prensa y Tiempo de mayo y junio de 1987.

El cuidado y divulgación de documentos históricos tiene dos componentes importantes. El primero, y condición necesaria para el segundo, es la conservación de la información para su posterior uso. La función primaria se ha logrado durante las décadas que este archivo ha estado bajo custodia de mi madre, Miriam Bocock de Azcona, y se espera lograr darle un hogar definitivo permanente.

La segunda función se cumple con la publicación de este archivo. El mismo se ha organizado, capturado digitalmente, convertido a texto, editado y publicado de una manera sistemática.

La intención es que el mismo sea accesible, a un costo económico, para quienes deseen conocer mejor este importante periodo de la historia de Honduras.

Adicionalmente, que sirva de fuente para investigadores que se interesen en los temas cubiertos por el mismo. Un complemento importante es que se pretende tener estas obras en una edición disponible de forma permanente, para garantizar el acceso al mismo a futuro.

Hemos cuidado de hacer edición para garantizar: que no haya errores y la facilidad de búsqueda. La intención no es distorsionar el archivo para favorecer o perjudicar imágenes, sino conservarlo y compartirlo en forma íntegra.

La edición que hoy publicamos contiene, entre otros temas, la visita del presidente Azcona a Israel y la decisión de repotenciar la Fuerza Aérea de Honduras.

Esto publicó la prensa en su momento:

"El presidente hondureño José Azcona Hoyo, desmintió hoy acusaciones nicaragüenses de que la posible compra por su nación de nuevos aviones de combate norteamericanos sería una amenaza para el gobierno sandinista. La compra de los aviones no es de carácter agresivo", dijo Azcona a los periodistas.

Mientras tanto, en el horizonte aparece una amenaza para el llamado Pacto de Unidad Nacional (PUN).

"Carlos Montoya, del Partido Liberal y Rafael Leonardo Callejas, del Partido Nacional, le harán ver al mandatario la necesidad de reestructurar su equipo gubernamental para darle vitalidad y agilidad necesarias", informó la prensa hondureña.

"En caso de que el mandatario Azcona no acceda a realizar esos cambios, el PUN sería roto, ya que no quieren ser responsables de la mala administración que se está realizando", agregaba la nota.

El presidente, además, fue recibido ayer en Tel Aviv con pan y sal por las máximas autoridades del gobierno de Israel, como es tradición en ese país cuando les da la bienvenida a mandatarios de otras naciones.

**JOSÉ S. AZCONA B.**
**DIRECTOR COLECCIÓN ERANDIQUE**

# HONDURAS SIEMPRE HA CONFIADO EN LA SOLUCIÓN PACÍFICA: AZCONA H. EN LA HAYA

**TEGUCIGALPA.-** El presidente José Azcona Hoyo en su discurso pronunciado ayer ante los miembros de la Corte Internacional de Justicia de La Haya, en Holanda, manifestó que Honduras ha confiado siempre en la solución pacífica de las controversias entre los estados, pues que los "conflictos armados no traen más que desolación, pérdida de vidas y destrucción de los valores humanos más importantes".

En la Corte Internacional de Justicia se ventila el diferendo limítrofe con El Salvador y la demanda que Nicaragua ha interpuesto contra Honduras por permitir que los contras utilicen su territorio para emprender acciones armadas contra Nicaragua.

El mandatario reiteró que su gobierno reconoce como "ineludible la validez y obligatoria ejecución de las sentencias arbitrales y judiciales de carácter internacional, y hace suyo los principios y prácticas del Derecho Internacional para el afianzamiento de la paz y democracia universales".

"Honduras ha acatado siempre las decisiones de los tribunales tanto si nos han sido favorables como desfavorables", recalcó el presidente Azcona, citando que "en 1933 acatamos la sentencia a arbitral del juez norteamericano Evans Hugues, que determinó los límites de Honduras con Guatemala. Y acatamos, asimismo, el laudo dictado por su majestad el rey de España, en 1906 que fijó la frontera con Nicaragua, y cuya validez y obligatoriedad fue confirmada el 18 de noviembre de 1960 por la Corte Internacional de Justicia".

**AZCONA**

"Creo que la realización del Derecho Internacional, inspirado en los valores morales de justicia y de respeto del ser humano, es el medio idóneo para resolver cualquier controversia", expresó.

Azcona mostró su satisfacción porque su visita a la Corte Internacional de Justicia se produce a los pocos días de haberse constituido la sala especial de la Corte para resolver el diferendo jurídico de delimitación de la frontera terrestre, insular y marítima entre Honduras y El Salvador.

Asimismo, dijo que "recientemente hemos respondido a una petición de la República de Nicaragua en relación a acciones armadas en la zona fronteriza de ambas naciones. Sin embargo, mi gobierno confía en que el proceso de negociaciones multilaterales emprendido bajo la iniciativa del Grupo de Contadora, brindará la solución adecuada a la crisis política y militar que vive la región centroamericana".

El presidente Azcona señaló que después de la Segunda Guerra Mundial emergió la Corte Internacional de Justicia "como un faro de luz que guía a la humanidad cobijada bajo el manto de la organización de las Naciones Unidas, hacia la desaparición de los instrumentos de muerte y el afianzamiento de la paz basada en el derecho".

Finalmente, dijo a los miembros de la Corte Internacional de Justicia que en el "área centroamericana existe un pueblo y un gobierno que tiene su fe puesta en el Derecho Internacional y en sus órganos jurisdiccionales". (TDG).

**TIEMPO/27 DE MAYO DE 1987**

# BUSCAMOS "F5-E" PARA REEMPLAZAR LOS ANTICUADOS "SUPER MYSTERE"

**LA HAYA, 26 (AP).- El presidente hondureño José Azcona Hoyo, desmintió hoy acusaciones nicaragüenses de que la posible compra por su nación de nuevos aviones de combate norteamericanos sería una amenaza para el gobierno sandinista.**

"La compra de los aviones no es de carácter agresivo", dijo Azcona a los periodistas. El mandatario se encuentra en una visita de dos días a Holanda.

Se refería a la programada compra de 12 aviones F5-E de los Estados Unidos.

Su programa de modernización ha destacado agudas protestas del gobierno nicaragüense, que a comienzos del mes amenazó con comprar aviones de combate EB de la Unión Soviética para contrarrestar la negociación hondureña-norteamericana.

"Buscamos los F5-E para reemplazar nuestros 12 anticuados Super Mysteres (de fabricación francesa) que fueron comprados hace 11 años y cuya utilidad terminó hace dos años", dijo Azcona.

Dijo que, aunque la Fuerza Aérea Hondureña es "una de las mejores equipadas" de América Central, el tamaño de las Fuerzas Armadas de la nación es pequeño en comparación con otros países de la región.

La compra de los aviones de combate será financiada mediante la ayuda militar norteamericana a Honduras, que llegará a 60 millones de dólares este año, dijo Azcona.

Azcona viajará mañana a Israel.

Durante su visita aquí, Azcona se reunió con el ministro holandés de Ayuda para el Desarrollo, Piet Bukman, para discutir el aumento en la ayuda holandesa a su país.

Holanda dio ayuda por valor de 2.25 millones de dólares a Honduras, en 1986, pero a pesar de los informes de que el gobierno holandés estaba dispuesto a conceder tal aumento, "no se discutieron o se prometieron cantidades específicas", dijo Azcona.

"Los detalles del programa serán discutidos en una etapa futura", dijo el presidente hondureño.

**LA PRENSA/27 DE MAYO DE 1987**

# NO ESTÁ EN EL PROGRAMA DISCUTIR SOBRE ARMAS: JAH

*\*\*\*Regalado: Voy a Israel porque mi mujer es judía*

**LA HAYA, REUTER.-** El presidente de Honduras, José Azcona, negó ayer informaciones que indicaban que discutiría la compra de armas durante una visita de cinco días a Israel que comienza mañana.

"No, esto no está en nuestro programa", dijo Azcona a los periodistas cuando se le interrogó sobre armas israelíes durante una entrevista, que se desarrolló tras conversaciones con el ministro de cooperación para el Desarrollo Piet Bukman.

Ayer, el gobierno y fuentes diplomáticas en Tegucigalpa dijeron que Azcona mantendría conversaciones en Israel sobre la posibilidad de comprar aviones de guerra israelíes KFIR en caso de que el congreso estadounidense niegue un pedido de la Administración Reagan para vender a Honduras aviones F-5E estadounidenses.

Azcona, que está en Holanda en visita privada antes de viajar a Israel mañana, también dijo que Honduras no había comprado ninguna cantidad significativa de armas a Israel el año pasado.

Israel ha suministrado anteriormente armas a otras naciones de América Central cuando no lo hacía Estados Unidos.

El jefe de las Fuerzas Armadas hondureñas, general Humberto Regalado, quien acompaña a Azcona, dijo que los F-5E se necesitaban para reemplazar 12 jets Super Mystere obsoletos y no para aumentar el poderío militar.

Interrogado sobre por qué necesitaba ir a Israel si el tema de las armas no formaba parte de la agenda, Regalado dijo que iba porque su mujer es judía.

Azcona dijo que si los F-5E son provistos, no costarán a Honduras "un solo centavo" porque los gastos entrarán dentro de la ayuda militar, que totaliza 60 millones de dólares por año. Los costos operativos podrían ser menores porque se reducirían los de mantenimiento, dijo Regalado.

El presidente dijo que espera que Israel sea capaz de ayudar a Honduras a impulsar su producción agrícola y la asesore con respecto al turismo.

En cuanto a la ayuda para el desarrollo, Azcona dijo que Bukman planeaba introducir un nuevo programa, que en breve abarcará toda América Central, con el objeto de reforzar las nuevas democracias. La ayuda holandesa a Honduras totaliza unos 4.5 millones de guilders (2.25 millones de dólares) por año.

Azcona también visitó la Corte Internacional de Justicia, el órgano legal de las Naciones Unidas con base en La Haya. Honduras y El Salvador apelaron conjuntamente el año pasado a la Corte para solucionar una prolongada disputa territorial. No se espera un dictamen para antes de tres o cinco años.

**EL HERALDO 27 de mayo de 1987**

# AZCONA HOYO NO NEGOCIARÁ COMPRA DE ARMAS EN ISRAEL

JERUSALEN, Mayo. (EFE).- En contra de informaciones atribuidas a fuentes oficiales y diplomáticas de Tegucigalpa, el presidente hondureño José Azcona Hoyo no tiene previsto negociar la compra de armas durante la visita oficial que iniciará hoy en Israel.

"Se trata de una visita amistosa, la primera de un presidente de la República de Honduras a Israel, y el tema de las armas no está incluido en la agenda de conversaciones", aseguró a EFE Eliezer Atzmon, jefe de la División para América Central en el Ministerio de Relaciones Exteriores.

Según noticias de la prensa israelí y extranjera, hace unos meses, el gobierno de Honduras negociaba con emisarios de las industrias aeronáuticas de Israel, en Tegucigalpa, la adquisición de una escuadrilla de 12 aviones KFIR por 100 millones de dólares.

Israel, dijo Atzmon, no acostumbra a proporcionar información sobre ese tipo de operaciones.

Durante la visita de Azcona, que se prolongará hasta el 2 de junio, será firmado un convenio para la promoción del turismo y para ampliar la cooperación técnica en asuntos de la agricultura, entre otros, informó el diplomático.

El convenio será suscrito en el hotel Rey David de Jerusalén por el ministro hondureño de Relaciones Exteriores, Carlos López Contreras, y su colega israelí, Simón Pérez.

La visita de Azcona sigue a la de otro presidente de Centroamérica, el panameño Eric Arturo Delvalle, quien estuvo en Israel esta última semana, durante cinco días.

Además de López Contreras, que estuvo en Israel en septiembre del año anterior, acompaña a Azcona el comandante en jefe de las Fuerzas Armadas, brigadier general Humberto Regalado Hernández, y también el Vicepresidente de esa República.

Azcona y su comitiva serán recibidos hoy miércoles en el Jardín de las Rosas del Parlamento de Jerusalén por el presidente israelí Jaime Herzog.

El presidente hondureño celebrará conversaciones políticas con el primer ministro ISAAC SHAMIR, y con el subjefe del gobierno de unidad nacional, el líder laborista Simón Pérez, antes de emprender viaje este fin de semana al norte del país.

Azcona también visitará los santuarios religiosos en Jerusalén, y en Belén la Basílica de la Natividad antes de conversar con dirigentes palestinos de ese distrito.

Para el próximo lunes 1 de junio, antes de emprender el regreso, el presidente y su comitiva serán huéspedes de las industrias aeronáuticas de Israel.

**EL HERALDO/27 DE MAYO DE 1987**

*Presidente hondureño:*

## ADQUISICIÓN DE F-5 NO AMENAZARÁ A NICARAGUA

LA HAYA, (AP). El presidente hondureño José Azcona Hoyo desmintió ayer acusaciones nicaragüenses de que la posible compra por su nación de nuevos aviones de combate norteamericanos sería una amenaza para el gobierno sandinista.

"La compra de los aviones no es de carácter agresivo", dijo Azcona a los periodistas. El mandatario se encuentra en una visita de dos días a Holanda.

Se refería a la programada compra de 12 aviones F5E de los Estados Unidos.

Su programa de modernización ha desatado agudas protestas del gobierno nicaragüense, que a comienzos del mes amenazó con comprar aviones de combate en la Unión Soviética para contrarrestar la negociación hondureña-norteamericana.

"Buscamos los F5-E para reemplazar nuestros 12 anticuados Super Mysteres (de fabricación francesa) que fueron comprados hace 11 años y cuya utilidad terminó hace dos años," dijo Azcona.

Dijo que, aunque la Fuerza Aérea Hondureña es "una de las mejores equipadas" de América Central, el tamaño de las fuerzas armadas de la nación es pequeña en comparación con otros países de la región.

La compra de los aviones de combate será financiada mediante la ayuda militar norteamericana a Honduras, que llegará a 60 millones de dólares este año, dijo Azcona.

Azcona viajará hoy a Israel.

Durante su visita aquí, Azcona se reunió con el ministro holandés de Ayuda para el Desarrollo, Piet Bukman, para discutir un aumento en la ayuda holandesa a su país.

Holanda dio ayuda por valor de 2.25 millones de dólares a Honduras en 1986.

"Los detalles del programa serán discutidos en una etapa futura", dijo el presidente hondureño.

### "ESPERA QUE LOS APRUEBEN"

El presidente de la República, José Azcona Hoyo, confió a un periodista israelí su esperanza de que el Senado norteamericano apruebe la venta de 12 aviones de combate F-5E a Honduras durante los próximos meses, y agregó que ello no significará el inicio de una carrera armamentista en la región.

El mandatario hondureño realiza actualmente una visita oficial a Israel con el propósito de cumplir con una invitación que el año anterior le hiciera el primer ministro de esa nación, Itzhak Shamir, cuando visitó Honduras.

Azcona Hoyo precisó que las posibilidades de adquirir los F5-E se deben a que Estados Unidos ofrece más facilidades para ello, pues de llegar al país lo harán como parte de la asistencia militar norteamericana.

Sin embargo, el titular del Ejecutivo señaló que "no es descartable que en su gira por Israel se suscriban algunos acuerdos de tipo militar, aunque aclaró que de concretarse lo anterior, ello estaría a cargo de las Fuerzas Armadas, que gozan de autonomía en estos meses.

Por otra parte, Azcona Hoyo opinó que la llegada a Honduras de los avanzados caza-bombarderos no constituirá ningún argumento válido para que Nicaragua gestione la adquisición de los MIG- 21 soviéticos.

Honduras mantiene la hegemonía aérea en la región a través de los Super Mystere.

### EL HERALDO/27 DE MAYO DE 1987

## PRESIDENTE CONFÍA EN CORTE DE LA HAYA SÓLO EN EL PROBLEMA CON EL SALVADOR

***En cuanto a la disputa con Nicaragua, cree que se resolverá mediante las negociaciones multilaterales que impulsa Contadora.***

Honduras confía en la instancia de la Corte Internacional de Justicia para ponerle fin a su diferendo fronterizo con El Salvador, pero no cree que en esa instancia pueda resolverse la demanda que en su contra ha interpuesto el gobierno de Nicaragua por apoyar a los rebeldes financiados por Estados Unidos.

La posición anterior fue expuesta ayer por el presidente José Azcona Hoyo en su visita a la Corte Internacional de Justicia en La Haya, Holanda, donde también visitó la Sala Especial en la que se resolverá el diferendo jurídico de la frontera con El Salvador.

Azcona dijo que Honduras siempre ha confiado en la solución pacífica de las controversias entre los estados, "pues sabe que los conflictos armados no traen más que desolación, pérdida de vidas y destrucción de los valores humanos más importantes".

"Mi gobierno reconoce como ineludible la validez y obligatoria ejecución de las sentencias arbitrales y judiciales de carácter internacional y hace suyos los principios y prácticas del derecho internacional para el afianzamiento de la paz y democracia universales", señaló el presidente hondureño.

Azcona ratificó ante los magistrados de la CIJ "la fe inquebrantable del pueblo de Honduras en la solución pacífica de los conflictos internacionales por medio de la aplicación del derecho" y aseguró que su país siempre ha acatado las decisiones de los tribunales, sean favorables o desfavorables.

Sin embargo, no concedió igual competencia a la Corte de La Haya en relación a la demanda interpuesta por el gobierno de Nicaragua por el apoyo que su gobierno ha venido prestando a la contra nicaragüense. Al respecto, dijo que si bien su gobierno ha respondido a la petición de Nicaragua, confía en que el proceso de negociaciones multilaterales emprendido bajo la iniciativa del Grupo Contadora, "brindará la solución adecuada a la crisis política y militar que vive la región centroamericana".

"En el área centroamericana existe un pueblo y un gobierno que tienen su fe puesta en el derecho internacional y en sus órganos jurisdiccionales", sostuvo refiriéndose a Honduras. "Creo que la realización del derecho internacional, inspirado en los valores morales de justicia y respeto del ser humano, es el medio idóneo para resolver cualquier controversia", concluyó.

**LA HAYA, Holanda.- El presidente hondureño José Azcona Hoyo, se reúne con el ministro de Desarrollo de Holanda, Piet Bukman, luego de visitar la Corte Internacional de Justicia. El ingeniero Azcona viajará hoy a Israel.** (*Laserfoto AP especial para EL HERALDO*).

**EL HERALDO/27 DE MAYO DE 1987**

## POSPONEN DE NUEVO LA "CUMBRE" PRESIDENCIAL DE NUEVA ORLEÁNS

La Conferencia de Presidentes Centroamericanos, programada por autoridades de la ciudad de Nueva Orleáns, Estados Unidos, ha sido pospuesta nuevamente, a petición del presidente de Guatemala, Vinicio Cerezo, según comunicación recibida ayer en la Casa de Gobierno.

La cita se llevará a cabo del 29 de julio al primero de agosto próximo "para evitar conflictos con la reunión cumbre de Esquipulas", según la explicación que brindan el alcalde de Nueva Orleáns, Sidney J. Barthelemy, y el presidente de la Universidad de Tulane, Eamon M. Kelly.

Los organizadores de la conferencia aseguran que han recibido confirmación oficial de los presidentes Oscar Arias, de Costa Rica, y Vinicio Cerezo, de Guatemala, y confirmación tentativa del mandatario salvadoreño, José Napoleón Duarte, y piden igual anuencia del presidente hondureño.

"Esta conferencia ha sido diseñada con el propósito de brindarle a los países centroamericanos una plataforma neutral sobre la cual exponer sus oportunidades y necesidades según avanzan hacia un nuevo desarrollo económico, así como una discusión franca de la situación política que afecta y determina ese desarrollo económico", dice el mensaje enviado al presidente Azcona.

"Nueva Orleans y el Estado de Louisiana son, y han sido, amigos sinceros de Centroamérica. Nuestro deseo más profundo, ratificado con nuestra gira centroamericana, es la de reanudar y fortalecer el intercambio comercial y turístico entre ambas regiones", concluyen los señores Barthelemy y Kelly.

### EL HERALDO/27 DE MAYO DE 1987

Según la emisora HRN

## MONTOYA Y CALLEJAS AMENAZAN CON QUITARLE APOYO A AZCONA

El Pacto de Unidad Nacional (PUN) podría quedar roto definitivamente cuando regrese al país el presidente José Azcona, si no accede a reestructurar el Gabinete de Gobierno, informó anoche la emisora H.R.N.

De acuerdo a la versión, el planteamiento será hecho por los principales firmantes del PUN, entre ellos Carlos Montoya, del Partido Liberal y Rafael Leonardo Callejas, del Partido Nacional, quienes harán ver al mandatario la necesidad de reestructurar su equipo gubernamental para darle vitalidad y agilidad necesarias.

En caso de que el mandatario Azcona no acceda a realizar esos cambios, el PUN sería roto, ya que "no quieren ser responsables de la mala administración que se está realizando", según manifestaron.

La Emisora HRN señaló que en caso de que se rompa el PUN, Azcona quedará prácticamente solo, pues sus principales puntales que son los diputados montoyistas y callejistas del congreso, le quitarían el apoyo.

### LA TRIBUNA/27 DE MAYO DE 1987

*Azcona en La Haya*

## HONDURAS CONFÍA EN LA SOLUCIÓN PACÍFICA DE LAS CONTROVERSIAS

TEGUCIGALPA.- El presidente José Azcona Hoyo en su discurso ante la Corte Internacional de La Haya declaró que la realización del derecho internacional es el medio idóneo para resolver cualquier controversia y que los conflictos armados no traen más que desolación.

El gobernante se entrevistó con el presidente de la máxima instancia jurídica de las Naciones Unidas como parte del programa del viaje que realiza por Holanda e Israel.

Ante el conductor de este organismo jurídico incluyendo los jueces que forman la sala que tendrá a su cargo la resolución del problema limítrofe entre Honduras y El Salvador, Azcona Hoyo afirmó que Honduras ha confiado siempre en la solución pacífica de las controversias entre los estados, pues sabe que los conflictos armados no traen más que desolación, pérdida de vidas y destrucción de los valores humanos.

"Mi gobierno, agregó reconoce como ineludible la validez y obligatoria ejecución de las sentencias arbitrales y judiciales de carácter internacional y hace suyos los principios y prácticas del derecho internacional para el afianzamiento de la paz y democracia universales".

"Creo que la realización del derecho internacional, inspirado en los valores morales de justicia y de respeto del pueblo mano es el medio idóneo para resolver cualquier controversia, en esta corte internacional están dignamente representados las diversas culturas y los más variados orígenes nacionales que dan como resultado una representación universal de género humano", dijo el presidente hondureño.

En tal sentido el gobernante recordó a los integrantes de la corte que producto de la invariable conducta del grupo de hondureños respecto al derecho internacional, recientemente se les respondió a Nicaragua sobre una petición relacionada con posibles acuerdos para ponerle fin a acciones armadas en la zona fronteriza de ambos estados.

"Sin embargo, enfatizó, mi gobierno confía en que el proceso de negociaciones multilaterales emprendida bajo la iniciativa del grupo de Contadora brindará la solución adecuada a la crisis política y militar que vive la región centroamericana".

"Basados en los propósitos que guían a la corte es para mí un alto honor visitar en este magnífico palacio al más alto órgano jurisdiccional del mundo con el objetivo de comunicar que en el área centroamericana existe un pueblo y gobierno que tiene su fe puesta en el derecho internacional y en sus órganos jurisdiccionales".

El discurso lo pronunció el Presidente a las 20 horas de Holanda (tres de la mañana de Honduras) y ayer Azcona viajó a Jerusalén.

## LA PRENSA/27 DE MAYO DE 1987

## NO NEGOCIARÁ COMPRA DE ARMAS

JERUSALEN, 26 MAYO, (EFE).- En contra de informaciones atribuidas a fuentes oficiales y diplomáticas de Tegucigalpa, el presidente hondureño José Azcona Hoyo no tiene previsto negociar la compra de armas durante la visita oficial que iniciará mañana a Israel.

"Se trata de una visita amistosa, la primera de un presidente de la República de Honduras a Israel, y el tema de las armas no está incluido en la agenda de conversaciones", aseguró hoy a EFE. Eliezer Atzmon, jefe de la División para América Central en el Ministerio de Relaciones Exteriores.

Según noticias de la prensa israelí y extranjera, hace unos meses el gobierno de Honduras negociaba con emisarios de las industrias aeronáuticas de Israel, en Tegucigalpa, la adquisición de una escuadrilla de 12 aviones KFIR por 100 millones de dólares.

Israel, dijo Atzmon, no acostumbra a proporcionar información sobre este tipo de operaciones.

Durante la visita de Azcona que se prolongará hasta el 2 de junio, será firmado un convenio para la promoción del turismo y para ampliar la cooperación técnica en asuntos de la agricultura, entre otros, informó el diplomático.

El convenio será suscrito en el hotel Rey David de Jerusalén por el ministro hondureño de Relaciones Exteriores, Carlos López Contreras, y su colega israelí. Simón Pérez.

La visita de Azcona sigue a la de otro presidente de Centroamérica, el panameño Eric Arturo Del Valle, quien estuvo en Israel esta última semana, durante cinco días.

Además de López Contreras, que estuvo en Israel en septiembre del año anterior, acompaña a Azcona el comandante en jefe de las Fuerzas Armadas, brigadier General Humberto Regalado Hernández.

Azcona y su comitiva serán recibidas mañana miércoles en el Jardín de las Rosas del parlamento de Jerusalén por el presidente israelí Jaime Herzog.

El presidente hondureño celebrará conversaciones políticas con el primer ministro Isaac Shamir, y con el subjefe del gobierno de Unidad Nacional, el líder laborista Simón Peres, antes de emprender viaje este fin de semana al norte del país.

Azcona también visitará los santuarios religiosos en Jerusalén y en Belén la basílica de la Natividad antes de conversar con dirigentes palestinos de ese distrito.

Para el próximo lunes 1 de junio, antes de emprender el regreso, el presidente y su comitiva serán huéspedes de las industrias aeronáuticas de Israel.

## LA PRENSA/27 DE MAYO DE 1987

*[Punto Cardinal/José Antonio Mejía y Mejía]*
## EL PRESIDENTE ES ASÍ

Por fin el presidente de la República se plantó en treinta y amenazó con dejar la presidencia antes que destituir al señor director del INA y los dirigentes campesinos, las dirigencias de vivos diríamos nosotros, le siguieron el juego al titular del ejecutivo. Con eso demostró el ingeniero Azcona que él está dispuesto a solucionar los problemas de sus amigos y no los de la República.

Mario Espinal se queda, aunque el proceso agrario y su crisis permanente vuelva a surgir en cualquier momento. Y para remachar aquello de la lealtad hacia los amigos, el ciudadano primer magistrado, refiriéndose a otro funcionario de otra entidad autónoma manifestó que si se iba era porque él lo quería, que tampoco lo hubiera destituido.

Se trata del exgerente de la Portuaria. Por eso, en más de alguna ocasión dijimos que son dichosos aquellos que son amigos del presidente de la República. El ingeniero Azcona se conduce de manera parecida a como lo hizo el Dr. Ramón Ernesto Cruz, en su efímero gobierno.

Pero Monchito no dejaba de tener razón, pues su situación difería bastante de la de Azcona: bajo de agua tenía nada menos que al ministro de Gobernación y a un grupillo de diputados incondicionales lavándole los cimientos al hombre de Cantarranas y por otro lado la voracidad insaciable de poder del general Oswaldo López Arellano, que desde los cuarteles fraguaba otro golpe de Estado para aventurarse en lo que se conoció como el gobierno populista, finalizado en el resbalón de una cáscara de banano. Por eso a Monchito lo del golpe le preocupaba tanto como a Azcona lo de su gabinete inepto y estancado y en más de una ocasión ha manifestado que se irá de la Presidencia muy tranquilo, tan tranquilo como un negro durmiendo en una hamaca después de haber pescado toda la noche en el mar.

Pero la conducta del señor presidente no responde al sacrificio de los amantes de la democracia que, sin tener la mayoría absoluta, mediante un arreglo fuera de la Ley, le han dado la oportunidad de gobernar a Honduras y, sin embargo, él mira las cosas con más desprecio que a un centavo de una moneda devaluada. Pero el presidente es así. Sus razones tendrá.

Al menos no voté por él y no pude haberlo hecho nunca pues soy nacionalista, aunque las críticas a su gobierno no nacen de mi identificación y militancia en mi partido, sino en una preocupación natural de todo hondureño por el destino de su país, si se parte del punto de vista, que el presidente de la República en el ejercicio de la Presidencia, es el presidente de todos los hondureños.

Para concluir nuestra apreciación sobre los últimos acontecimientos escenificados durante la administración liberal, que preside el hombre de La Ceiba, sin temor a equivocarnos, afirmamos: que el ciudadano presidente de la República no variará ni un milímetro en su conducta de gobernante en los dos años y medio que han pasado, que será exactamente la misma por el resto del tiempo que le queda; su gabinete se queda, sus funcionarios se quedan aunque le pongan la renuncia, aunque para ello tenga él mismo que renunciar a la Presidencia. El presidente es así.

LA TRIBUNA/ 27 DE MAYO DE 1987

## AZCONA: FE ABSOLUTA EN LA HAYA

***Contras no cruzan de Nicaragua hacia Honduras*

**LA HAYA, mayo 26 (AFP).- Los "contras" nicaragüenses no cruzan más la frontera de Nicaragua hacia Honduras, mientras sí lo hacen en sentido contrario, manifestó hoy el presidente de Honduras, José Azcona Hoyo, en el curso de una conferencia de prensa en la Haya.**

Para Azcona la situación se encuentra "regularizada en un cien por ciento".

Azcona efectuó el lunes y el martes una visita privada a Holanda, durante la cual hizo "una visita de cortesía" al presidente de la Corte Internacional de Justicia, Nagendra Singh, antes de entrevistarse con el ministro de Cooperación y Desarrollo, Piet Bukman.

El presidente hondureño indicó que su visita a Holanda constituía "una escala en el viaje que lo conduce a Israel", adonde fue invitado por el primer ministro Yitzhak Shamir, para una visita oficial a partir del miércoles.

El mandatario viaja acompañado por el general Humberto Regalado Hernández, comandante en jefe de las Fuerzas Armadas de Tegucigalpa.

Interrogado sobre eventuales negociaciones con las autoridades de Tel Aviv, para la compra de material militar a Israel, Azcona manifestó que ese punto no figura en el orden del día de su visita.

Tegucigalpa reemplazará próximamente su flota de aviones Super-Mirages. "La reorganización de nuestra fuerza aérea no constituye sino un reequilibrio en el reparto de fuerzas entre los países de América Central", declaró Azcona.

"Siempre seguimos siendo la fuerza con menos potencial de Centroamérica, si excluimos a Costa Rica", dijo.

Al evocar el diferendo fronterizo que enfrenta a Honduras y El Salvador, indicó que ambos países decidieron de común acuerdo llevar el expediente ante la Corte Internacional de La Haya, y que su país tenía "una fe absoluta en la imparcialidad de la Corte"

Si Honduras reconoce la jurisdicción de la más alta instancia judicial de las Naciones Unidas en su diferendo con El Salvador, no tiene la misma actitud frente a la queja presentada por el gobierno de Nicaragua, que acusa también a Costa Rica de ayudar a los "contras".

"Esta actitud no es inconsecuente", dijo Azcona, ya que "los acuerdos con el Salvador prevén el recurso conjunto ante la CIJ en caso de diferendo". Por el contrario, estimó el mandatario hondureño, Managua "concurrió unilateralmente a la Corte por aspectos únicamente políticos".

Para Azcona el gobierno nicaragüense dio así pruebas de "poca consideración" por "los esfuerzos que están haciendo los países de Contadora" por negociar la paz.

"Estados Unidos apoya a los "contras". Honduras no les ha dado nunca ni un centavo", afirmó Azcona.

El presidente de Honduras subrayó que su país no está en guerra contra Nicaragua, país con el que "tenemos relaciones diplomáticas, relaciones comerciales", pero "quisiéramos para Managua un ambiente de reconciliación nacional y una economía mixta, dijo.

Abordando los problemas económicos de América Central, Azcona se quejó de la actitud "injusta" de los países industrializados, tanto Estados Unidos como Europa y Japón, por sus prácticas comerciales (compras de materias primas y mano de obra baratas y venta de productos acabados a precios fuertes).

Esta actitud, dijo, hace cada vez más difícil el pago de la deuda externa, en particular para los países de América Central. Azcona hizo un llamado para que haya más solidaridad al respecto entre todos los países.

## LA TRIBUNA/27 DE MAYO DE 1987
### *Mandatario hondureño*
## DEMANDA DE NICARAGUA CORRESPONDE A CONTADORA

El presidente José Azcona dejó entrever ayer ante la Corte Internacional de Justicia en La Haya, Holanda que su gobierno espera en que la demanda interpuesta por Nicaragua no prospere y que ese problema sea resuelto en el marco de las negociaciones del Grupo de Contadora.

Indicó que de acuerdo a la invariable conducta hondureña de respeto al Derecho Internacional se ha respondido a una petición de la República de Nicaragua en relación a acciones armadas en la zona fronteriza de ambas naciones.

"Sin embargo, señaló, mi gobierno confía en que el proceso de negociaciones multilaterales emprendido bajo la iniciativa del Grupo de Contadora, brindará la solución adecuada a la crisis política y militar que vive la región centroamericana".

Agregó que Honduras ha confiado siempre en la solución pacífica de las controversias entre los estados, pues sabe que los conflictos armados no traen más que desolación, pérdida de vidas y destrucción de los valores humanos más importantes.

El mandatario hondureño señaló que su gobierno reconoce como ineludible la validez y obligatoria ejecución de las sentencias arbitrales y judiciales de carácter internacional para el afianzamiento de la paz y la democracia universal.

"Es con ese espíritu, reafirmó, que me honro en expresar a la Corte Internacional de Justicia la fe inquebrantable del pueblo de Honduras en la solución pacífica de los conflictos internacionales por medio de la aplicación del derecho".

Azcona recordó que Honduras siempre ha acatado las decisiones de los tribunales ya sean favorables o desfavorables al tiempo que hizo un recuento de las sentencias arbitrales acatadas por el pueblo y gobierno hondureño.

## LA TRIBUNA/27 DE MAYO DE 1987

### *Campo Pagado*
## CARTA PÚBLICA DEL COFADEH EN LA SEMANA DEL DETENIDO-DESAPARECIDO

### A LA OFICIALIDAD DE LAS FUERZAS ARMADAS, A LOS SOLDADOS

Cuando el presidente José Azcona Hoyo dijo en una reciente oportunidad que en su gobierno no se violan los Derechos Humanos cometió, a juicio del COFADEH, un error que lo deja al margen de la realidad nacional y que ratifica por enésima vez, que está en el poder por delegación formal del pueblo y por voluntad real de los militares.

Con él se eclipsó una nueva oportunidad de aprovechar el marco constitucional para sentar las bases de una auténtica democracia, tan duradera y sólida que no tema ser arrancada de raíz por la fuerza de las bayonetas.

Al presidente, sin duda, le queda grande la camisa y su poca conciencia de lo que representa lo hace afirmar, por ejemplo, que estaría dispuesto a renunciar a su cargo si el director del INA se iba. En esas circunstancias que débil se presenta una administración donde Mario Espinal está a la altura del presidente o el presidente a la altura de Espinal.

Por esos y más antecedentes es que nos decidimos a enviar esta carta pública, con todo respeto a la oficialidad y a los soldados de las Fuerzas Armadas, por ser el verdadero poder en esta nación digna de mejor suerte.

Durante años hemos estado solicitando a las autoridades civiles y militares que esclarezcan el problema de los desaparecidos y asesinados por motivos políticos, pero no hemos tenido más que respuestas evasivas y tergiversadoras, repetidas después por altos jefes militares que actúan en defensa propia.

Su terquedad y afán de proteger a un pequeño grupo de asesinos les ha nublado toda perspectiva histórica. No se dan cuenta -pese al ejemplo de Argentina- que la maquinaria de terror que iniciaron con Álvarez Martínez es como una bola de nieve inmensa que terminará sepultándolos.

Lo extraño es que los creadores e impulsadores del Comando 316 son tan poderosos que parecieran ser temidos hasta por los mismos oficiales de la Sexta, Séptima y subsiguientes promociones castrenses. En esas circunstancias la deshonra de unos pocos se vuelve la deshonra de todos.

¿Qué influencia tras sus espaldas tiene, por ejemplo, un mayor Alexander Hernández para dirigir la Academia Nacional de Policía, sabiéndose aquí y fuera del país la clase de represor que es? ¿Será que a los oficiales que supuestamente navegan con banderas de honestidad les hacen falta peones para el trabajo sucio y los escogen en la resaca de sus filas?

Esa vocación por la intimidación y la amenaza está alejando a los militares del pueblo cada día más y no es labor de zapa de los "subversivos" sino que de los propios oficiales, ¿o es que acaso creen ustedes que la increíble corrupción en sus filas no trasciende a los ojos de toda la nación?

Las fincas con ganado de raza, los autos de lujo, las mansiones, las fábricas, los negocios están allí, en manos de oficiales que milagrosamente pueden convertir un salario de dos mil o tres mil lempiras en una fortuna inacabable.

Todo se presenta como un negocio, desde los comisariatos hasta el territorio nacional, pero al COFADEH se le hace difícil pensar que no hay nacionalismo en algunos elementos de los cuarteles y que nadie siente que se le revuelve el estómago con las torturas y desapariciones de personas que practican.

¿Cuánto tiempo creen ustedes que aguantará la nación sin que termine cayéndoles encima?

Y de esa perspectiva que se presenta inexorable no le echen la culpa a la izquierda, si aquí todos sabemos que es tan minúscula que no tiene la mínima capacidad de incidir en las decisiones históricas que se vienen tomando.

¿Acaso es la izquierda la que entrega la nación a una potencia extranjera? ¿Acaso es la izquierda la que hace negocios sucios con la contra? ¿Acaso es la izquierda la que trafica con dólares y todo cuanto sea vendible?

Los argumentos de lanzar toda la culpa a la "subversión" ya no son creíbles, pero todavía hay muchos "alvaritos" que creen lo contrario y actúan en consecuencia.

El COFADEH no les tiene temor, a todas esas viejecitas, mujeres e hijos a quienes nos arrebataron nuestros seres queridos no nos da miedo decir la verdad. Allí estamos de pie con la esperanza y el único chaleco antibalas que portamos es el delantal que nos sirve muchas veces para ganarnos la vida. Para nosotros la única forma de abandonar la lucha es obteniendo ¡JUSTICIA!

Ni nuestra organización, ni el CODEH, y ustedes lo saben bien, son de izquierda, son solo el reflejo de la represión que un puñado indigno de oficiales emprendieron en aras de una democracia en la que no creen y que poco les importará entregar por unos dólares más.

Pensamos que no son todos los militares los que piensan así, pero el pueblo se pregunta ¿dónde están los militares honestos?, ¿por qué se han dejado invadir hasta en sus propios cuarteles?, ¿quieren o no quieren a Honduras? En ellos, donde quiera que estén hay una esperanza, al fin y al cabo, es el único sentimiento que queda después de que todos se han ido.

¡¡¡LUCHEMOS POR LA JUSTICIA PARA LOGRAR LA PAZ!!!
POR UNA AMERICA LATINA SIN DESAPARECIDOS:
¡JUICIO Y CASTIGO PARA TODOS LOS CULPABLES!!

## COMITÉ DE FAMILIARES DE DETENIDOS-DESAPARECIDOS EN HONDURAS

## (COFADEH)

*LA TRIBUNA*/27 DE MAYO DE 1987

## VINELLI Y OLA ASESORARÁN A PRESIDENTE AZCONA

***Urge cambio en el Gabinete: Montoya*

**TEGUCIGALPA.-** La reestructuración del Gabinete de Gobierno de José Azcona Hoyo fue calificada como algo "urgente" por el presidente del Congreso Nacional, Carlos Orbin Montoya.

El político dijo que "hoy más que nunca" se debe efectuar cambios sustanciales entre los ministros del régimen.

Montoya señaló situaciones de incapacidad de los funcionarios del Estado como la pérdida de enormes cantidades de leche debido a que la planta Sula no tiene capacidad para consumir lo que se produce.

Dijo sin citar nombres que hay ministros que "no tienen capacidad, ni agilidad en la administración pública".

19

Indicó además que, en Tela, los hermanos Arévalo están construyendo dos tanques de combustible con mangueras desde buques cisterna y van a arruinar las playas.

Dijo que él llamó al ministro de Cultura para que pidiera al alcalde de Tela que pare esta construcción para que no se deteriore esa zona turística.

Sostuvo también que se autoriza permisos de importación de aceite cuando en Honduras hay una planta productora.

El presidente Azcona, dijo Montoya, "tiene que conformar un equipo más ágil".

## PERIODO DE GRACIA

El presidente del Congreso aseguró que Azcona Hoyo ha dado lo que está de este año a sus ministros como "período de gracia" y que a finales de año se operarán cambios.

"Eso me parece que lo va hacer. Porque si no se van a ir los 4 años de gobierno sin hacer nada".

Montoya dijo también que el Plan Nacional de Desarrollo "está bien hecho, pero no tiene metas definidas".

El presidente de la Cámara anunció, además, la integración de un grupo de asesores entre los que mencionó a Paúl Vinelli, Oswaldo López Arellano para ayudar al presidente Azcona.

**PAUL VINELLI**

**LÓPEZ ARELLANO**

**TIEMPO/27 DE MAYO DE 1987**

# GRUPO ASESOR DEL CONGRESO LE AYUDARÁ EN EL CARGO A AZCONA

El Congreso Nacional "dará una respuesta sensata al pueblo hondureño respecto a las elecciones municipales", declaró su presidente, Carlos Montoya, aunque según él "ya no hay tiempo ni recursos para su celebración".

Refiriéndose al planteamiento del PINU, Montoya señaló que este partido "no tiene la suficiente fuerza política con qué responder y a ellos más que a nadie no les conviene la celebración de dichas elecciones, porque corre el riesgo de desaparecer al no justificar el número de afiliados".

Montoya dijo que, en una reunión con los líderes de los partidos, los excitó "a no hacer demagogia, que lo importante es la reforma de la Ley de Municipalidades para hacer del municipio un ente realmente autónomo, con autosuficiencia económica".

Adoptando su posición como dirigente del Pacto de Unidad Nacional (PUN), que conforman montoyistas y callejistas, arguyó que el Partido Nacional tiene un acuerdo de no ir a elecciones municipales y el Partido Liberal aún no se ha pronunciado.

"Sin esos dos partidos no puede haber elecciones municipales", sentenció Montoya, agregando que no hay violación de la Constitución Política porque no hay señalamiento sobre la materia.

A excepción del movimiento de Montoya, todos los demás del Partido Liberal se han pronunciado por la realización de esos comicios, lo mismo que los nacionalistas no callejistas, al igual que el PINU y la Democracia Cristiana.

Montoya indicó que ciertamente hay muchas dificultades para la celebración de esas elecciones y que lo mejor es la prórroga de los periodos y adecuar las leyes para que las municipalidades sean electas cada cuatro años, además que no se puede acudir sin las autoridades legítimas dentro del Partido Liberal.

Señaló que las posturas adoptadas al respecto por los partidos pequeños es más por razones políticas que por otros objetivos y "no me explico qué va a defender" el Comité de Defensa de la Constitución.

Informó que mañana sostendrá una reunión con las comisiones políticas de todos los partidos para dar una respuesta "sensata" al pueblo, aunque sentenció como "un hecho que no habrá elecciones municipales" pues "no hay manera de que se celebren".

Por otra parte, Montoya expresó que "hoy más que nunca cabe una revisión del Gabinete de Gobierno lo cual es necesario y urgente porque hay mucha queja, y aunque no todos son malos es necesario hacer algunas reubicaciones y situar al Ejecutivo en el cargo correspondiente".

"Aquí se dispara por todos lados, tenemos una planta que fabrica aceites, pero se dan permisos para la importación de ese producto, existiendo mucha actividad encontrada y así se pueden encontrar muchas contradicciones y el presidente tendrá que revisar todo esto. Nosotros creemos en él, lo seguimos apoyando, pero hasta su propia esposa se ha quejado y habrá que crearle un equipo más capaz, dinámico y definido", dijo Montoya.

Anunció que el Plan Nacional de Desarrollo pretende crear un grupo asesor del congreso, ad-honoren, integrado entre otros por Dante Gabriel Ramírez, Paúl Vinelli, Oswaldo López, Manuel Villeda, Rafael Ferrari, hasta completar unas 10 personalidades unos 10 que se reunirían con el Legislativo "para ver qué se hace para ayudar a la administración a salir adelante, porque el presidente necesita cooperación".

**LA TRIBUNA /27 DE MAYO DE 1987**

# HONDURAS COMPRARÁ AVIONES KFIR SI CONGRESO NO APRUEBA VENTA DE F-5

JERUSALEN, (EFE).- El embajador de Honduras en Tel Aviv, Moisés Starkman declaró ayer a la radio de Israel que su país, ante la oposición del Congreso norteamericano, podría aún adquirir los cazabombarderos "KFIR" en el lugar de los "F-5E".

El diplomático dijo a la emisora que el Congreso de EEUU se opone a la venta de los "F-5E" que necesita la Fuerza Aérea de Honduras para modernizarse.

Las declaraciones del embajador Starkman fueron dadas a conocer horas antes de llegar a Israel en visita oficial el presidente de Honduras, José Azcona Hoyo.

Azcona Hoyo declaró en Tegucigalpa, a un enviado del diario israelí "HAARETZ", que su gobierno se pronunció ya en favor de la compra de los aviones de combate norteamericanos, en lugar de los israelíes "KFIR".

El presidente dijo que esa decisión había sido tomada, entre otros motivos, porque el gobierno norteamericano ofrecía a Honduras mejores condiciones de pago.

**EL HERALDO/28 DE MAYO DE 1987**

Carlos Falck:
# LÓPEZ ARELLANO NO TIENE AUTORIDAD MORAL PARA ASESORAR AL PRESIDENTE

TEGUCIGALPA.- El secretario de Prensa,  abogado Lisandro Quesada, aseguró ayer que el presidente José Azcona Hoyo no aceptaría que el expresidente Oswaldo López Arellano fuera su asesor económico, "porque además de golpista fue el creador de instituciones autónomas que tanto problema le han dado a la economía del país".

El vocero del gobierno se refirió a las declaraciones del presidente del Congreso Nacional, Carlos Orbin Montoya, en el sentido de que López Arellano y destacados economistas deberían ser asesores del presidente Azcona.

Quesada sostuvo que la economía del país está en crisis precisamente porque las instituciones autónomas creadas por López Arellano "se han tragado todo el presupuesto de la nación y nos hemos endeudado en el exterior por culpa de las mismas, por lo cual no creo que él sea el consejero económico más indicado para este gobierno".

Dijo, además que el general López no tiene autoridad moral para asesorar al presidente Azcona en asuntos económicos, "tal vez sería un buen asesor en cuestiones militares porque esa es su actividad principal, pero en materia económica definitivamente no", agregó.

Señaló que el mandatario ya tiene sus asesores económicos como el designado presidencial Jaime Rosenthal Oliva, el ministro asesor, Carlos Falck, el ministro de Economía, Reginaldo Panting, y otros.

El secretario de Prensa expresó que le sorprende la advertencia hecha por el licenciado Montoya de que, si el presidente Azcona se rehúsa a reestructurar el Gabinete de Gobierno, los diputados callejistas y montoyistas le retirarían su respaldo en la Cámara Legislativa.

Finalmente, dijo que Azcona no asienta su gobierno en ninguna corriente política, sino que "en el pueblo hondureño que los eligió por mayoría y que lo sigue apoyando". (TDG).

**TIEMPO/28 DE MAYO DE 1987**

# AZCONA NO PRESENTARÁ SU PROPIO PLAN DE PAZ EN LA REUNIÓN DE GUATEMALA

La Casa de Gobierno negó ayer que el presidente José Azcona Hoyo vaya a presentar su propio Plan de Paz para la región centroamericana en la reunión cumbre que sostendrán los presidentes del área a fines del próximo mes en Guatemala. Una información difundida ayer por una agencia internacional dio a conocer que el Plan de Paz propuesto por el presidente de Costa Rica, Óscar Arias, podría fracasar debido a que sus colegas de Honduras y El Salvador presentarían sus propias iniciativas en ese sentido.

Apoya el Plan Arias porque conlleva la democratización interna de Nicaragua, según declaró recientemente.

"Es falso que el presidente Azcona tenga su propio Plan de Paz", dijo el vocero presidencial, Marco Tulio Romero, quien facilitó a EL HERALDO una copia de las últimas declaraciones del mandatario sobre el tema de pacificación de la región, concedidas a un diario de Israel.

El presidente dice en esa entrevista que los resultados de la "cumbre de Esquipulas" dependerán de la actitud con que llegue el presidente (Daniel) Ortega, porque el Plan Arias es muy claro ya que conlleva la democratización interna de Nicaragua".

"La democratización de Nicaragua dependerá del grado de convencimiento que tenga el Frente Sandinista de que le va a ser muy difícil consolidar un régimen totalitario", añadió el gobernante al periodista Yo'au Karny del diario Ha'aretz de Tel Aviv.

Azcona sostuvo además que, si no se soluciona ahora la crisis centroamericana, el problema no derivará en una guerra convencional porque Nicaragua primero tratará de consolidarse y después querrá subvertir el orden en las demás naciones del área.

"La situación en Centroamérica, si no se soluciona ahora, será un problema a largo plazo para los otros países, aunque no creo que Nicaragua nos vaya a invadir si no que primero se va a consolidar y después fomentará la subversión, el terrorismo y todas esas cosas" aseguró Azcona.

Ante la pregunta de por qué no atacar ahora si hay peligro de agresión, el presidente hondureño respondió que "nosotros hemos sostenido una política de no agresión, pero tampoco vamos a ser gendarmes del gobierno sandinista".

"Son dos posiciones diferentes.

Yo no voy a ir a atacar la casa del vecino, si el vecino tiene problemas por su comportamiento, pero tampoco voy a servir de policía para que no lo ataquen a él", dijo Azcona.

## CANCILLERÍA TAMBIÉN LO NIEGA

El Ministerio de Relaciones Exteriores también negó ayer que el presidente Azcona vaya a presentar un Plan de Paz en la reunión de Guatemala, discutirá la propuesta de Costa Rica.

"El gobierno de Honduras apoya la discusión del Plan de Costa Rica y en ningún momento ha manifestado tener un plan alterno", señala un comunicado emitido por la cancillería sobre el particular.

**EL HERALDO/27 DE MAYO DE 1987**

# AZCONA NO HA PODIDO FORMAR UN EQUIPO EN DOS AÑOS, MENOS YO EN TRES SEMANAS

Cuando estamos a cuatro días para la celebración de ese importante y decisivo partido contra la selección olímpica de Guatemala, el entrenador nacional Ángel Ramón Rodríguez, espera hacer mejor las cosas y sobre todo agenciarse esa clasificación para la segunda ronda olímpica.

El seleccionador hondureño señaló que ha estado trabajando con todo el plantel para hacer un buen fútbol, ya que todos sus integrantes tienen suficiente capacidad para hacerlo, pues no se actuará como en Tegucigalpa que todos pudieron ver a un equipo demasiado confiado y allí vino la derrota.

Rodríguez aceptó que el 17 de mayo a lo sumo se actuó correctamente unos 25 minutos, después el poco entendimiento entre sus dirigidos influyó en el marcador adverso; sin embargo, se ha trabajado en el aspecto táctico en los días pasados y eso se verá este domingo en Guatemala.

Hablando en torno a los últimos llamados "Mon" Rodríguez, dijo, que estos no afectarán el planteamiento que tiene definido por cuanto los nuevos escogidos son jugadores de una conocida capacidad y fácilmente adaptables a cualquier sistema de juego.

Hablando en torno a supuestos recortes de jugadores, el seleccionador nacional declaró que eso no se había producido, sino que más bien se agrandó el grupo del cual sacarán 18 para Guatemala y posiblemente otros futbolistas sean requeridos por sus equipos dejando después algunos para viajar a Washington para cumplir compromisos que ya contrajo la FENAFUTH.

## NI AZCONA HA PODIDO FORMAR UN BUEN GABINETE

Se le interrogó por el bajo rendimiento de sus pupilos y "Mon" Rodríguez, señaló, que no era mago para hacer en tres semanas un equipo competitivo. "Todos pueden ver que el ingeniero Azcona, que lleva casi dos años de trabajo y con gente con un alto nivel intelectual, no ha podido conformar un buen gabinete de gobierno, imagínese que puedo hacer con apenas tres semanas de preparación para estructurar un equipo que rinda al cien por ciento, a esa poca preparación se debió que perdimos el partido contra Guatemala", puntualizó.

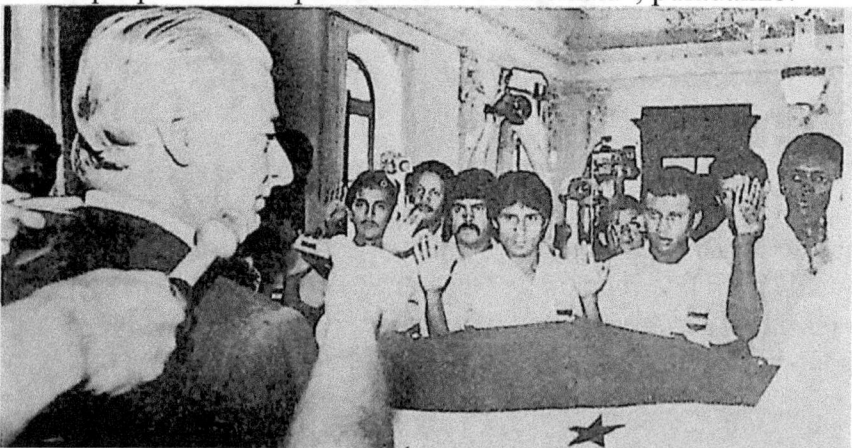

**"Ni Azcona con gente de un alto nivel intelectual ha podido formar un buen gabinete en casi dos años, menos yo con tres semanas que pueda armar un equipo competitivo", Ángel Ramón Rodríguez.**

**LA TRIBUNA/27 DE MAYO DE 1987**

## MONTOYA INVADE ATRIBUCIONES DE AZCONA AL PEDIR CAMBIO DE CARAS

El presidente del Congreso de la República, Carlos Montoya, "invade" las atribuciones del Poder Ejecutivo al pedir cambios en el Gabinete de Gobierno, según el vocero presidencial, Lisandro Quezada.

Sostuvo el portavoz del presidente José Azcona Hoyo que en la esfera administrativa no tiene ninguna injerencia el Poder Legislativo, sino que "el presidente de la República es el administrador general del país y sólo a él le compete formar su equipo de gobierno".

"En ese sentido, añadió, el presidente Azcona ha dicho que va a remover su gabinete cuando se le demuestre que los ministros están fallando, es decir, cometiendo actos deshonestos o siendo incapaces en el desempeño de sus funciones", dijo Quesada.

El funcionario criticó también la intención de Montoya de crear un grupo asesor del presidente en materia económica y dijo que uno de los propuestos, el general Oswaldo López Arellano, "además de golpista es responsable de las instituciones autónomas que tantos problemas le han dado a la economía del país".

"Nuestra economía está en crisis porque esas creaciones del general López se han tragado todo el presupuesto de la nación y nos hemos endeudado nacionalmente por ese motivo. Él no es el más indicado para ser asesor económico", sostuvo Quesada.

Más adelante señaló que el presidente del Congreso anda en plena campaña política y echa mano de todos los recursos para lograr votos, pero "el ingeniero Azcona no se asienta en ninguna corriente política, sea Montoyista o Callejista, sino que es el pueblo el que lo respalda y lo sigue apoyando", concluyó.

**EL HERALDO /28 DE MAYO DE 1987**

## RECIBEN CON PAN Y SAL AL PRESIDENTE AZCONA HOYO EN AEROPUERTO DE ISRAEL

El presidente José Azcona Hoyo llegó ayer a Israel para una visita de seis días donde sostendrá conversaciones políticas con los líderes de esa nación y visitará los santuarios cristianos de Galilea.

Azcona dijo sentirse "profundamente emocionado" por llegar al suelo de Israel y por el recibimiento de que fue objeto al recibir el pan y la sal con que honran los judíos a sus visitantes.

"Es está una tradición milenaria en la que brindáis lo más sagrado que se pueda dar: el pan, como símbolo de sustento, y la sal que da sabor a la existencia" añadió el presidente hondureño.

Azcona dialogó ayer mismo con el primer ministro Isaac Shamir en un hotel frente a las murallas de Jerusalén, tras ser recibido en el aeropuerto Ben Gurión, por el primer ministro alterno y ministro de Relaciones Exteriores, Simón Peres.

El dignatario hondureño también fue recibido en el parlamento israelí con una salva de 21 cañonazos. Posteriormente, pasó revista a una Guardia de Honor de distintos cuerpos de las Fuerzas Armadas.

"El pueblo y gobierno de Honduras, que tengo el honor de representar, agradecen esta bienvenida que augura estrechar los lazos que nos unen a pesar de la distancia geográfica que nos separa" dijo Azcona a sus anfitriones.

Antes de su entrevista con Shamir, el visitante y su esposa depositaron una ofrenda floral sobre la tumba del fundador del Sionismo, Teodoro Herzl, y visitaron un museo erigido en memoria de seis millones de civiles judíos exterminados por los nazis en la Segunda Guerra Mundial.

Por disposición del municipio de Jerusalén, las principales avenidas de la ciudad fueron engalanadas con las banderas de Honduras e Israel, en cuyos colores predominan el blanco y el azul.

Durante la visita oficial Azcona también conversará con personalidades palestinas de la zona de Belén y posteriormente viajará al norte de Israel para visitar los santuarios cristianos de la Galilea.

**EL HERALDO/28 DE MAYO DE 1987**

# GASTAN PARA REMODELAR DESPACHO DE AZCONA ANTES QUE REGRESE DE ISRAEL

El presidente provisional José Pineda Gómez no ha podido ocupar el despacho del titular del Poder Ejecutivo, José Azcona Hoyo, porque la administración de la Casa de Gobierno decidió remodelar el local y darle un toque más elegante, según se informó ayer.

La modernización del despacho presidencial se llevó a cabo en ausencia del presidente Azcona Hoyo porque se considera improbable que el gasto hubiera podido hacerse en su presencia, habida cuenta de las extremas medidas de austeridad que ha adoptado en los últimos meses.

Los obreros pintarán y redecorarán la oficina de Azcona en el término de su visita a Israel, aunque es posible que terminen antes su trabajo para que el presidente interino pueda estrenarla.

Por lo pronto, Pineda Gómez despacha sus asuntos desde la oficina del ministro de la Presidencia, Céleo Arias Moncada.

## HONDURAS COMIENZA A VENDER LA DEUDA EXTERNA A INVERSIONISTAS EXTRANJEROS

El gobierno ha comenzado a vender la deuda externa hondureña al convertir en deuda interna doce millones de lempiras que serán utilizados para proyectos de inversión en el país.

El presidente de la República, en Consejo de Ministros, aprobó el Decreto Ejecutivo 6-87 mediante el cual se acepta una oferta que, en ese sentido, le hicieran al gobierno Agro Internacional de Honduras y Chesnut Hill Farms S.A.

De conformidad a la recién emitida Ley de Administración Pública, corresponde al jefe del Ejecutivo en Consejo de Ministros aprobar ese tipo de transacciones, previo dictamen de la Comisión Negociadora de la Deuda Externa.

El gobierno de Honduras pagará en lempiras por los títulos valores en poder de las compañías antes mencionadas, sin incluir los intereses acumulados y no pagados por el país.

Los doce millones de lempiras serán depositados en Banco Central para cubrir costos locales de inversión o de producción, adquirir terrenos o instalaciones, comprar insumos nacionales, contratar.

La deuda externa hondureña, según el Banco Central, asciende a dos mil 500 millones de dólares, suma que podría reducirse en los próximos meses si la experiencia iniciada por el gobierno redunda en beneficios positivos para el país.

**"El presidente interino, José Pineda Gómez, es ayudado a subir las escaleras en Casa de Gobierno. Por las remodelaciones que se hacen en el despacho del ingeniero Azcona, el designado debe atender los asuntos del Estado en la oficina de Céleo Arias** (*Foto Efraín Salgado*).

**EL HERALDO/28 DE MAYO DE 1987**

*¿Y la reducción del gasto?*
## GOBIERNO SIGUE CREANDO DEPENDENCIAS

El tamaño de la burocracia administrativa sigue creciendo a pesar de las afirmaciones del presidente José Azcona Hoyo, quien ha firmado el acuerdo para la creación de la Dirección de Planificación Institucional del Ministerio de Gobierno y Justicia.

Esas direcciones tendrán bajo su responsabilidad la creación y regulación de las juntas y unidades de planificación departamental y municipal y, en el caso del Ministerio de Gobernación, también les corresponde asesorar técnicamente a los miembros de los consejos departamentales y Corporaciones.

**EL HERALDO/28 DE MAYO DE 1987**

# EL CAMBIO DE GABINETE

Todos los días leemos en los diarios de esta capital, los reclamos que hace el pueblo al mandatario, a fin de que reestructure o cambie su Gabinete de Gobierno; pero el presidente de la República no quiere hacer caso, porque a juicio de él los actuales ministros son buenos colaboradores y quién lo saca de allí.

La verdad es que algunos miembros de su gabinete están fallando, tal vez por negligencia o incapacidad en el desempeño de sus cargos y esto perjudica al gobernante, que lo consideramos honrado y con buenas intenciones.

Lo inaudito es que cuando los periodistas entrevistan al ingeniero Azcona, si va a estructurar su gabinete, la contestación que da es tajante que no cambiará su gabinete, porque sus ministros son buenos colaboradores. En un país demócrata como el nuestro, creemos que el presidente de la República debe oír las sugerencias y no aferrarse a que sólo lo que él hace está bueno. En los países regidos por dictadores, sí creemos que las sugerencias no se toman en cuenta, porque el jefe de facto no lo permite.

Para concluir este pequeño artículo que escribimos, no con el fin de molestar, sino que, para poner nuestro pequeño grano de arena en pro del bienestar de nuestra patria, le sugerimos a nuestro mandatario que sea FLEXIBLE Y ANUENTE CON LAS PETICIONES QUE LE HACE EL PUEBLO.

Narciso Aguirre
Barrio Buenos Aires
Tegucigalpa, D.C.

*LA TRIBUNA/*28 DE MAYO DE 1987

# LISANDRO: PRESIDENTE NO ACEPTARA DE ASESOR A LÓPEZ, POR GOLPISTA

**La Casa de Gobierno rechazó ayer las pretensiones del presidente del Congreso Nacional, Carlos Montoya, de querer nombrarle al mandatario José Azcona un grupo de asesores entre los cuales estaría el ex jefe de Estado, general Oswaldo López Arellano.**

El secretario de prensa, Lisandro Quesada, dijo que el presidente Azcona no aceptaría a López Arellano como su asesor "porque además de golpista fue el creador de esas instituciones autónomas que tanto problema le han dado a la economía del país".

"La economía nacional, apuntó, está en crisis precisamente porque las instituciones autónomas creadas por López Arellano se han atragantado todo el presupuesto de la nación y nos hemos endeudado en el exterior por culpa de las mismas, por lo cual no creo que él sea el consejero económico más indicado para éste gobierno".

Afirmó que López Arellano no tiene autoridad moral para asesorar al mandatario en asuntos económicos. "Tal vez él sería un buen asesor en cuestiones militares porque esa es su actividad principal, pero en materia económica definitivamente no", recalcó.

"El presidente Azcona no necesita asesorías foráneas, señaló, cuando él ya tiene sus propios asesores en materia económica que son el designado presidencial Jaime Rosenthal, el ministro asesor Carlos Falck, el ministro de Economía, Reginaldo Panting y otros".

Quesada dijo estar sorprendido por la advertencia que ha hecho Montoya en el sentido de que, si el presidente Azcona se resiste a reestructurar el Gabinete de Gobierno, los diputados callejistas y montoyistas le retirarán su respaldo en el Congreso Nacional.

"El presidente de la República no asienta su gobierno en ninguna corriente política, ni Callejas ni Montoya, sino que en el pueblo hondureño que lo eligió por mayoría y que lo sigue apoyando como se ha demostrado en los lugares del interior del país donde va", finalizó.

## LA TRIBUNA/28 DE MAYO DE 1987

*Cercano colaborador del presidente*
# ENEMIGOS DEL PUEBLO LOS QUE CONTROLAN EL CONGRESO

Los que controlan el Congreso Nacional se convertirán en enemigos del pueblo, que dicen representar si le niega a los ciudadanos el derecho que tienen a elegir sus autoridades municipales, afirmó ayer el director de la Oficina de Desarrollo de la Comunidad, adscrita al Ministerio de la Presidencia, Roberto Acosta.

El funcionario, quien también aspira a la candidatura de la alcaldía de Tegucigalpa por el Partido Liberal, aseguró que la mayoría del pueblo capitalino quiere ir a elecciones municipales y advirtió que quienes están negando ese derecho serán encarados judicialmente.

"Las autoridades actuales de las alcaldías municipales no son personas de arrastre popular y por lo tanto no cuentan con el apoyo del pueblo porque simplemente llegaron allí a la sombra de los candidatos presidenciales, principalmente de Callejas y Azcona", comentó.

Acosta aseguró que sus aspiraciones para convertirse en alcalde de la capital son apoyadas por las directivas comunales de 179 barrios marginados y otras organizaciones que están luchando porque se le permita al pueblo elegir a sus autoridades locales.

"Las personas que supuestamente representan al pueblo en el Congreso Nacional parece que se han convertido en enemigos del mismo pueblo al pretender negar el derecho que los ciudadanos tienen para elegir a sus gobiernos municipales", reiteró.

Respecto a lo aseverado por el presidente del Congreso Nacional, Carlos Montoya, de que al Partido Liberal no le interesan las elecciones municipales. Acosta dijo que eso es falso "porque en el Bloque Patriótico que están exigiendo elecciones municipales hay cinco grupos del liberalismo".

"Incluso hay muchos liberales que militan en el movimiento de Montoya que están pidiendo comicios municipales junto a miembros del Partido Demócrata Cristiano, el PINU, algunos nacionalistas, patronatos, sindicatos y otros grupos que quieren vivir en democracia", indicó.

LA TRIBUNA/28 DE MAYO DE 1987

## AZCONA PROMETE APOYAR DESARROLLO DEL TURISMO EN ISLA DE GUANAJA

Una comisión integrada por las fuerzas vivas de Guanaja se reunió recientemente con el presidente José Azcona, para plantearle los diversos problemas que obstaculizan el desarrollo turístico de esa isla.

Entre los planteamientos hechos al mandatario por los habitantes de Guanaja, está la necesidad de mejorar la pista de aterrizaje ya que las líneas aéreas amenazan con retirarse por las malas condiciones del aeropuerto.

Asimismo, pidieron al mandatario el nombramiento de personal permanente por parte de la Corporación Hondureña de Desarrollo Forestal (COHDEFOR), para controlar las constantes quemas que están acabando con las fuentes de agua.

Otra de las solicitudes hechas por las fuerzas vivas de Guanaja es un subsidio por parte de la Empresa Nacional Portuaria para el drenaje de un canal que comunica la isla con las playas y que se introduzca al Congreso Nacional una ley para la conservación de los arrecifes naturales, que son la principal atracción turística de esa zona.

Por su parte, el presidente Azcona prometió a los habitantes de la isla de Guanaja darle respuestas positivas a todos sus planteamientos, ya que con el desarrollo del turismo se incrementan las divisas del país.

Los representantes de los diversos sectores de Guanaja se reunirán también con los ministros de Cultura y Turismo y de Comunicaciones, Obras Públicas y Transporte.

EL HERALDO/28 DE MAYO DE 1987

*Reginaldo Panting:*

## EL CASO DEL NUEVO GERENTE DE LA ENP ESTÁ DEFINIDO POR AZCONA H.

**PUERTO CORTES. - Hasta el fin de semana se podrá saber el contenido del informe que rendirá la Comisión de alto nivel que en estos momentos se encuentra en la Empresa Nacional Portuaria investigando lo que el sindicato denomina "personal supernumerario o paracaidistas".**

Por parte del gobierno y desde el lunes se encuentran el ministro de Economía Reginaldo Panting, el de Secopt Juan Fernando López Leiva y el viceministro de Trabajo Neptaly Montoya quienes juntamente con Mariano de Jesús González de la CTH y Francisco Guerrero están entrevistando uno por uno a empleados y trabajadores de la ENP.

Una fuente sindical anticipó a LA PRENSA que por lo menos el 45 por ciento de seiscientos treinta recomendadas por políticos y que prácticamente no tienen funciones específicas asignadas quedarán cesanteados después de esta investigación.

Trascendió acá que a esta gente "nadie la para" aunque en la pasada campaña electoral hayan trabajado como activistas a tiempo completo por el hoy presidente de la república ingeniero José Simón Azcona Hoyo.

El nerviosismo de los "recomendados" es evidente y muchos de ellos están apelando a la conciencia de los sindicalistas en el sentido que son hondureños y también tienen derecho a vivir, sin embargo, la investigación continúa y el veredicto tendrá que surtir efectos irreversibles.

El ministro Reginaldo Panting ha dicho claramente que el caso del nuevo gerente ya está definido por el presidente Azcona y que éste ha manifestado que nadie lo hará cambiar de parecer. (Puerto).

**LA PRENSA/28 DE MAYO DE 1987**

*Tras retornar de Israel*
## FIRMANTES DEL "PUN" EMPLAZARAN A AZCONA

*** "Demandarán reestructurar Gabinete, definir gobierno y echar funcionarios politiqueros*

**La reestructuración del Gabinete de Gobierno, una definición política frente a los problemas nacionales y la destitución inmediata de los funcionarios que utilizan sus cargos para hacer política, son los tres puntos que algunos firmantes del Pacto de Unidad Nacional (PUN) exigirán al presidente José Azcona, al retornar a Honduras.**

El planteamiento será presentado por un grupo de firmantes del PUN que considera que el presidente Azcona está dirigiendo la nave del Estado por un rumbo distinto al inicialmente señalado en el pacto político, además que no se ha concertado el Diálogo Nacional.

En el documento constitutivo del PUN se hace alusión al Artículo 5 de la Constitución, que señala la creación de un gobierno basado en el principio de la democracia participativa, del que se deriva la integración nacional y dándole cabida a todos los sectores políticos en la administración pública, con el fin de asegurar el progreso de Honduras, basado en la estabilidad política y en la conciliación nacional.

En el punto 8 del Pacto de Unidad Nacional se indica que la comisión negociadora de los dos movimientos que lo suscribieron (azconistas y callejistas) tendrá carácter permanente para dilucidar los problemas que se presenten a fin de lograr la buena marcha del gobierno y el afianzamiento democrático del país.

Por parte del Movimiento Liberal Azconista firmaron el documento del PUN, Carlos Orbin Montoya, Orlando Gómez Cisneros, Oscar Melara Murillo, William Hall Rivera y Céleo Arias Moncada y por el Movimiento Nacional Callejista, Roberto Ramón Castillo, Mario Rivera López, Ricardo Maduro, Nicolás Cruz Torres, Jacobo Hernández Cruz y Teófilo Martel.

La reestructuración del Gabinete de Gobierno la plantearán algunos de los mencionados porque consideran que el presidente Azcona se ha quedado solo en su cargo y que además hay una serie de situaciones que marchan mal en el país.

31

Solicitarán además una definición clara y contundente frente a problemas nacionales orientados al desarrollo del país, considerando que hay muchas confrontaciones internas en cuanto a la planificación y su ejecución se minimiza y además se entorpece por ambiciones de carácter político.

En el punto número 3 se demanda la destitución inmediata de funcionarios públicos que utilizan sus cargos para hacer proselitismo político, lo cual fue denunciado por el propio Montoya.

En caso de que el mandatario no acepte las peticiones, los firmantes del PUN le quitarían su respaldo y quedaría desligado de dos poderes importantes, como son el Legislativo y el Judicial.

## LA TRIBUNA/28 DE MAYO DE 1987

Expresa Callejas
# PN NO PRESIONARÁ AL PRESIDENTE

**La persona responsable de dirigir el equipo de gobierno, mantenerlo o cambiarlo es el presidente de la República y el Partido Nacional no se va a involucrar en ninguna acción que signifique forzar determinaciones al mandatario, declaró su máximo dirigente, Rafael Leonardo Callejas.**

El presidente del Comité Central reaccionó así ante las noticias de que los firmantes del Pacto de Unidad Nacional (PUN), le quitaría el respaldo al gobernante José Azcona, si no atiende sus exigencias.

Sin embargo, Callejas indicó que ciertas situaciones que se presentan en el partido de gobierno repercuten negativamente en la administración pública y se han creado islas de poder dentro del Ejecutivo.

Esto trae como consecuencia, dijo, que las decisiones se tomen en función de los intereses de grupos o personales y no de los grandes intereses de la nación.

"En ese aspecto la confrontación llega a tal punto que la crítica básica a la administración liberal la hacen los propios sectores liberales conscientes que el modelo que han venido sustentando no es adaptable para enfrentar los problemas que tiene Honduras", señaló.

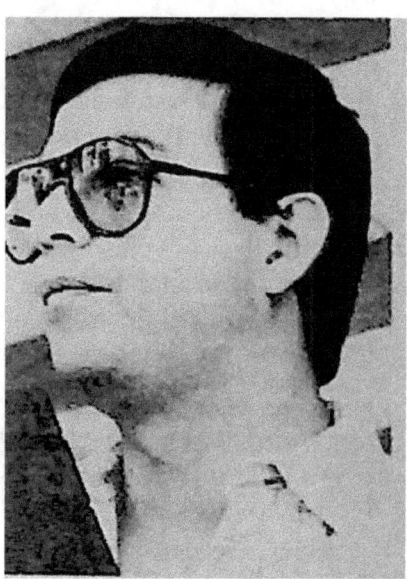

"Se ha trasladado el problema interno de ese partido a la administración pública, afirmó, no me cabe la menor duda".

Callejas mencionó que en su recorrido por el país ha visto afiches en que aparecen funcionarios públicos dándose las manos con aspirantes a ocupar la presidencia del Central Ejecutivo, en una clara evidencia de que existe una afinidad política, lo cual se ve en todas las instituciones autónomas.

Por otra parte, expresó que está anuente a concurrir a una reunión con dirigentes de los cuatro partidos políticos para buscarle una solución al problema de las elecciones municipales y recordó que ninguno cumplió con los plazos de la Ley Electoral por lo cual la convocatoria plantea una serie de interrogantes.

Sostuvo Callejas que la Ley Electoral no debe reformarse en lo que compete a los términos de lo que compete a los términos de los procesos internos de los partidos para elegir candidatos a cargos de elección popular, ni con lo relativo al voto domiciliario. "Para nosotros esos dos aspectos de la Ley Electoral no son negociables", señaló.

## LA TRIBUNA/28 DE MAYO DE 1987

Ayer en Israel
## AZCONA RECIBIDO CON "PAN Y SAL"

**El presidente José Azcona fue recibido ayer en Tel Aviv, por su homólogo israelí, con "pan y sal", viaje tradición judía para dar la bienvenida a sus huéspedes.**

Azcona inició una visita oficial de cinco días durante los cuales sostendrá conversaciones con las autoridades de ese país y visitará los lugares santos.

A su arribo a Tel Aviv el gobernante hondureño dijo sentirse profundamente emocionado por pisar por primera vez suelo de Israel, "nación considerada por nuestra tradición como Tierra de Promisión".

"Pero me siento más emocionado, agregó, por este recibimiento en que de la forma más sencilla y profunda me ofrecéis pan y sal como honra al caminante que viene de lejanas tierras a compartir con vosotros vuestro hogar y vuestra hospitalidad".

Afirmó que el pueblo y gobierno de Honduras que tiene el honor de representar agradecían la bienvenida que le dieron, la cual augura estrechar los lazos que unen a ambos países a pesar de la distancia geográfica que los separa.

"Sea este pan y la sal que me ofrecéis testimonio elocuente, vivo y permanente de la especial relación de amistad entre nuestros pueblos y gobierno. Es ésta una gran tradición milenaria en la que brindáis lo más sagrado que se pueda dar, el pan como símbolo de sustento y la sal que da sabor a la existencia", concluyó.

## LA TRIBUNA/28 DE MAYO DE 1987

*Aunque con algunas objeciones*
## AZCONA COMPARTE INICIATIVA DEL PLAN ARIAS PARA C.A.

TEGUCIGALPA. (Por Faustino Ordóñez Baca).- El gobierno central rechazó ayer al general Oswaldo López Arellano como miembro de un cuerpo de asesores en materia económica y administrativa propuesto públicamente por el presidente del Congreso Nacional, Carlos Montoya.

Lisandro Quezada, principal vocero de la Presidencia de la República, se mostró extrañado de las declaraciones de Montoya, quien, además, indicó que es necesario un cambio en el Gabinete de Gobierno, o de lo contrario Azcona perdería el apoyo político que se le ha venido brindando en el Congreso Nacional.

Quezada afirmó que el general López Arellano fue además de golpista "el propiciador de esas instituciones autónomas que tantos problemas ha dado a la economía del país la que se mantiene en crisis producto de las malas administraciones".

Montoya también sugirió como asesor económico al conocido banquero Paúl Vinelli, en tal sentido, el portavoz de Azcona dijo que "Vinelli sí podría ser un buen asesor económico, aunque a veces se burla de los propios economistas hondureños".

Más adelante afirmó que particularmente no cree que el Presidente de la República necesite de asesoría foránea cuando él tiene sus propios consejeros, citando como ejemplos, al designado Jaime Rosenthal Oliva, Carlos Falck y al ministro de Economía, Reginaldo Panting.

A juicio de Quezada es comprensible que Montoya se exprese de esta manera dado que está en plena campaña presidencial por lo que tiene que hacer uso de todos estos recursos políticos para tomar más fuerza.

Asimismo, el gobierno no comparte el pesimismo del titular del Poder Legislativo cuando sostiene que la próxima cumbre de presidentes centroamericanos que se desarrollará a finales de junio en Guatemala será un total fracaso.

"Yo no creo que ningún foro donde se discuta la paz sea un fracaso, cualquier acercamiento al diálogo significa un principio de paz", dijo Quezada, para luego agregar que "los presidentes van a la cumbre a forjar la paz sobre un escritorio sino a hablar por la paz".

"El presidente indicó, tiene algunas objeciones al Plan Arias, pero en términos generales sí comparte esta iniciativa regional de paz, estas observaciones no las puede dar a conocer públicamente el gobernante en vista que pueden entorpecer las otras sugerencias de los demás países centroamericanos.

**LA PRENSA/28 DE MAYO DE 1987**

# CON SALVA DE 21 CAÑONAZOS ES SALUDADO AZCONA EN JERUSALÉN

JERUSALEN, 27 MAY (EFE) José Azcona Hoyo, presidente de Honduras, iniciará mañana sus conversaciones políticas en Israel, con el primer ministro Isaac Shamir, con quien se entrevistará en un hotel frente a las Murallas de Jerusalén.

Azcona, recibido esta tarde con una salva de 21 cañonazos en el "Jardín de las Rosas" del parlamento (Kneset), será huésped del presidente israelí, Jaime Herzog, hasta el próximo 2 de junio.

El presidente hondureño arribó en compañía del general Humberto Regalado Hernández y del ministro de Relaciones Exteriores, Carlos López Contreras. Azcona y su comitiva fueron saludados en el aeropuerto "Ben Gurión" por el sub-jefe del gobierno de Unión Nacional, y líder del laborismo, Simón Peres.

Durante la ceremonia en el parlamento israelí pasó revista a una guardia de honor de distintos cuerpos de las Fuerzas Armadas (Tsahal) de Israel.

Antes de entrevistarse mañana con Shamir, el presidente y su esposa depositarán una ofrenda floral sobre la tumba de Teodoro Herzl, fundado en el siglo pasado del Movimiento Nacional judío denominado "Sionismo" por el Monte Sión de Jerusalén.

Desde el Monte Herzl se trasladarán Azcona y su comitiva al vecino museo del Holocausto Nazi, "Yad Vashem", erigido en memoria de seis millones de civiles judíos exterminados durante la segunda guerra mundial (1939-1945).

Por disposición del municipio de Jerusalén, las principales avenidas de la ciudad fueron engalanadas con las banderas de Honduras e Israel, en cuyos colores predominan el blanco y el azul.

Durante la visita oficial el presidente Azcona también conversará con personalidades palestinas de la zona de Belén, en Cisjordania ocupada, después de conocer la Basílica de la Natividad.

Este fin de semana, tras sus entrevistas políticas en Jerusalén, el presidente de Honduras, viajará al norte de Israel, para visitar los santuarios cristianos de la Galilea.

## LA PRENSA/28 DE MAYO DE 1987

## ISRAEL RECIBE AL PRESIDENTE HONDUREÑO CON "PAN Y SAL"

TEGUCIGALPA.- Las autoridades del gobierno de Israel recibieron con "Pan y Sal" ayer al presidente de la república José Azcona Hoyo que realiza una gira de siete días por el Medio Oriente.

Esta es una vieja costumbre que se ha vuelto tradicional en los israelíes es que lo reiteran a quien los visita, Azcona Hoyo llegó en horas de la mañana a Tel Aviv acompañado del jefe de las Fuerzas Armadas general Humberto Regalado Hernández, el canciller Carlos López Contreras y el designado presidencial Jaime Rosenthal con sus respectivas esposas y la escolta de seguridad.

En un corto discurso y luego de escuchar a las autoridades israelíes, Azcona Hoyo dijo sentirse "profundamente emocionado por pisar por primera vez suelo de Israel, nación considerada por nuestra tradición occidental judeo cristiana como tierra de promisión".

"Pero me siento profundamente más emocionado aún por este recibimiento en que de la forma más sencilla y profunda, me ofrecéis pan y sal como honra al caminante que viene de lejanas tierras a compartir con vosotros vuestro hogar y vuestra hospitalidad".

"Es una tradición milenaria, dijo el presidente, en la que brindáis lo más sagrado que se pueda dar, el pan como símbolo de sustento y la sal que da sabor a la existencia", "sea este pan y la sal que me ofrecéis testimonio elocuente, vivo y permanente de la especial relación de amistad entre nuestros pueblos y gobiernos" dijo finalmente el gobernante hondureño.

## LA PRENSA/28 DE MAYO DE 1987

*[En caso de la negativa del Congreso de EEUU]:*
## AZCONA HABLARÁ CON ISRAELÍES SOBRE LA COMPRA DE LOS KFIR

JERUSALEN, MAYO 27 (REUTER).- El presidente de Honduras, José Azcona llegó esta noche a Israel para una visita oficial de cinco días, que tanto diplomáticos como fuentes gubernamentales en Tegucigalpa dijeron que incluirá conversaciones sobre compras de armas.

El presidente israelí Chaim Herzog recibió a Azcona, quien también tiene proyectado entrevistarse con el primer ministro Yitzhak Shamir y el ministro de Relaciones Exteriores Shimon Peres.

Azcona también visitará los lugares sagrados y el monumento Yadk Vashem al Holocausto.

Azcona ha negado que el tema de las armas figure en la agenda, pero las fuentes dijeron que hablará sobre la reanudación de negociaciones para comprar jets KFIR en caso de que el Congreso estadounidense rechace el pedido de la administración Reagan para suministrar a Honduras aviones de guerra F-5E.

Informes periodísticos norteamericanos dicen que existen evidencias documentales de que las Fuerzas Armadas de Honduras y Guatemala canalizaron armas israelíes a los rebeldes nicaragüenses apoyados por Estados Unidos.

Voceros del gobierno israelí y de ambas fuerzas armadas han negado que ayuden a abastecer a los rebeldes.

Israel está tratando de expandir su influencia diplomática en América Central y luego de inaugurar su embajada en Honduras, en 1985, hubo una visita del por entonces ministro de Relaciones Exteriores, Shamir, a Tegucigalpa el año pasado.

**TIEMPO/28 DE MAYO DE 1987**

*Tradición de hospitalidad:*
## AZCONA RECIBIDO CON PAN Y SAL EN ISRAEL

TEGUCIGALPA.- El presidente José Azcona Hoyo fue recibido ayer en Tel Aviv con pan y sal por las máximas autoridades del gobierno de Israel, como es tradición en ese país cuando se recibe a mandatarios de otras naciones.

En su mensaje dirigido a las autoridades de Israel, el presidente Azcona expresó que se sentía "profundamente emocionado por pisar por primera vez suelo de Israel, nación considerada por nuestra tradición occidental judea-cristiana como tierra de promisión".

"Pero me siento más emocionado aún por este recibimiento en que, de la forma más sencilla y profunda, me ofrecéis pan y sal como honra al caminante que viene de lejanas tierras a compartir con vosotros vuestro hogar y vuestra hospitalidad. Es esta una tradición milenaria en la que brindáis lo más sagrado que se pueda dar, el pan como símbolo de sustento y la sal que da sabor a la existencia", agregó.

"Sea este pan y la sal que me ofrecéis, testimonio elocuente, vivo y permanente de la especial relación de amistad entre nuestros pueblos y gobiernos", concluyó.

Azcona y su comitiva inició su visita de cinco días a Israel, donde se entrevistará con el primer ministro Yitzhak Shamir, y otras autoridades de ese país, y visitará varios lugares santos (TDG).

**JERUSALEN,- El presidente de Honduras, José Azcona, pasa revista a una guardia de honor durante las ceremonias de bienvenida en el aeropuerto. Azcona está de visita oficial de cinco días en Israel.**

**TIEMPO/28 DE MAYO DE 1987**

# AZCONA Y HERZOG: SOLUCIONES NEGOCIADAS EN ISRAEL Y C.A.

**JERUSALEN, 28 mayo (EFE).- Los presidentes de Honduras, José Azcona Hoyo, y de Israel, Jaime Herzog, se han pronunciado hoy en Jerusalén por una solución negociada de los conflictos existentes en Oriente Medio y en Centroamérica.**

El presidente israelí ofreció esta noche una cena en su residencia al jefe del Estado hondureño, quien llegó ayer de Jerusalén en visita oficial, la primera de un presidente de este país a Israel.

Herzog dijo que, así como Israel, "también Honduras siente el peligro que originan los conflictos prolongados, y frente a la beligerancia propone la negociación como medio para solucionar las disputas en la atribulada región centroamericana".

"A pesar de estar separados por los océanos, añadió, estamos unidos en la común aspiración por la paz, el progreso y la prosperidad".

Herzog elogió al gobierno de Azcona, pues "aun enfrentando los problemas que le ocasionan a Honduras su situación geográfica, no ha dejado de velar por el régimen democrático y por los derechos de que goza el pueblo".

"Israel se vio obligado a combatir por su existencia desde el primer día de su independencia, el 14 de mayo de 1948", afirmó el presidente Herzog durante la cena en su residencia.

Hasta la fecha "lamentablemente un solo líder árabe, Anuar El Sadat de Egipto, aceptó concertar la paz con nosotros", agregó.

El presidente Azcona por su parte destacó el fortalecimiento de las relaciones bilaterales entre Honduras e Israel, en particular desde que ambos estados decidieron, en 1985, establecer embajadores residentes en Tegucigalpa y Tel Aviv.

Azcona, cuyo gobierno observa una posición de neutralidad respecto del conflicto árabe-israelí, inició hoy su primer día de visitas entrevistándose esta mañana con Herzog, quien se manifestó optimista sobre el proceso para la paz en esta región.

Azcona también se entrevistó hoy con el primer ministro, Isaac Shamir, y mañana tiene previsto un encuentro en el hotel "Rey David" de Jerusalén con el ministro de Relaciones Exteriores, Simón Peres.

Antes de la cena que le ofreció el presidente Herzog, Azcona y su comitiva visitaron la Basílica de la Natividad de Belén y, luego, conversó con dirigentes palestinos de la Cisjordania ocupa en el pueblo de Bet Jalah.

A su regreso de Belén fue recibido por el alcalde de Jerusalén, Teddy Kollek, desde hace 20 años al frente del municipio, y recorrió los santuarios de la ciudad antigua.

**LA TRIBUNA/29 DE MAYO DE 1987**

# PRESIDENTES DE HONDURAS E ISRAEL NO DIALOGARON SOBRE LOS "KFIR"

JERUSALEN, 28 MAYO (EFE) – La adquisición del cazabombardero israelí KFIR para las Fuerzas Armadas de Honduras "no ha sido tema de la conversación", aseguró hoy a EFE el presidente José Azcona Hoyo, después de entrevistarse con el primer ministro, Isaac Shamir.

El presidente de Honduras llegó en la noche de ayer para una visita oficial a Israel en medio de informaciones contradictorias sobre los aviones de combate que su gobierno desea adquirir para modernizar la Fuerza Aérea de ese país.

El embajador hondureño en Tel Aviv, Moisés Starkman, dijo a Radio Israel que su país podría volver a negociar la compra de doce aviones KFIR en caso de rechazar el congreso norteamericano la provisión de caza-bombarderos "F-5E", al gobierno de Azcona.

"Israel es un país amigo de Honduras, y coopera con nosotros en programas de asistencia técnica, en la agricultura y en la organización de grupos cooperativos", declaró el presidente.

Antes de entrevistarse con Shamir, Azcona departió con el presidente israelí Jaime Herzog, a quien encontró "muy optimista" sobre una paz entre israelíes y árabes.

Herzog dijo a su colega hondureño que existe "un progreso lento pero histórico entre los estados árabes de la zona, cuyos líderes están dispuestos a aceptar la existencia de Israel.

Azcona y Shamir dedicaron buena parte de su conversación a problemas internos, como el de la explosión demográfica en Honduras y el de la reducida población judía en Israel, según una fuente diplomática.

El presidente de Honduras que llegó una semana después del de Panamá, Erick Arturo del Valle, informó a Shamir que la crisis centroamericana, con la participación de delegados de Nicaragua, será considerada dentro de unas semanas en la Ciudad de Antigua.

## LA TRIBUNA/29 DE MAYO DE 1987

## AZCONA Y HERZOG POR SOLUCIONES NEGOCIADAS

**JERUSALEN, 28 MAY. (EFE).- Los presidentes de Honduras, José Azcona Hoyo, y de Israel, Jaime Herzog, se han pronunciado hoy en Jerusalén por una solución negociada de los conflictos existentes en Oriente Medio y en Centroamérica.**

El presidente israelí ofreció esta noche una cena en su residencia al jefe del Estado hondureño, quien llegó ayer de Jerusalén en visita oficial, la primera de un presidente de este país a Israel.

Herzog dijo que, así como Israel, "también Honduras siente el peligro que originan los conflictos prolongados, y frente a la beligerancia propone la negociación como medio para solucionar las disputas en la atribulada región centroamericana".

"A pesar de estar separados por los océanos, añadió, estamos unidos en la común aspiración por la paz, el progreso y la prosperidad".

Herzog elogió al gobierno de Azcona, pues "aun enfrentando los problemas que le ocasionan a Honduras, su situación geográfica, no ha dejado de velar por el régimen democrático y por los derechos de que goza el pueblo".

"Israel se vio obligado a combatir por su existencia desde el primer día de su independencia, el 14 de mayo de 1948", afirmó el presidente Herzog durante la cena en su residencia.

Hasta la fecha "lamentablemente un solo líder árabe, Anuar El Sadat de Egipto, aceptó concertar la paz con nosotros", agregó.

El presidente Azcona por su parte destacó el fortalecimiento de las relaciones bilaterales entre Honduras e Israel, en particular desde que ambos estados decidieron, en 1985, establecer embajadores residentes en Tegucigalpa y Tel Aviv.

Azcona, cuyo gobierno observa una posición de neutralidad respecto del conflicto árabe-israelí, inició hoy su primer día de visitas entrevistándose esta mañana con Herzog, quien se manifestó optimista sobre el proceso para la paz en esta región.

**Azcona**

**LA PRENSA/29 DE MAYO DE 1987**

*En diálogo con Shamir*
## NO HEMOS DIALOGADO SOBRE COMPRA DE CAZABOMBARDEROS

JERUSALEN.- 28 MAY. (EFE),- La adquisición del cazabombardero israelí Kfir para las Fuerzas Armadas de Honduras, "no ha sido tema de la conversación", aseguró hoy a EFE el presidente José Azcona Hoyo, después de entrevistarse con el primer ministro Isaac Shamir.

El presidente de Honduras llegó en la noche de ayer para una visita oficial a Israel, en medio de informaciones contradictorias sobre los aviones de combate que su gobierno desea adquirir para modernizar la Fuerza Aérea de ese país.

El embajador hondureño en Tel Aviv, Moisés Starkman, dijo a Radio Israel que su país podría volver a negociar la compra de doce aviones Kfir en caso de rechazar el Congreso norteamericano la provisión de caza-bombarderos "F-5" al gobierno de Azcona.

"Israel es un país amigo de Honduras y coopera con nosotros en programas de asistencia técnica, en la agricultura y en la organización de grupos cooperativos", declaró el Presidente.

Antes de entrevistarse con Shamir, Azcona departió con el presidente israelí Jaime Herzog, a quien encontró "muy optimista" sobre una paz entre israelíes y árabes.

Herzog dijo a su colega hondureño que existe "un proceso lento pero histórico entre los estados árabes de la zona, cuyos líderes están dispuestos a aceptar la existencia de Israel".

Azcona y Shamir dedicaron buena parte de la conversación a problemas internos, como el de la explosión demográfica en Honduras y el de la reducida población judía en Israel, según una fuente diplomática.

El Presidente de Honduras, que llegó una semana después del de Panamá, Eric Arturo del Valle, informó a Shamir que la crisis centroamericana, con la participación de delegados de

Nicaragua, será considerada dentro de unas semanas en la ciudad de Antigua y no en Esquipulas, como se había anunciado.

Azcona inició hoy su programa de visitas depositando sendas ofrendas florales en la tumba del creador del movimiento sionista, el periodista y dramaturgo Teodoro Herzl, y en la sala del recuerdo (Olem Hazikaron) del museo del holocausto nazi.

**LA PRENSA/29 DE MAYO DE 1987**

## ISRAEL ES UN DIGNO EJEMPLO PARA TODOS LOS PUEBLOS: AZCONA HOYO

TEGUCIGALPA.- En su discurso ante el presidente de Israel el gobernante hondureño José Azcona Hoyo, dijo que "el Estado de Israel es un digno ejemplo para todos los pueblos del mundo que luchan denodadamente por su independencia y seguridad".

Azcona Hoyo y su comitiva fue objeto de una recepción por parte del presidente de aquel gobierno, Jaime Herzog y su esposa.

"El gobierno de Honduras, que me honro en presidir mantiene con el pueblo y gobierno de Israel, las más cordiales y estrechas relaciones de amistad y cooperación, cimentadas en su fe inquebrantable en los principios de la solidaridad y el entendimiento entre naciones de buena voluntad, entre pueblos que se hayan unidos en sus luchas constantes por sus anhelos de progreso", expresó Azcona Hoyo.

"Esta visita, dijo el presidente hondureño, es ocasión propicia para hacer contactos personales y estrechar amistad con las más altas autoridades de este país y para expresar el agradecimiento del pueblo y gobierno de Honduras por la cooperación que en las áreas de asistencia financiera y de seguridad nacional han recibido del gobierno de este país amigo.

Azcona dijo sentirse sumamente agradecido "por la cordial recepción y fina atención que en esta tierra abnegada y valerosa se nos ha prodigado a la señora de Azcona y a mi igual que a los miembros de mi comitiva".

**LA PRENSA/29 DE MAYO DE 1987**

## *HONDURAS E ISRAEL ABOGAN POR SOLUCIÓN NEGOCIADA DE CONFLICTOS*

JERUSALEN, (EFE).- Los presidentes de Honduras, José Azcona Hoyo, y de Israel, Jaime Herzog, se han pronunciado ayer en Jerusalén por una solución negociada de los conflictos existentes en Oriente Medio y en Centroamérica.

El presidente israelí ofreció anoche una cena en su residencia al jefe del estado hondureño, quien llegó anteayer a Jerusalén en visita oficial, la primera de un presidente de este país a Israel.

Herzog, dijo que, así como Israel, "también Honduras siente el peligro que originan los conflictos prolongados, y frente a la beligerancia propone la negociación como medio para solucionar las disputas en la atribulada región centroamericana".

"A pesar de estar separados por los océanos, añadió, estamos unidos en la común aspiración por la paz, el progreso y la prosperidad".

Herzog, elogió al gobierno de Azcona, pues "aun enfrentando los problemas que le ocasionan a Honduras su situación geográfica no ha dejado de velar por el régimen democrático y por los derechos de que goza el pueblo".

"Israel se vio obligado a combatir por su existencia desde el primer día de su independencia, el 14 de mayo de 1948", afirmó el presidente Herzog durante la cena en su residencia.

Hasta la fecha, "lamentablemente un solo líder árabe, Anuar El Sadat de Egipto, aceptó concertar la paz con nosotros", agregó.

El presidente Azcona por su parte destacó el fortalecimiento de las relaciones bilaterales entre Honduras e Israel, en particular desde que ambos estados decidieron, en 1985, establecer embajadores residentes en Tegucigalpa y Tel Aviv.

Azcona, cuyo gobierno observa una posición de neutralidad respecto del conflicto israelí, inició ayer su primer día de visitas entrevistándose con Herzog, quien se manifestó optimista sobre el proceso para la paz en esta región.

Azcona también se entrevistó ayer con el primer ministro, Isaac Shamir, y hoy tiene previsto un encuentro en el hotel "Rey David" de Jerusalén con el ministro de relaciones exteriores, Simón Peres.

Antes de la cena que le ofreció el presidente Herzog, Azcona y su comitiva visitaron la basílica de la natividad en Belén y, luego conversó con dirigentes palestinos de la Cisjordania ocupada, en el pueblo de Bet Jalah.

A su regreso de Belén fue recibido por el alcalde de Jerusalén, Teddy Kollek, desde hace 20 años al frente del municipio, y recorrió los santuarios de la ciudadela antigua.

**Shimon Peres, canciller de Israel**

**EL HERALDO/29 DE MAYO DE 1987**

## NO SE HABLÓ DE LA COMPRA DE LOS KFIR

JERUSALEN, (EFE).- La adquisición del cazabombardero israelí Kfir para las Fuerzas Armadas de Honduras "no ha sido tema de la conversación", aseguró ayer a EFE el presidente José Azcona Hoyo, después de entrevistarse con el primer ministro, Isaac Shamir.

El presidente de Honduras llegó en la noche de ayer para una visita oficial a Israel en medio de informaciones contradictorias sobre los aviones de combate que su gobierno desea adquirir para modernizar la fuerza aérea de ese país.

El embajador hondureño en Tel Aviv, Moisés Starkman, dijo a Radio Israel que su país podría volver a negociar la compra de doce aviones KFIR en caso de rechazar el congreso norteamericano la provisión de Cazabombarderos "F-5E" al gobierno de Azcona.

"Israel es un país amigo de Honduras, y coopera con nosotros en programas de asistencia técnica, en la agricultura y en la organización de grupos cooperativos", declaró el presidente.

Antes de entrevistarse con Shamir Azcona departió con el presidente Israelí Jaime Herzog, a quien encontró "muy optimista" sobre una paz entre israelíes y árabes.

Herzog dijo a su colega hondureño que existe "un proceso lento pero histórico entre los estados árabes de la zona, cuyos líderes están dispuestos a aceptar la existencia de Israel".

**EL HERALDO/29 DE MAYO DE 1987**

## AZCONA SE REÚNE CON PREMIER DE ISRAEL

JERUSALEN, (AP). El presidente de Honduras, José Azcona Hoyo, se reunió ayer con el primer ministerio Isaac Shamir en el primero de seis días de visita a Israel informó un funcionario de gobierno.

Azcona Hoyo también visitó el monumento en memoria del holocausto en Jerusalén, Yad Vashem, donde colocó una ofrenda floral en homenaje a los seis millones de judíos muertos por los nazis en la Segunda Guerra Mundial.

El funcionario, que pidió no ser identificado, no comentó sobre las conversaciones entre Shamir y Azcona Hoyo. Anteayer en la tarde, el presidente hondureño visitó Belén y la ocupada margen occidental con el alcalde Elías Freij y se reunió con dirigentes palestinos.

También se reunió con el alcalde de Jerusalén, Teddy Kollek, y asistió a un banquete ofrecido en su honor por el presidente de Israel, Jaime Herzog.

Azcona Hoyo, quien es el primer presidente hondureño que visita Israel, llegó ayer acompañado por el jefe de estado mayor del ejército brigadier general Humberto Regalado Hernández, y por el ministro de relaciones exteriores, Carlos López Contreras.

El lunes, Azcona Hoyo visitará las industrias aéreas de Israel, la principal fábrica de armamento y aviones militares del país. De acuerdo con informes de prensa, Israel es un importante exportador de armas y asesoramiento militar para El Salvador, Guatemala Costa Rica y Honduras.

Honduras está tratando de reemplazar sus 12 Super Mystere de fabricación francesa con aviones F-5E de producción norteamericana. Pero de acuerdo a informes provenientes de Tegucigalpa. Azcona Hoyo podría analizar la renovación de negociaciones para adquirir aviones Kfir si el Congreso norteamericano rechaza el pedido del gobierno del presidente Ronald Reagan para venderles los F-5E. Ambos países esperan también firmar un acuerdo sobre cooperación técnica y turismo, dijo un funcionario israelí. Honduras reconoció a Israel cuando declaró su independencia en 1948, pero ambos países no intercambiaron embajadores hasta 1985, cuando Honduras abrió una embajada en Tel Aviv.

**Isaac Shamir, primer ministro israelí**

**EL HERALDO/29 DE MAYO DE 1987**

# AZCONA: INELUDIBLE LA HAYA

**DISCURSO PRONUNCIADO POR EL PRESIDENTE DE LA REPÚBLICA, JOSÉ AZCONA, EN LA CORTE INTERNACIONAL DE JUSTICIA EN LA HAYA, HOLANDA.**

Señor presidente

Honorables miembros de la Corte:

Agradezco profundamente sus bondadosas palabras de bienvenida a nombre de la Corte Internacional de Justicia.

Honduras ha confiado siempre en la solución pacífica de las controversias entre los Estados, pues sabe que los conflictos armados no traen más que desolación, pérdida de vidas y destrucción de los valores humanos más importantes.

Mi gobierno reconoce como ineludible la validez y obligatoria ejecución de las sentencias arbitrales y judiciales de carácter internacional y, hace suyos los principios y prácticas del derecho internacional para el afianzamiento de la paz y democracia universales.

Es con este espíritu que me honro en expresar a la Corte Internacional de Justicia la fe inquebrantable del pueblo de Honduras en la solución pacífica de los conflictos internacionales por medio de la aplicación del derecho.

Contamos con una amplia tradición en este sentido. Hemos acatado siempre las decisiones de los tribunales tanto si nos han sido favorables como desfavorables.

En 1933 acatamos la sentencia arbitral del juez norteamericano Evans Hugues, que dijo los límites de Honduras con Guatemala. Y acatamos, asimismo, el Laudo dictado por su majestad el Rey de España, en 1906, que fijó la frontera con Nicaragua, y cuya validez y obligatoriedad fue confirmada el 18 de noviembre de 1960 por la Corte Internacional de Justicia.

Históricamente Centroamérica ha sido un adelantado en la solución institucionalizada de los diferentes jurídicos entre estados. En 1907, Honduras participó en el Primer Tribunal Internacional que ha conocido el mundo, es decir, la Corte Centroamericana de Justicia, que infortunadamente solo tuvo once años de vida.

Creo que la realización del Derecho Internacional, inspirado en los valores morales de justicia y de respeto del ser humano, es el medio idóneo para resolver cualquier controversia. En esta Corte Internacional están dignamente representadas las diversas culturas, y los más variables orígenes nacionales que dan como resultado una representación universal del género humano.

Me satisface enteramente que mi visita a la Corte Internacional de Justicia se produce a los pocos días de haberse constituido la Sala Especial de la Corte para resolver el diferendo jurídico de delimitación de nuestra frontera terrestre, insular y marítima que voluntariamente hemos sometido con la República de El Salvador.

Asimismo, y de acuerdo a la invariable conducta hondureña de respeto al Derecho Internacional, recientemente hemos respondido a una petición de la República de Nicaragua en relación a acciones armadas en la zona fronteriza de ambas naciones. Sin embargo, mi gobierno confía en que el proceso de negociaciones multilaterales emprendido bajo la iniciativa del Grupo de Contadora, brindará la solución adecuada a la crisis política y militar que vive la región centroamericana.

Señor presidente:

Honorables jueces:

En el mundo surgido tras la segunda Guerra Mundial, emerge la Corte Internacional de Justicia como un faro de luz que guíe a la humanidad cobijada bajo el manto de la Organización de las Naciones Unidas, hacia la desaparición de los instrumentos de muerte y el afianzamiento de la paz deseada en el despacho.

Basados en estos propósitos que guían a la Corte es para mí un alto honor visitar en este magnífico palacio el más alto órgano jurisdiccional en el mundo, con el objeto de comunicarle que en el área centroamericana existe un pueblo y un gobierno que tiene su fe puesta en el derecho internacional y en sus órganos jurisdiccionales. Agradezco profundamente el bondadoso recibimiento que nos han brindado y formulo los mejores augurios por el éxito continuado en el cumplimiento de sus tareas y por su dicha personal y familiar.

MUCHAS GRACIAS.

## LA TRIBUNA/29 DE MAYO DE 1987

*A su regreso*

## GRAVES Y NUEVOS PROBLEMAS ENCONTRARÁ EL PRESIDENTE AZCONA

### Por RAUL LANZA VALERIANO

La nueva colección de problemas con que se encontrará el señor presidente constitucional de la República, a su regreso a la patria el 7 de junio próximo, tiene visos de mala intención.

Parece que la confabulación de la mayoría de los firmantes del Acta de Compromiso que dio lugar a lo que popularmente se conoce como Pacto de Unidad Nacional, no es más que otra oposición a la férrea actitud del presidente Azcona, frente a las innumerables presiones que diversas fuerzas le han venido planteando, con miras a cambiar su firme apoyo al Gabinete de Gobierno que lo acompaña.

La exigencia que, sobre el particular, iniciarán algunos grupos campesinos, en su mayoría amparados en cierta enemistad personal contra el Director del Instituto Nacional Agrario Mario Espinal, está tomando cada día proporciones alarmantes, por cuanto ahora se trata nada más ni nada menos que de exigir el cambio total del gabinete.

Frente a tanto apuro, cabe preguntarnos: ¿Qué buscan los firmantes del Pacto de Unidad Nacional hasta hace poco firmes colaboradores del señor presidente, al cambiar tan pronto de actitud...?

Acaso, según consideran algunos medios de comunicación social, el gabinete o parte del mismo, les estorba en sus afanes arribistas...?

O es por ventura, que al fin los señores contratistas del PUN, se dieron cuenta de que es una realidad el hecho de que los ministros actuales del señor presidente constitucional de la República, no responden como deberían a las exigencias actuales del quehacer nacional...?

Nosotros creemos que los susodichos firmantes del PUN están obligados por honor, a mantener su apoyo solidario hacia el gobernante Azcona, quien en todo momento y en toda ocasión ha sido solidario con ellos en sus diversas acciones a veces equivocadas. "Nobleza obligada" reza un sabio refrán, que bien podría ser aplicado a quienes aún prosiguen apoyando solidariamente al presidente de Honduras, quien durante la recién pasada crisis provocada por las organizaciones campesinas pidiendo la cabeza del Director del INA, dio una muestra más de su recia personalidad y de su estricto respeto a la amistad al no permitir la salida del ingeniero Mario Espinal.

Ahora bien: los suscriptores del PUN quieren que el presidente cambie totalmente su gabinete como si esa determinación sólo puede basarse en el antojo de ellos.

El planteamiento es, desde todo punto de vista grave, gravísimos diríamos nosotros, por cuanto sabemos muy bien y el pueblo también lo sabe que el gobernante, en repetidas ocasiones, ha dicho que su equipo ministerial no es negociable bajo ninguna circunstancia y que esos funcionarios merecen toda su confianza, no sólo por su capacidad sino también por su probada honestidad y espíritu de iniciativa.

Y si el ingeniero Azcona dijo estar dispuesto a renunciar a la Presidencia de la República, si los campesinos no cejaban en su exigencia de separar al Director Ejecutivo del INA, qué no estará dispuesto a hacer ahora que regresará al país a enfrentar una nueva exigencia que atenta contra su libre determinación y su derecho de escoger sus colaboradores de confianza.

La cosa es sumamente delicada y se pondrá peor cuando el señor presidente la conozca en su fondo y forma.

A nosotros, empíricamente, sólo se nos ocurre una salida airosa; que los señores secretarios de Estado y los demás funcionarios públicos autónomos y semiautónomos renuncien en grupo, de manera irrevocable, para que el señor presidente pueda reestructurar libremente su gabinete, sin tener que faltar a su palabra.

Aunque un paso de tal naturaleza también sería conflictivo pues no dejaría de ser considerada como debilidad administrativa.

**LA TRIBUNA/29 DE MAYO DE 1987**

## MONTOYA Y CALLEJAS ANALIZAN AGITACIÓN IMPERANTE EN EL AGRO

***Rivera López espera que Azcona regrese más lúcido de Israel*

TEGUCIGALPA. Las comisiones políticas azconacallejistas se reunieron ayer para hacer un análisis de la situación de agitación reinante en el agro y otros sectores del país.

La versión fue confirmada por el licenciado Mario Rivera López quien expresó que la comisión conjunta espera que al retornar el presidente José Azcona de Israel estas situaciones sean superadas.

En la reunión de ayer como de costumbre se confirmó participaron Carlos Orbin Montoya y Rafael Leonardo Callejas Líderes de las bancadas mayoritarias del Congreso Nacional.

Rivera López dijo que se había discutido la situación imperante en el campo por las recuperaciones masivas de tierras y los estratos del gobierno.

**CALLEJAS**

**MONTOYA**

**TIEMPO/29 DE MAYO DE 1987**

# AZCONA Y SHAMIR NO TRATARON VENTA DE ARMAS

### ***Armas no figuran en la agenda de esta visita, dice funcionario israelí

JERUSALEN, Mayo 28 (REUTER).- El presidente de Honduras, José Azcona, y el primer ministro israelí, Yitzhak Shamir, hablaron hoy sobre los conflictos en el Medio Oriente y en Centroamérica, pero no trataron la venta de armas, israelíes a Honduras, informó un colaborador de Shamir.

Interrogado sobre las informaciones de que Honduras estaba considerando comprar un avanzado avión de guerra israelí, el jet KFIR, el vocero de Shamir, Avi Pazner, dijo que el tema de las ventas de armas no fue discutido durante la reunión de los dos mandatarios.

Fuentes gubernamentales y diplomáticas en Honduras dijeron que, durante su visita oficial de cinco días a Israel, Azcona trataría de reanudar las negociaciones sobre la compra de aviones KFIR, en caso de que el Congreso estadounidense rechazara un pedido de la administración Reagan de suministrar a Honduras aviones norteamericanos F-5E.

Azcona tiene programado visitar la principal fábrica de Industrias aeronáuticas de Israel (IAI), donde se produce el cazabombardero KFIR.

Pero un vocero de la cancillería dijo a la prensa: "Las armas no figuran en la agenda de esta visita".

Expresó que las visitas de dignatarios extranjeros a la planta de IAI no son inusuales, y señaló que Israel también produce aviones civiles allí.

Pazner dijo que Azcona explicó los esfuerzos de su país para aplacar las tensiones entre el gobierno sandinista de Nicaragua y los países vecinos.

Shamir, quien conoció a Azcona cuando visitó Honduras como ministro de Relaciones Exteriores hace más de un año, informó al líder centroamericano sobre el conflicto árabe-israelí.

Shamir, líder del bloque derechista Likud, dijo a Azcona que parecía más fácil alcanzar la paz en Centroamérica que en el Medio Oriente, porque las conversaciones directas entre adversarios eran posibles allí, pero eran prácticamente imposibles aquí, dijo Pazner.

El vocero de la cancillería se negó a dar datos de las ventas de armas israelíes a Honduras, diciendo: "nunca publicamos detalles sobre las ventas de armas".

Según informaciones publicadas fuera de Israel, el estado judío es uno de los principales abastecedores de armas para Centroamérica, donde ha estado tratando de aumentar su influencia diplomática durante los últimos años.

Israel abrió una embajada en Honduras en 1985 y Honduras inauguró otra en Jerusalén el año pasado.

Shamir y Azcona también discutieron una mayor cooperación en los campos agrícolas, técnicos y educativos, y el incremento del comercio y de los intercambios estudiantiles, dijo Pazner.

### TIEMPO/29 DE MAYO DE 1987

# AZCONA EXALTA A ISRAEL COMO PUEBLO EJEMPLAR

**TEGUCIGALPA.** El presidente José Azcona Hoyo dijo ayer en Israel que este país "es un ejemplo digno para todos los pueblos del mundo que luchan debidamente por preservar su independencia y seguridad, por el respeto a su sistema democrático, de vida y de gobierno, y bregan por el progreso de la ciencia y la tecnología al servicio de los más caros intereses de sus pueblos".

Azcona habló así al agradecer la cena que le ofreció el presidente de Israel, la que calificó como una clara expresión de la amistad y solidaridad entre Honduras e Israel.

"En el marco de la tradicional amistad que ha existido y continuará existiendo entre Honduras e Israel, me corresponde el honor y especial privilegio de ser el primer gobernante hondureño que llega en visita oficial a esta tierra de cultura milenaria", expresó.

"El gobierno de Honduras, que me honro en presidir, mantiene con el pueblo y gobierno de Israel, las más cordiales y estrechas relaciones de amistad y cooperación, cimentadas en el respeto mutuo y en su fe inquebrantable en los principios de la solidaridad y el entendimiento entre pueblos que se hayan unidos en su lucha constante por sus anhelos de progreso, en regiones geográficas agitadas por el huracán de la violencia, que es preocupación constante de líderes intelectuales, políticos y religiosos en el mundo", agregó.

El presidente Azcona manifestó que su visita a Israel es "propicia para hacer contactos personales y estrechar amistad con las más altas autoridades de este país y para expresar el agradecimiento del pueblo y gobierno de Honduras por la cooperación que en las áreas de asistencia técnica, financiera y de seguridad nacional, ha recibido del gobierno de este país amigo".

El mandatario hondureño finalizó sus palabras de agradecimiento en hebreo, idioma de Israel, para "brindar por el pueblo de Israel, el Estado de Israel y la amistad entre Honduras e Israel". (TDG).

## TIEMPO/29 DE MAYO DE 1987

Integrantes del CELA
# DIRIGEN IMPERTINENTE CARTA AL PRESIDENTE AZCONA HOYO

Un grupo de investigadores de la Facultad de Ciencias Políticas y Sociales del Centro de Estudios Latinoamericanos de la UNAM, con fecha 20 de mayo de 1987 nos enviaron una carta acreditando en primer lugar las fuentes de información de su colega Gregorio Selser y la seria calidad de sus trabajos.

Además de ello nos adjuntan copia de una carta que con fecha 19 de Mayo de 1987 dirigieron el Señor Presidente Azcona Hoyo, en la cual, en forma maliciosa le atribuyen al jefe del Ejecutivo responsabilidad en lo que ellos llaman "una amenaza" contra la integridad física del escritor mexicano, lanzada por nuestro columnista abogado Moisés de Jesús Ulloa Duarte en uno de sus habituales escritos.

Esta improcedente relación que quieren establecer los investigadores mexicanos entre el Señor Presidente Azcona Hoyo y el abogado y escritor Ulloa Duarte nos recuerda el fondo del artículo publicado por EL HERALDO.

Efectivamente el compatriota Ulloa Duarte sostiene que la sistematización de los libelos contra Honduras por el mexicano Selser dicho sea de paso autor del folletín: Honduras Una República Alquilada, publicado en 1983 le hacen merecedor a un escarmiento. (Palabra que obviamente alteró los nervios del señor Selser y de sus colegas al asociarla con un castigo físico (¿?))

Ulloa se refería al escrito de Selser aparecido en Barricada, órgano del Frente Sandinista de Liberación Nacional, el 6 de mayo de 1987, en donde llegó a sostener entre otras graves acusaciones, que el presidente de Honduras José Azcona había dicho que "un país tan pobre como Honduras no puede permitirse el lujo de tener dignidad".

A petición de los compañeros de Selser publicamos la nota dirigida al Señor Presidente Azcona Hoyo:

C.U, a 19 de mayo de 1987,

SR. JOSE AZCONA HOYO
Presidente de Honduras
Palacio Presidencial
Tegucigalpa
HONDURAS

Los suscritos, compañeros de trabajo del profesor GREGORIO SELSER en el Centro de Estudios Latinoamericanos de la Facultad de Ciencias Políticas y Sociales de la UNAM, protestamos enérgicamente por la amenaza y las calumnias emitidas por el periodista Moisés Ulloa Duarte contra el profesor Selser, aparecidos recientemente en la prensa hondureña. La petición de darle un escarmiento a Selser por el señor Ulloa constituye una amenaza contra su integridad física. Dadas las estrechas relaciones conocidas entre usted y el señor Ulloa, lo hacemos directamente responsable de lo que pueda suceder.

Aprovechamos la oportunidad para recordarle que el profesor Selser es un catedrático y periodista de prestigio continental, cuyas investigaciones se basan rigurosamente en fuentes fidedignas de información.

Atentamente,

*Carlos Morales, Responsable de publicación:*

**EL HERALDO/29 DE MAYO DE 1987**

Editoriales
# ¿QUÉ SIGNIFICA SER EL PRESIDENTE DE LA REPÚBLICA?

Llegó el momento de formularse la pregunta: ¿Qué es un presidente de una nación determinada? Y otras más: ¿Qué significa ser el Presidente de la República? ¿Qué importancia tiene ser el gobernante de una nación democrática?

Los hondureños hemos quedado perplejos ante algunas expresiones del Señor Presidente de la República, tal es el caso que se presentó en determinado momento, a pocas horas de emprender su viaje a Holanda a Israel.

El Señor que ostenta el cargo público de mayor relevancia nacional, sin inmutarse, puesto que ignoraba los alcances de sus palabras y el contenido de su pensamiento, lanzó estas explosivas afirmaciones: "Espinal no es negociable" "MEJOR RENUNCIO A LA PRESIDENCIA QUE DESTITUIR AL DIRECTOR DEL INA".

Ni siquiera en el caso de una manifestación de repudio a la exigencia campesina que lesiona el principio de autoridad en el gobierno, pudiera aceptarse como válida su disposición de dejar en cualquier cuneta apestosa el cargo de gobernante de una nación por una simple solicitud de grupos organizados.

Ser presidente de un país cualquiera, surgido del sacrificio de un pueblo, con huella de cárcel, de atropello, de amenazas a muerte y desempleo, es la mayor obligación que una persona puede contraer durante 4, 5 o 6 años.

Ser presidente en Honduras, es representar la viva imagen de la unidad nacional, de la confianza pública. Es la fuerza moralizadora y es el hombre que está destinado a compensar a cada sector social que lo apoyó en la lucha proselitista y que, como un viejo campesino, un zapatero o carpintero, el que ordeña la vaca y el leñador, en su momento dejaron sus instrumentos de trabajo y aceptaron el ayuno forzoso al siguiente día, para encaminarse a las urnas y votar por el que ahora es presidente.

Ser presidente de Honduras, significa representar la voluntad indomeñable de cinco millones de compatriotas, implica asumir la responsabilidad histórica de DIRIGIR una nación, de guiarla con entusiasmo y con planes definidos de gobierno, de crear programas para que se desarrollen en el período constitucional de gobierno.

El señor presidente, electo por la voluntad soberana del pueblo, es el que dirige la política del país, es el "garante de la democraticidad y unidad del ordenamiento".

No hay honor más relevante que el ser presidente y saber que es la síntesis de muchas luchas cívicas, de muchos sacrificios y las grandes expectativas que los electores crean en la enfervorizada actividad política y se debe hacer honor precisamente al honor más alto de servir con lealtad a la patria.

**EL HERALDO**

# HONDURAS E ISRAEL

El presidente Azcona y los dirigentes del Estado israelí han invocado los mecanismos del diálogo para arribar a soluciones pacíficas de conflictos y diferencias.

Este acuerdo entre los gobernantes de dos naciones democráticas tiene su fundamento histórico. Israel ha sido no solamente un pueblo perseguido por infaustos acontecimientos mundiales. Tal vez su mayor contribución a la causa de la paz mundial, es precisamente servir de un claro y heroico ejemplo en donde se encarnan las huellas nefandas inferidas por el despliegue de los odios cultivados poderosamente por estructuras políticas expansivas, de corte hegemónico y dictatoriales.

Su propia supervivencia como Nación y después como Estado moderno contribuye al total esclarecimiento de la línea que divide la paz y la guerra. Por eso tienen ellos los dirigentes de la nación israelita, suficientes fundamentos históricos y morales para proclamar su profunda necesidad de vivir en paz y de proceder a un reclamo prolongado de ella para erigir un progreso sostenido para todas sus generaciones.

En cuanto a Honduras, los acontecimientos políticos derivados de la instalación sandinista en el poder de Nicaragua, seguida de una preparación política y militar que alcanza un drenaje de recursos humanos y de armas jamás vistos.

Por eso cuando el presidente Azcona y los máximos líderes y dirigentes de Israel demandan, mediante el diálogo, el advenimiento de una paz perdurable y segura en las relaciones internacionales de los pueblos, no es un acto intrascendente sino una reafirmación de su propia necesidad de asegurar la continuidad histórica de sus naciones para superar estadios sociales.

El fortalecimiento de las relaciones amistosas entre Honduras e Israel es un acto de características importantes en la vida de los hondureños, especialmente en estos momentos cuando sentimos la urgencia de ampliar nuestra visión internacional, de conquistar altas y nuevas tribunas desde las cuales podamos expresar los sentimientos pacifistas de los hondureños, describir nuestros proyectos institucionales, motivar la ayuda hacia regiones de nuestra economía que más resienten la depresión, auxiliar a nuestros compatriotas mediante un programa de plena cooperación técnica, académica y financiera y promover el desarrollo interno de la Nación hondureña mediante los procesos económicos financieros de proyectos turísticos y agrarios que alienten las inversiones externas.

## EL HERALDO

*Afirman en Israel:*

## NO DESCARTAN QUE HONDURAS COMPRE LOS K-FIR SI NO LLEGAN LOS F-5E

JERUSALEN. (AP). El presidente de Honduras José Azcona Hoyo sostuvo ayer conversaciones con el ministerio de Relaciones Exteriores Shimon Peres, en el tercero de los seis días de visita del gobernante centroamericano a Israel, informó la Cancillería.

Ambos dirigentes discutieron aspectos de los conflictos regionales del Medio Oriente y la América Central, así como asuntos bilaterales, especialmente los relacionados con la cooperación económica dijo un informante del ministerio que pidió anonimato.

Indicó que Azcona Hoyo expresó preocupación sobre el flujo de refugiados salvadoreños que llegan a Honduras en un intento de escapar de la guerra civil de seis años en El Salvador.

Dijo que el presidente hondureño también expresó interés en la asistencia técnica de Israel en los campos de la agricultura y reforestación.

Ayer tarde, Azcona Hoyo, el primer presidente hondureño que visita Israel, visitó Nazareth en la región norteña de Galilea y asistió a la ceremonia judía sabática tradicional en el Kibutz Ayelet Hashahar.

Para el lunes, Azcona Hoyo tiene en agenda una visita a la empresa Industrias Aeronáuticas de Israel, el principal centro de fabricación de armas y aviones militares del país.

Según informes especializados, Israel es el mayor vendedor de armas y equipos militares de países centroamericanos, entre los que figuran El Salvador, Guatemala, Costa Rica y Honduras.

Honduras está realizando gestiones para reemplazar 12 aviones franceses Super-Mystere con aviones norteamericanos F-5E.

Pero, según informes de Tegucigalpa, Azcona Hoyo puede discutir la compra de aviones israelíes Kfir si el Congreso de Estados Unidos no aprueba la autorización de venta de los F-5E pedida por la administración del presidente Ronald Reagan.

Honduras reconoció a Israel desde que declaró este último su independencia en 1948. Pero los dos países recién en 1985 intercambiaron embajadores.

**EL HERALDO/30 DE MAYO DE 1987**


## AZCONA DEL HOYO VISITARÁ HOY INDUSTRIA AERONÁUTICA ISRAELÍ

JERUSALEN, 31 MAY. (EFE).- José Azcona Hoyo Presidente de Honduras, refrendará mañana lunes en Jerusalén, un convenio para la promoción del turismo y la ampliación de la cooperación técnica en el campo de la agricultura con Israel.

El acuerdo será suscrito por Carlos López Contreras, ministro de Relaciones Exteriores de Honduras, y su colega israelí Shimon Peres.

Azcona, que llegó el pasado miércoles a Israel para una visita oficial de siete días como huésped del presidente Jaime Herzog, visitará mañana las instalaciones de la industria aeronáutica israelí (IAI) en Lod, cerca de Tel Aviv.

El presidente hondureño recorrió hoy el Monte de Massada, sobre el Mar Muerto en el Desierto de Judea.

Massada fue el último baluarte de los hebreos durante la rebelión contra el Imperio Romano, en el año 73 de la Era Cristiana. En el lugar se encuentran también las ruinas de un palacio del Rey Herodes.

Azcona fue huésped del Centro Médico "Hadassa" de Ein Keren, en Jerusalén. El presidente fue recibido por el director general de la institución y se trató una posible cooperación médica y científica con hospitales de Tegucigalpa.

Mañana, Azcona asistirá a la ceremonia de plantación de un bosque en honor a la República de Honduras, en los Montes de Jerusalén.

Después visitará el Parlamento de Jerusalén, y conferenciará con su presidente, el legislador laborista Salomón Hilel.

En horas de la noche, el presidente de Honduras ofrecerá una cena en honor de su anfitrión israelí en el Hotel "Rey David" de Jerusalén.

**José Azcona Hoyo, presidente
hondureño.**

**LA PRENSA/1 DE JUNIO DE 1987**

*[Óscar Lanza Rosales]*
# ¡DEBILITADA LA AUTORIDAD DEL PRESIDENTE!

Primero fueron los políticos que tocaban las puertas de los militares para lograr sus propósitos como políticos.

Lo hicieron los nacionalistas en 1963 y algunos liberales para darle volantín al gobierno electo por el pueblo de Villeda Morales.

En 1972, aun cuando ambos partidos tradicionales manejan el gobierno bajo un pactito de conciliación nacional, nuevamente políticos de esos partidos, le dan el visto bueno a las Fuerzas Armadas para que le quiten el poder legítimo al doctor Ramón Cruz.

El gobierno del Dr. Cruz era débil, pero sus correligionarios y adversarios en vez de ayudarlo a fortalecer su administración, más bien aceleraron su caída.

Durante el gobierno de Suazo Córdova –de acuerdo a versiones de los mismos militares- varias veces los nacionalistas gestionaron el retorno de los militares a la administración pública.

Ahora los que han seguido los pasos de los políticos en el pasado son los dirigentes sindicales y campesinos.

Cuando no pueden resolver sus problemas con los funcionarios del Poder Ejecutivo, incluyendo al presidente de la República, en el tiempo que ellos lo estiman conveniente, recurren a sus amigos militares para que ejerzan la presión sobre el mandatario, para que este les conceda sus peticiones en presencia de los hondureños con uniforme verde olivo.

Los militares se han convertido en intermediarios de los conflictos que surgen entre los funcionarios públicos y los dirigentes obreros y campesinos.

Los militares tienen que estar presentes en la solución de los problemas para llegar a un arreglo. Sin ellos el diálogo es difícil. Ni el presidente cede y tampoco los dirigentes.

¿Qué poco respeto le tenemos los hondureños a nuestro presidente? Un hondureño considerado como el primer ciudadano del país y nuestro máximo conductor.

El ciudadano que, en noviembre de 1985, eligieron de acuerdo a la opción B, la mayoría de los votos de la masa de obreros y campesinos de este país.

En una elección donde se gastaron muchos millones de lempiras para que los hondureños sigamos consolidando la democracia mediante una mayor participación de los civiles en el poder de la nación.

A ese ciudadano a quien le hemos delegado el poder para que haga buen uso de él, para bien de todos, los dirigentes obreros y campesinos le están socavando la autoridad que le hemos delegado.

El presidente en vez de pedirles cuenta a los militares por sus acciones, en estos conflictos más bien se le cambia el papel. Es el presidente quien informa a los militares. Y tiene que tomar decisiones en presencia de ellos para legitimar las soluciones encontradas.

Si los funcionarios públicos —incluso el presidente— y los dirigentes campesinos no buscan los canales legales adecuados para proseguir en paz y armonía el proceso agrario –que está casi paralizado—el gobierno de Azcona se va a deteriorar en menos tiempo del esperado.

El presidente debe ser receptivo a las demandas de los labriegos y asumir el compromiso para cumplir un plan de ejecución de estas demandas. El presidente debe actuar inteligentemente y con el tacto político necesario para no perder el control de su autoridad en estas situaciones que ponen en precario a su gobierno.

Los dirigentes obrero-campesinos deben exigir los derechos que le asisten a sus bases, pero por los mecanismos apropiados.

También deben tomar conciencia que ya no estamos en un gobierno de facto, sino que constitucional.

En un gobierno constitucional ya existe una función bien clara de las Fuerzas Armadas.


## TIA FLORENTINA Y PEPIN

*Por J. Riera*

**\*\*\*...donde se verá que el señor presidente podría regresar con algunos aviones...**

La mañana era niña cuando, haciendo lo que Vicente, fuimos hasta el aeropuerto internacional de Toncontín, a la despedida del señor presidente de la república, don José Simón Azcona. Pronto estaremos haciendo lo mismo a su regreso, ansiosos de conseguir nuestro poquito de pan y sal...

A duras penas por no ser exagerados, llegamos a la terminal aérea, donde ya se encontraba un montón así de cuilios, unos de uniforme y los otros vestidos a la usanza del disimulo. Equivocados y pensando que el lugar era de acceso para todos, íbamos, confiados subiendo la escalinata que lleva a la segunda planta de la terminal, cuando un joven, pelón por más señas, impecablemente vestido, nos tomó del brazo, sin previo aviso, diciéndonos: ¿a dónde cree que va, joven?

Pensando que el disimulado agente de seguridad se había equivocado, pues nosotros hace una pila de años que dejamos de ser chavos, lo quedamos viendo de pies a cabeza y la inversa, de la cabeza a los pies, sin responderle. Allí estuvo nuestro error. El señor de la seguridad nos aseguró, sin muchos miramientos, de ambos brazos y nos puso, como santo de pueblo, en andas, de patitas en el sitio donde las gentes aguardan la salida de sus parientes y amigos, frente a la aduana…

No logramos, por esta circunstancia, despedirnos de nuestro amigo el gobernante, ni siquiera de su comitiva, ni tampoco de nuestro amigo el general, de cuatro estrellas, Beto Regalado Hernández, ni del canciller Carlos López Contreras, ni de nadie, contrario a otras veces y otras ocasiones, el ingeniero no quiso que lo despidiera nadie, ni los bandistas de la Banda de los Supremos Poderes, ni los paracaidistas de la Fuerza Aérea, ni los embajadores de países amigos. Seguro, el ingeniero pensó que no estaba la Magdalena para tafetanes…

Aunque antes había soluciones, a poquitos, el problema de los agraristas que comenzaron persiguiendo al director de la Reforma Agraria y terminaron aceptándolo, como un mal necesario, hasta otra vez. ¡Se fue el señor presidente! Antes de llegar al lugar de su destino, Israel, Pepín llegará a Holanda. Visitará la Corte, hablará con algunos jueces. Los jueces le darán seguridades, de la imparcialidad de sus fallos, sin decirle quién será, naturalmente, el ganador. Se entrevistará con nuestro representante don Carlos Roberto Reina, que seguro habrá de preguntarle cómo caminan, si es que caminan, las cosas en Honduras con sus siete aspirantes peleones y peleadores. Después Pepín, que no podrá visitar por razones obvias algunos lugares desnudos, habrá seguido viaje a Israel…

Allá permanecerá por más de una semana, sin preocuparse por nada que no sea el yantar y el dormir. En sus horas de esparcimiento podrá visitar, junto y en unión del general Regalado Hernández algunas fábricas, donde se fabrican aviones. Lo hará por si los demócratas gringos no sueltan la hebra y nos dejan solo con el rumor de la F-5…

A su retorno a la patria, don José Simón tal vez repita a César: vine vidi vinci. Encontrará su silla, la presidencial, ni más fría ni más caliente. El presidente en funciones, don Joche Pineda Gómez no habrá removido no digamos al director del INA, al gato de la casa. Tampoco habrá hecho otros gastos, que no repetirá lo de antes- los necesarios para dar de comer a la guardia, y a algunos pocos invitados. La única novedad, será ver a don José impecablemente vestido, estrenando uno de los trajes que le confeccionó su sastre. Y nada más…

Tal vez la bienvenida sea mejor que la despedida. Es probable, aunque no seguro, que, en el aeropuerto, el que viene siendo sustituido desde hace un montón de años, en el papel y no en la realidad, lo estarán aguardando sus ministros, las wifes de sus ministros y gran cantidad de gentes que querrán que Pepín las vea, a ver si así logran, aunque sea un puestecito de sub cuando el ingeniero se decida, si es que se decide a cambiar su gabinete…

LA TRIBUNA/30 DE MAYO DE 1987

## AZCONA VISITA KIBUTZ

JERUSALEN, 29 mayo. (EFE).- Los procesos de paz en Centroamérica y Oriente Medio fueron tratados hoy en la entrevista mantenida por el presidente de Honduras, José Azcona Hoyo, y el ministro israelí de Asuntos Exteriores, Simón Peres, ex jefe del gobierno de Israel.

Azcona que se encuentra en Israel para una visita oficial de siete días, visita hoy los Santos Lugares y a continuación será huésped de un kibuts, donde asistirá a la cena de la víspera del Shabat, que da comienzo al reposo del sábado según la tradición judía.

Mañana sábado, Azcona y su comitiva recorrerán la meseta del Golán, territorio que perteneció a Siria hasta su ocupación israelí en la guerra de los seis días (junio de 1987) y anexado por Israel en 1981.

"Israel debe oponerse a la tendencia de Oriente de imponerse militarmente en la zona, y obstruir el abastecimiento de petróleo a Occidente", dijo Azcona en la cena ofrecida el jueves en su honor por el presidente israelí Jaime Herzog.

"En América Central también se está librando en los últimos años una cruenta lucha entre los que defienden la justicia y la libertad y los que las niegan", afirmó el mandatario hondureño.

El huésped hondureño visitará hoy también la Basílica de la Anunciación de Nazareth, ciudad habitada por aproximadamente 30.000 árabes y administrada por el Partido Comunista (Rakaj).

*La Tribuna*/30 de mayo de 1987

Lisandro Quesada

# ENTRE GENIOS Y AVIONES

Uno que otro reitera en nuestro país el estribillo de la soberanía, hay que defenderla, conservarla, robustecerla, evitar que la mafia la trucide cómo quien elabora un picadillo de arroz con pollo.

De acuerdo. La soberanía es una figura jurídica, y un hecho concreto sagrado. Esa definición basta. Pero, (¿cómo se ha de mantener incólume la soberanía?

Uno que otro de nuestros genios vernaculares, piensa y afirma doctoralmente que la defensa y preservación de la soberanía nacional debe ser fundamentada en un conjunto de metáforas, figuras de pensamiento, imágenes preciosistas, utópicas, ilusorias, pero convenientemente demagógicas.

Nada de armas. Disparar, ni en defensa propia. Morazán mantuvo la federación centroamericana no con armas sino con las palabritas más finas que los diccionarios de la época recogían en sus apretadas páginas.

Bolívar escribió una nota social en un periódico de Ayacucho y ¡zas! Se hizo la libertad y la soberanía de América Latina. Nada de armas.

En 1969, tres poetas de Olanchito, ubicado uno en cada esquina de Ocotepeque, Goascorán, Las Mataras, le entraron con reciedumbre a un manojo de odas pindáricas y las tropas agresoras salvadoreñas, huyeron espantadas, empavorecidas, no por los ripios sino por la contundencia elocuencia de los cantares.

Con estos precedentes se prueba un hecho: Que es absolutamente innecesario la compra de equipo militar, aviones, por ejemplo, para la defensa de la soberanía.

Las Fuerzas Armadas de Honduras están equivocadas si piensan que, adquiriendo aviones, aunque sea por donación, van a defender la soberanía: esos aparatos sólo sirven para poner en ridículo al sonido, por lento.

Las posibilidades de una guerra en Centroamérica son remotas, así como eran remotas las posibilidades de una guerra de agresión como la de 1969, que nos encontró inermes, tontos y adormilados.

Es cierto, Nicaragua, rompió el equilibrio militar en el área Centroamericana, pero eso no significa peligro alguno para ningún país vecino.

Los sandinistas sólo pretenden defender al interior su revolución comunista, y si acaso expandirla por toda la región, pero tampoco eso es problema porque un pueblo como el hondureño o el salvadoreño o el guatemalteco, no sabe lo que quiere, y en consecuencia lo mismo da chicha que limonada.

Y siguen nuestros genios nativos descubriendo al chile con aguacate. Han puesto el grito en el infierno, donde debe ser, por el viaje del presidente Azcona al estado amigo de Israel. Y más engolan o abaritonizan la voz cuando el cable anuncia que la gira del mandatario por la tierra prometida incluye una visita a la fábrica de aviones Kfir. Los aviones son el trauma de los genios hondureños.

Pero bien, si ellos pueden probar que los enemigos de la soberanía nacional pueden ser correteados de nuestros lares natales, echándoles un porrón de agua caliente en el cucurucho de la cabeza, allá ellos.

La estrategia más ingenia indica que cuando un país se arma independientemente de los fines que aduzca, es conveniente, legitimo, propio, hacer lo mismo caso contrario, es país vencido. Que no se ponga el ejemplo de Costa Rica, porque semejante a Suiza, su desarme es un hecho reconocido y respetado por el mundo entero, no así con respecto a los demás países.

**LA TRIBUNA/30 DE MAYO DE 1987**

CONTRACORRIENTE/Por Juan Ramón Martínez
# EL VIAJE DE AZCONA

El viaje del presidente Azcona no tendrá similar impacto que el de sus colegas de El Salvador, Costa Rica y Guatemala. En primer lugar, Azcona no lleva en sus bolsillos ninguna posición imaginativa para resolver el problema centroamericano. Además, el hecho que visite a un país amigo de Honduras que está comprometido en una política exterior difícil y conflictiva, hace que el viaje del presidente de Honduras se vea constreñido considerablemente. Por ejemplo, llama mucho la atención que Azcona no haya aprovechado la posibilidad para visitar oficialmente a los gobernantes holandeses. Excepto que no hayan conseguido una invitación para él los funcionarios de la Cancillería o expresa la simpleza del Presidente que posiblemente no se siente con ánimos suficientes para discutir con las cancillerías y gobernantes europeos los entretelones del conflicto centroamericano.

De todas maneras, aunque Azcona lo pretendiera, la posición exterior hondureña es extraordinariamente difícil. Por la inclinación de Honduras hacia la administración Reagan –sensiblemente tocada por los escándalos Irán-contras-, el liderazgo agresivo de Gorbachov y por la inclinación pragmática de los europeos y por el hecho que la Contadora cuenta con mucho respaldo en Europa, la posición hondureña es muy desfavorable. Y como Azcona no tiene nada nuevo que ofrecer, sino repetir un discurso que los europeos ya le han oído al presidente Reagan y sus más cercanos colaboradores, no hay que esperar mucho de esta visita, excepto en lo relacionado con Israel.

Honduras ha tenido desde el principio una gran simpatía por la causa de Israel. Nuestro país fue una de las naciones que apoyaron el nacimiento de la república de Israel. Pasado el tiempo, las relaciones entre los dos países se han mantenido en un clima de mutua consideración.

Sin embargo, la amistad de Israel sin buscar un discreto balance en algunos países árabes moderados especialmente puede afectar, en vez de favorecer el paso específico de nuestro país en el escenario internacional. De allí que habría sido muy útil una visita de Azcona a El Cairo para entrevistarse con Mubarack y con otros líderes moderados que consideran la posibilidad de la convivencia con el Estado de Israel. De esta manera, Honduras habría mostrado alguna flexibilidad y conocimiento del conflicto y presente en consecuencia no sólo como un simple comprador para las armas obsoletas del medio oriente.

Pero nada de esto ocurrirá. Incluso pareciera que en la Cancillería no hubiese interés en que Azcona adquiera alguna resonancia internacional. No de otra manera puede entenderse por ejemplo que, de regreso, no pudo entrevistarse con Felipe Gonzales y usado, en favor de la amistad entre España y Honduras, sus orígenes españoles. En Honduras el tema no habría sido mal considerado y antes bien, es casi seguro que las simpatías de los españoles, producirían mucho orgullo a todos los hondureños.

Bueno, para nosotros no es fácil entender cómo organizaron el viaje y qué es lo que se pretende con él. Aunque me parece muy bien que el presidente Azcona visite Israel, creo que perfectamente pudo haberse aprovechado mejor el viaje si en la Cancillería hubiese mejor imaginación para programarlo mejor. Azcona perfectamente pudo haber mostrado una cara un poco más independiente de Honduras cosa que les gusta a los europeos en lo que se refiere al conflicto centroamericano.

LA TRIBUNA/30 DE MAYO DE 1987

# AZCONA FIRMARÁ ACUERDOS HOY EN ISRAEL

***Sobre promoción turística y la ampliación de asistencia técnica***

JERUSALEN, mayo (AFP) José Azcona Hoyo, presidente de Honduras, refrendará mañana lunes en Jerusalén un convenio para la promoción del turismo y la ampliación de la cooperación técnica en el campo de la agricultura con Israel.

El acuerdo será suscrito por Carlos López Contreras, ministro de Relaciones Exteriores de Honduras, y su colega israelí, Simón Peres.

Azcona, que llegó el pasado miércoles a Israel para una visita oficial de siete días como huésped del presidente Jaime Herzog, visitará mañana las instalaciones de la Industria Aeronáutica Israelí (IAI) en Lord, cerca de Tel Aviv.

El presidente hondureño recorrió hoy el Monte de Massada, sobre el Mar Muerto en el desierto de Judea.

Massada fue el último baluarte de los hebreos durante la rebelión contra el Imperio Romano, en el año 73 de la Era Cristiana. En el lugar se encuentran también las ruinas de un palacio del Rey Herodes.

Azcona fue huésped del Centro Médico Hadassa de Erin Keren, en Jerusalén. El presidente fue recibido por el director general de la institución y se trató una posible cooperación médica y científica con los hospitales de Tegucigalpa.

Mañana, Azcona asistirá a la ceremonia de plantación de un bosque en honor a la República de Honduras, en los montes de Jerusalén.

Después visitará el Parlamento de Jerusalén y conferenciará con su presidente, el legislador laborista Salomón Hilel.

En horas de la noche, el presidente de Honduras ofrecerá una cena en honor de su anfitrión israelí en el hotel "Rey David", de Jerusalén.

**JOSÉ AZCONA HOYO**

LA TRIBUNA/1 DE JUNIO DE 1987

# AZCONA ESTARÁ HOY EN FÁBRICA DE LOS K-FIR

JERUSALEN, (EFE).- José Azcona Hoyo, Presidente de Honduras, refrendará este lunes en Jerusalén un convenio para la promoción del turismo y la ampliación de la cooperación técnica en el campo de la agricultura con Israel.

El acuerdo será suscrito por Carlos López Contreras, ministro de Relaciones Exteriores de Honduras, y su colega israelí Simón Peres.

Azcona, que llegó el pasado miércoles a Israel para una visita oficial de siete días como huésped del Presidente Jaime Herzog, visitará hoy las instalaciones de la Industria Aeronáutica Israelí (IAI) en Lob, cerca del Tel Aviv.

El presidente hondureño reconoció ayer en el monte de Massada, sobre el Mar Muerto en el desierto de Judea.

Massada fue el último baluarte de los hebreos durante la rebelión contra el imperio romano, en el año 73 de la Era Cristiana. En el lugar se encuentran también las ruinas de un palacio del Rey Herodes.

Azcona fue huésped del centro médico "Hadassa" de Ein Keren, en Jerusalén. El Presidente fue recibido por el director general de la institución y se trató una posible cooperación médica y científica con hospitales de Tegucigalpa.

Hoy, Azcona asistirá a la ceremonia de plantación de un bosque en honor a la República de Honduras, en los montes de Jerusalén.

Después visitará el Parlamento de Jerusalén, y conferenciará con su presidente, el legislador laborista Salomón Hilel.

En horas de la noche, el presidente de Honduras ofrecerá una cena en honor de su anfitrión israelí en el hotel "Rey David" de Jerusalén.

## EL HERALDO/1 DE JUNIO DE 1987

## Y "PUN" Y AZCONA

TRASCENDIÓ primero que los firmantes del Pacto de Unidad Nacional, se habían reunido para plantearle a su regreso al presidente Azcona, que si no quita su gabinete perderá el apoyo que hasta hoy le han dado los socios del PUN.

Inmediatamente reaccionaron algunos altos funcionarios de la Casa de Gobierno, expresando que nada tiene ver el presidente del Congreso Nacional y su comparsa, en fijarle al presidente Azcona qué hacer y qué no hacer con su gabinete. Ripostaron que es potestad del presidente la función administrativa, nombrar y cambiar a sus colaboradores según su personal criterio.

Posiblemente esto sea lo que diga la Constitución. Pero la verdad de las cosas es que en la práctica desde hace varios meses atrás el Congreso viene mezclándose hasta las orejas en la administración pública. El presidente del Congreso, según se le entiende por lo que habla, parece ser el que fija la política monetaria, quien decide sobre la política exterior, quien en último caso ventila la solución de problemas obrero patronales, controla las autónomas por medio de unos auditores de la Contraloría que ha colocado en cada una de estas instituciones administrativas, y últimamente, incluso, hasta distribuye subsidios, sacando del presupuesto del Congreso Nacional, asumiendo funciones que tradicionalmente han sido de la exclusiva competencia de Ejecutivo.

De tal forma que ya hay voces que se alzan para preguntarse, que si quien manda en el país es el presidente de la República o el presidente del Congreso Nacional.

Pero volviendo a lo que estábamos, resulta que una de las partes del pacto, la corriente nacionalista, se apresuró a aclarar que a ellos no les interesa quitar ni poner ministros. Que la organización del gabinete es función de Azcona y que, si el mandatario dispone tener ese su equipo durante toda su gestión, está bien, porque lo hace bajo su responsabilidad y competencia.

Tantos diputados, entre ellos el vicepresidente del Congreso Nacional, y el secretario de Información de la Casa de Gobierno, han expresado que el interés del presidente del Congreso de exigir la reestructuración del gabinete, va orientado a que en algunas carteras se nombren incondicionales suyos que puedan ayudarle en su aspiración política. Sostiene que el presidente del Congreso lo que quiere es quitar a los ministros que no lo apoyan, hacerle la vida imposible a los gerentes de instituciones autónomas que no se le han sumado a su candidatura, y en torno a ese propósito es que se plantea el retiro del apoyo del PUN hacia el presidente Azcona, si éste no les hace caso y cese a sus exigencias.

Ahora, después de todos estos intercambios dialécticos que ya son comunes en los medios de comunicación, informan que la reunión de los suscriptores del PUN fue para analizar el decreto de convocatoria a elecciones municipales emitido por el Tribunal Nacional de Elecciones. Voceros del Pacto de Unidad, PUN, expresaron que se reunieron para analizar ese decreto y que el Congreso Nacional tomaría una determinación sobre el particular, en cuanto no más reanude sus sesiones. Pero también adelantaron que ven muy improbable la celebración de elecciones municipales y que lo más viable en la circunstancia política actual es hacer lo mismo que se hizo cuando Suazo Córdova, dejando de facto las alcaldías y dándole la facultad a las directivas centrales de los partidos políticos para cambiar, poner y quitar, a su antojo.

Todo lo anterior, es observado por el pueblo hondureño con enorme desencanto. Ve como diariamente se tuerce y se retuerce la ley para adaptarla a la conveniencia particular del grupo político que se distribuye el poder. Ve como las cuestiones serias del Estado se manejan con el más escandaloso desorden, y como quienes participan en las decisiones nacionales más bien pareciera que viven en carnaval permanente y no en la tarea seria de administrar y gobernar la nación.

¿Y será que quienes son responsables de todo esto no se hayan percatado del descontento nacional que cada vez se vuelve más y más grande?

**LA TRIBUNA/1 DE JUNIO DE 1987**

*Callejas:*
## ALLEGADOS DE AZCONA DEBILITAN SU GOBIERNO

SAN PEDRO SULA. El líder nacionalista Rafael Leonardo Callejas hizo un llamado ayer aquí al mandatario José Azcona Hoyo para que "ponga la casa en orden", al exponer que son sus propios correligionarios liberales la causa del "debilitamiento de su gobierno".

Callejas hizo tal señalamiento ante unos cinco mil nacionalistas que concurrieron ayer a un mitin político celebrado con motivo de la colocación de la primera piedra de lo que será la casa del Partido Nacional en esta ciudad.

Callejas dijo que el país se ha empobrecido más durante los "siete años de gobierno liberal" y que "por cada año de gobierno liberal el país retrocede dos económicamente".

Asimismo, acusó a los allegados del presidente José Azcona Hoyo de "debilitar su gobierno", porque "se han dedicado más a hacer política que ayudarlo a enderezar la nave del Estado".

Unos cinco mil nacionalistas, provenientes de diversas comunidades del departamento de Cortés y de otras poblaciones del país, asistieron ayer aquí al acto de colocación de la casa del Partido Nacional.

Durante el encuentro, otros oradores, entre ellos el diputado Nicolás Cruz Torres, fustigaron al gobierno de Azcona Hoyo y lo conminaron a que trace lineamientos que tiendan a crear fuentes de trabajo y disminuir la pobreza del país.

**Rafael Leonardo Callejas (de espaldas, con los brazos en alto) responsabilizó a los allegados del mandatario José Azcona Hoyo del debilitamiento de su gobierno, porque en vez de ayudarlo hacen política".**

TIEMPO/1 DE JUNIO DE 1987

*Maradiaga:*
# A SUS INCONDICIONALES QUIERE TENER MONTOYA EN EL GABINETE

TEGUCIGALPA.- Carlos Orbin Montoya presiona al presidente José Azcona Hoyo para que reestructure su gabinete de gobierno, con la intención de nombrar a "incondicionales suyos" denunció el aspirante presidencial liberal Jorge Roberto Maradiaga.

Montoya ha dicho públicamente que es "urgente" que se opere un cambio entre los colaboradores del mandatario Azcona Hoyo, ya que la administración no funciona.

El presidente del Congreso Nacional ha atacado al gerente de la Empresa Nacional de Energía Eléctrica (ENEE), Jack Arévalo, que apoya la precandidatura de Maradiaga.

Maradiaga dijo que Montoya presiona para que se operen cambios entre los colaboradores del Presidente Azcona Hoyo para colocar incondicionales a su persona.

El político, vicepresidente del Congreso Nacional, señaló el caso de la Dirección de Probidad Administrativa y la Contraloría General de la República donde se nombró a Lizinio Alpidio Brizzio y Teobaldo Enamorado Suazo respectivamente. Ambos incondicionales de Montoya.

Maradiaga dijo que el Presidente seguramente se dará cuenta de las intenciones de Montoya.

El también aspirante presidente Carlos Flores Facussé dijo la semana pasada en una radio local que la intención de Montoya al abogar por cambios en el gabinete es que se designe a militantes de su grupo.

Flores Facussé reiteró que los puestos de gobierno están siendo utilizados para hacer política a favor de los aspirantes que militaron en el grupo azconista que llevó a la presidencia a Azcona Hoyo.

La semana pasada se dijo insistentemente que la alianza Montoya-Callejista demandaría a Azcona Hoyo cambios en su gabinete.

Sin embargo, el líder nacionalista Rafael LEONARDO Callejas negó que su grupo estuviera involucrado en el asunto, aunque coincidió en las críticas a la administración formuladas por Carlos Montoya. (GP)

TIEMPO/1 DE JUNIO DE 1987

# POSPONEN REUNIÓN DE NUEVA ORLEANS

TEGUCIGALPA.- Los organizadores de la conferencia "Centro América 87: un nuevo camino", que se desarrollaría en Nueva Orleans con la participación del gobernante centroamericano, comunicaron ayer al presidente José Azcona Hoyo, que ducho evento fue pospuesto para el 29 de julio y primero de agosto próximo.

En un cable divulgado ayer por la secretaría de prensa de la presidencia de la república los patrocinadores explican a Azcona Hoyo que la posposición obedece a una petición del presidente guatemalteco Vinicio Cerezo Arévalo.

Al mismo tiempo le informan que ha recibido confirmación oficial para participar en el evento de los mandatarios de Guatemala y de Costa Rica.

Azcona Hoyo que realiza una gira de 14 días por Israel y Holanda había desistido de participar en el encuentro de presidentes e inversionistas que se desarrollaría a mediados de junio y donde se estima analizar la problemática centroamericana y asuntos de tipo político.

A su regreso de Israel se sabrá si el presidente de la república acepta la nueva invitación girada por el alcalde de la ciudad de Nueva Orleans Sidny J. Bartheleny y del presidente de la universidad de Tulane Eamon M. Kelly.

"Nueva Orleans y el estado de Louisiana, dice el Calbe Sony han sido amigos sinceros de Centroamérica y nuestro deseo más profundo ratificado en nuestra gira centroamericana, es la de reanudar y fortalecer el intercambio comercial y turístico entre ambas regiones".

"Por lo tanto agrega, nos complace reiterarle nuestra invitación a participar en la conferencia y pedirles por este medio que confirme su participación en este evento se ha recibido confirmación oficial del presidente Arias de Costa Rica y del presidente Cerezo de Guatemala y confirmación tentativa del presidente Duarte de El Salvador.

Este encuentro de presidentes de Centroamérica se realizará un mes después de la cumbre de Guatemala donde se discutirá el plan regional de paz propuesto por el presidente de Costa Rica Oscar Arias.

**LA PRENSA/1 DE JUNIO DE 1987**

*Voceros de Casa de Gobierno*
# MONTOYA Y MELARA NO SON "LEALES" AL PRESIDENTE

TEGUCIGALPA.- El presidente del Congreso Nacional, Carlos Montoya, y el secretario Oscar Melara, están cometiendo actos de deslealtad al Presidente de la República, José Azcona Hoyo, al estar atacando su administración y pretender entrometerse en asuntos inherentes al poder ejecutivo.

En una conferencia de prensa brindada ayer por los voceros principales de la administración, Lisandro Quezada y Marco Tulio Romero, reaccionaron airadamente ante las últimas declaraciones de los dos parlamentarios liberales, quienes afirmaron que solicitarían cambios en el gabinete de gobierno y anunciaron sugerir al gobernante la contratación de Paul Vinelli y Oswaldo López Arellano como asesores económico y militar.

Quezada acusó al secretario del Congreso de querer llevar a incondicionales del aspirante presidencial Carlos Montoya, a ocupar cargos en la administración pública, cuando pide cambio de ministros.

Asimismo, el secretario de Congreso Nacional donde anuncia pedirá al presidente de la República la contratación de los dos asesores antes mencionados, lo que significa una intromisión en asuntos del ejecutivo.

Sobre este asunto, Melara rectificó ayer al manifestar que no se trata de llevar asesores al poder ejecutivo sino al Congreso Nacional.

"Pero nuestra afirmación es correcta", dijo Quezada, para luego agregar que Melara Murillo, tratando de desviar las intenciones del presidente del Congreso Nacional, "está hablando con una argumentación pobre, y una dialéctica gastada y vulgar".

"Desde el momento en que se nombra una comisión para ayudarle al presidente Azcona, se está diciendo que el presidente es incompetente". Reiteró en su rechazo al posible asesoramiento de Vinelli y López Arellano, especialmente este último que tiene malo antecedentes cuando figuró como jefe de Estado.

La contratación del ex militar como asesor, a juicio del secretario de prensa, "nos hace pensar, a veces, que se estaría preparando el camino para fraguar un golpe de estado, "aunque está plenamente seguro que esto no sucederá por el estado de conciencia de las actuales autoridades del organismo castrense".

Por su lado el jefe de información, Marco Tulio Romero, afirmó que las actuaciones de los directivos del Congreso Nacional, no son más que producto de sus ambiciones personales, donde "no les importa llevarse hasta su propia madre, de encuentro".

"Estos señores, agregó, en un afán por sobresalir políticamente pretenden crear un distanciamiento entre el titular del Poder Ejecutivo y el Congreso Nacional.

El presidente de la República que está a punto de culminar su gira por el Medio Oriente, ignora el enfrentamiento verbal entre sus voceros y dos de los directivos del Congreso Nacional y no se sabe qué reacción tendrá una vez que regrese a Honduras.

**LA PRENSA/2 DE JUNIO DE 1987**

## ORA PRESIDENTE AZCONA A LA USANZA ISRAELITA

**El presidente José Azcona, con un gorro sobre su cabeza, ora en el Tad Vashem de Jerusalén por los millones de judíos que perecieron en el holocausto de la Segunda Guerra Mundial. A su lado el jefe de la Guardia de Honor Presidencial.**

**LA TRIBUNA 1 DE JUNIO DE 1987**

# SECRETARIO DE PRENSA DEL GOBIERNO: MONTOYA Y MELARA SON DESLEALES

- *"Ellos quieren que se nombre como asesor a López Arellano y Paúl Vinelli"*
- *Secretario del Congreso se inició en el PN, dice Quezada*

**TEGUCIGALPA. –** El secretario de Prensa, Lisandro Quesada, acusó ayer al presidente y secretario del Congreso Nacional, Carlos Orbin Montoya y Oscar Melara Murillo, respectivamente, de ser desleales al presidente José Azcona Hoyo, porque estando éste fuera del país, han lanzado fuertes críticas contra su gobierno.

Dijo, además, que Montoya y Melara pretenden que el Congreso Nacional intervenga en los asuntos que competen el Poder Ejecutivo, como es el hecho de querer nombrar al expresidente Oswaldo López Arellano y Paul Vinelli como asesores económicos del presidente Azcona, y exigir cambios en el Gabinete de Gobierno.

"Cuando se habla del general López Arellano, evoco con mucho respeto la memoria de los liberales caídos en el golpe de estado de 1963, cuyo principal protagonista fue López Arellano, pero al secretario del Congreso Nacional, Oscar Melara, no le importa la sangre liberal que fue derramada", expresó.

Quesada, quien convocó a una conferencia de prensa para referirse a las críticas que en su contra vertió Melara, aseguró que éste inició su carrera política en el Partido Nacional reformista, la facción del Partido Nacional que le sirvió de "base política al general López Arellano para dar aquel golpe de Estado cruento, que llenó de lágrimas y dolor al pueblo hondureño".

Señaló que "el populismo estimulado por López Arellano creó las condiciones de convulsión y caos en el agro, porque estimuló las recuperaciones o invasiones de tierras, que no son más que un delito de usurpación. Asimismo, el soborno bananero en el cual estuvo involucrado López Arellano constituye una infamia para este país. Entonces, si había que nombrar al general López como asesor económico sería para el Congreso Nacional".

El vocero del gobierno dijo, por otra parte, que Carlos Orbin Montoya y Oscar Melara no tienen autoridad para hablar en nombre del Partido Liberal y del movimiento azconista, ni mucho menos para reunirse con el movimiento nacionalista de Rafael Leonardo Callejas y exigir cambios en el Gabinete de Gobierno.

"Oscar Melara pide cambios en el Gabinete de Gobierno con la esperanza de poder nombrar en el mismo a incondicionales del movimiento montoyista, lo que traería como consecuencia el sectarismo en el país, pero el presidente Azcona se opone rotundamente a eso", agregó.

Finalmente, manifestó que no cree que las presiones que puedan ejercer Montoya y Melara sean suficientes como para obligar al presidente Azcona a efectuar cambios en el Gabinete de Gobierno. (TDG).

**TIEMPO/2 DE JUNIO DE 1987**


# AZCONACALLEJISTAS EXIGIRÁN AL PRESIDENTE CAMBIOS EN GABINETE

**TEGUCIGALPA. –** Las comisiones políticas del Azcona-callejismo exigirán al presidente José Azcona Hoyo la reestructuración de su Gabinete de Gobierno bajo la amenaza de retirarle su apoyo a la administración, según dijo ayer Oscar Melara Murillo.

Lo anterior dejó al descubierto que el líder nacionalista Rafael Leonardo Callejas, a través de su grupo, está involucrado en presiones contra el régimen para que se operen cambios en la administración, a pesar de que lo ha negado públicamente.

Melara Murillo dijo que en las reuniones de las comisiones políticas a las que asisten entre otros Carlos Montoya y Rafael Leonardo Callejas, se ha hecho análisis sobre las actuaciones del régimen de Azcona Hoyo.

Dijo que en "el pacto de Unidad Nacional (PUN) existe un sentimiento de presentarle sugerencias al Presidente de la República a efecto de que oriente la administración del país, a efecto de que se reestructure el gabinete y se cree un ambiente de amplia confianza en todos los sectores inversionistas del país".

El secretario del Congreso Nacional advirtió que si Azcona Hoyo no hace los cambios demandados por las comisiones políticas Azcona-callejistas, esa agrupación tomará medidas.

"Si lo hace, debemos reunirnos y tomar las medidas que consideremos aprobadas en este momento", advirtió el político.

El parlamentario dijo que a los Azcona-callejistas "nos preocupan las convulsiones sociales que se están produciendo en el país porque es muy difícil adivinar los orígenes, pero es muy fácil saber hacia dónde pueden conducir".

Interrogado sobre si una negativa de Azcona a la petición de la comisión Azcona-callejista podría generar un enfrentamiento entre el Congreso y el Ejecutivo, dijo que "el país no debe olvidar nunca que la Constitución de la República en su artículo quinto establece los gobiernos de integración nacional y también establece la interdependencia entre los poderes".

Indicó que "en la medida que el Congreso Nacional apoye las acciones del Poder Ejecutivo, en esa medida tendremos un Poder Ejecutivo fuerte y consolidado. Pero en la medida que el Congreso Nacional se aleje o no apoye total y complemente las acciones del Poder Ejecutivo, tendremos un Poder Ejecutivo solo que no cuenta con el apoyo y la comprensión del Poder Legislativo".

Melara sostuvo que, en las pasadas elecciones, Azcona Hoyo no logró el control del Congreso "y eso es lo que ha dado lugar al pacto de Unidad Nacional, a la conservación del convenio".

El político dijo que, si el régimen no soluciona la crisis en el agro, no toma medidas para impulsar el desarrollo económico "nosotros tenemos que intervenir porque somos responsables de este gobierno". (GP)

**TIEMPO/2 DE JUNIO DE 1987**

## ME AMENAZÓ; MONTOYA ANDABA UN POQUITO PASADO DE TRAGOS: GÓMEZ

**TEGUCIGALPA.** - El dirigente máximo de los empresarios, doctor Jorge Gómez Andino, admitió que el presidente del Congreso lo acusó de promover un golpe de Estado, pero aclaró que en ese momento el licenciado Carlos Orbin Montoya "andaba un poquito pasado de tragos".

Gómez Andino explicó que durante una reunión con representantes de China Nacionalista (Taiwán), Montoya se le acercó y lo amenazó con enviarlo a la cárcel por promover un golpe de Estado contra el gobierno del ingeniero José Azcona.

Montoya le dijo que él había pedido a los militares practicar el madrugón, en una reciente reunión entre los empresarios y altos jerarcas de las Fuerzas Armadas.

"Pero no hay nada de incidencia en eso porque es el producto de un estado mental del presidente del Congreso porque él andaba un poquito pasado de tragos", indicó el presidente del Consejo Hondureño de la Empresa Privada (COHEP).

Al contrario de las afirmaciones de Montoya, agregó Gómez Andino, en la reunión con los militares "hemos coincidido en la necesidad de un gran diálogo nacional, en el cual tratemos grandes líneas con objetivos definidos".

Cuando regrese el presidente Azcona de su viaje de Holanda e Israel, el sector privado le entregará un planteamiento en el sentido de que convoque a los diversos sectores para iniciar ese "gran diálogo nacional", afirmó.

La iglesia, los trabajadores, campesinos y todas las organizaciones sociales, gremiales y profesionales deben participar en esa gran justa, donde se busque solución al desempleo y a todos los problemas sociales que afectan a la población, precisó el informante.

Explicó que la reunión con las Fuerzas Armadas el pasado 13 de mayo había sido programada con mucha antelación, y se anticipó la fecha en virtud de la grave agitación en el agro, producto de las tomas de tierras y de las instalaciones del Instituto Nacional Agrario (INA).

Entonces, se abordaron temas como el conflicto en el agro, el alto índice de criminalidad y el desempleo que flagela a millares de hondureños, añadió.

Durante esa reunión, estuvieron representantes de las 30 organizaciones que integran el COHEP, el comandante en jefe de las Fuerzas Armadas, general Humberto Regalado, el comandante del ejército, coronel Leonel Gutiérrez Minera, y el líder de la Fuerza Naval, Carlos Reyes Barahona.

Gómez Andino calificó que quienes promuevan un desplazamiento del orden constitucional por un gobierno militar "es traidor a la patria y no debe llamarse hondureño".

Refiriéndose específicamente al incidente con Montoya, aclaró que "no hay nada de incidencias porque es el producto de un estado mental del presidente del Congreso Nacional, porque él andaba un poquito pasado de tragos".

"Otra persona le dijo que eso era una inexactitud y quedó claro en la misma reunión. Terminamos abrazándonos", afirmó.

Señaló que le aclaró a Montoya los objetivos de la reunión, y que ese encuentro forma parte de otros que el COHEP ha venido celebrando con diversos sectores para promover un foro que contribuya a la solución de los grandes problemas nacionales.

En ese sentido, ha sostenido reuniones con líderes del Comité de Derechos Humanos (CODEH), Federación Unitaria de Trabajadores de Honduras (FUTH), Partido Nacional, y que esas entrevistas habrán de continuar para estructurar esa plataforma que será presentada al presidente, concluyó el doctor Gómez Andino. (NL).

TIEMPO/2 DE JUNIO DE 1987

# GRUPOS POLÍTICOS NO PUEDEN PRESIONAR A AZCONA: RAMOS S.

**TEGUCIGALPA.** – El aspirante presidencial Oswaldo Ramos Soto dijo que los miembros del pacto Azcona-Callejista no deben presionar al Presidente para que reestructure su gabinete y tampoco suspender las elecciones municipales.

El ex-dirigente de la fenecida Asociación para el Progreso de Honduras (APROH) dijo que "el Presidente tiene el derecho de nombrar libremente a los miembros de su gabinete y de separarlos cuando sea producente para el mejoramiento del engranaje gubernamental".

Ramos Soto dijo que "ha habido grandes fallas en la administración pública, pero no se puede presionar el Presidente de la República para que haga tales o cuales cambios en el gabinete".

El político sostuvo que "en ningún momento grupos políticos pueden ofrecer amenazas al Presidente de la República, porque ello sería distorsionar el fundamento básico del sistema republicano".

Aunque dijo no ser partidario de presiones contra el Presidente, Ramos Soto dijo que éste no se debe confiar de "lo que le están diciendo sus amigos y funcionarios" en cuanto a la administración.

En lo que respecta a las elecciones municipales, Ramos Soto dijo que éstas deben celebrarse y darle así el derecho al pueblo de designar a sus autoridades locales. (GP).

TIEMPO/2 DE JUNIO DE 1987

# PRESIDENTE ESCOGERÁ A REPRESENTANTE DE FUERZAS VIVAS ANTE DIRECTORIO DE BCH

**TEGUCIGALPA.** Entre Richard Zablah y Emín Abufele tendrá que escoger el presidente José Azcona, a su regreso al país, al delegado de las fuerzas vivas en el directorio del Banco Central de Honduras, se conoció ayer.

El nuevo nominado habrá de reemplazar a Emín Barjum, quien renunció del cargo alegando motivaciones de carácter personal, antes que se cumplieran los dos años del ejercicio.

Después de varias convocatorias, el Consejo Hondureño de la Empresa Privada (COHEP) no ha podido ajustar el quórum necesario para definir al candidato que habrán de sugerirle al presidente Azcona.

Luego de una reunión el viernes, el COHEP decidió que sea el gobernante quien decida.

Se supo que la mayoría de los asistentes acordó pedir al gobernante la designación de Zablah.

Igual posición habrían manifestado los representantes de las centrales obreras y campesinas, pero los votos no son suficientes, de acuerdo al informe suministrado a TIEMPO por varias fuentes. Se indicó que la mayoría de los representantes del sector norte del país en el COHEP respalda la candidatura de Abufele, pero que en definitiva el ingeniero José Azcona Hoyo tomará la última decisión al retornar de su gira por Holanda e Israel. (NL).

TIEMPO/2 DE JUNIO DE 1987

# AZCONA ELOGIA A ISRAEL

**TEGUCIGALPA.** El presidente José Azcona Hoyo elogió ayer a Israel porque desde que surgió como estado, en 1948, "ha vivido luchando por su supervivencia, no únicamente como estado soberano sino también como estado democrático, en donde se rinde culto a Dios, a la justicia y a la libertad".

Azcona pronunció un discurso ayer en Israel en ocasión de la cena que ofreció en honor de las altas autoridades del gobierno de ese país, destacando que su visita a Israel "se ha convertido en una inagotable serie de experiencias humanas, imposible de olvidar".

"En esta tierra de cultura milenaria, existe hoy un nuevo estado en el que armónicamente se combinan las costumbres antiguas con los más modernos adelantos de la ciencia y la tecnología", expresó.

"Lo que más impresiona del israelita de hoy, además de su excelsa calidad humana, forjada en el sacrificio y el dolor, es la serenidad con que mira hacia el porvenir, seguro de que algún día la cordura se impondrá sobre la violencia; de que la libertad triunfará sobre la opresión y de que el derecho prevalecerá sobre la arbitrariedad. De que algún día, en fin, llegará a consolidad la paz, que es la que se basa en la justicia y en la cooperación internacionales", agregó.

El mandatario también pronunció unas breves palabras al agradecer el almuerzo que le ofreció el alcalde de Haifa, señalando que esta "espléndida ciudad cuyo dinámico puerto sobre las legendarias aguas del mediterráneo, es puerta de entrada y salida de personas y productos de todos los confines y hacia todos los destinos del orbe". (TDG).

## TIEMPO/2 DE JUNIO DE 1987

# ISRAEL, "OASIS ESPECIAL DE CULTURA Y DE PROGRESO"

**TEGUCIGALPA. –** El presidente José Azcona Hoyo, en su octavo día de gira por Israel y en el marco de una cena ofrecida al presidente de ese país, Kjaime Herzog, dijo sentirse impresionado por "la excelsa calidad humana" del pueblo israelí nacidos en un territorio que constituye "un oasis especial de cultura y de progreso".

El mandatario hondureño, que regresará a finales de la presente semana, se reunió por segunda vez con el presidente de Israel retribuyéndole una cena donde se aprovechó para seguir dialogando sobre los problemas centroamericanos y las relaciones entre Honduras e Israel.

"Lo más importante de esta hazaña, dijo Azcona refiriéndose a la actividad industrial de aquel país, es que Israel desde que nace como estado en 1948, no ha conocido el sosiego confortante de paz internacional".

"En esta región conflictiva de la tierra, Israel constituye un oasis especial de cultura y de progreso, lo que más impresiona del israelita, hoy día, además de su excelsa calidad humana, forjada en el sacrificio y el dolor, es la serenidad con que mira hacia el porvenir, seguro de que algún día la cordura se impondrá sobre la violencia, de que la libertad triunfará sobre la opresión y de que el derecho prevalecerá sobre la arbitrariedad"

## LA PRENSA/2 DE JUNIO DE 1987

## Microeditorial
# LA MISIÓN DEL PRESIDENTE AZCONA

La presencia del presidente Azcona en Israel tiene mayor significación que un simple acercamiento político-militar, que le atribuyen maliciosamente "tontos útiles". Incluso, observa mejores comportamientos sociales que los señalados por la ruindad criolla. El presidente Azcona ha firmado acuerdos de amplia cooperación técnica y científica que beneficiarán directamente a dos áreas sensibles: la agrícola y la administración de la salud en hospitales públicos y además ha abierto las negociaciones para dilatar las perspectivas de un empuje sostenido en la rama turística.

Pero sobre todo es el primer acercamiento político-institucional con una nación ejemplar en la comunidad internacional como es el Estado judío, en un momento en que nuestra Patria necesita un apoyo firme y decidido del mundo libre cuando su estabilidad y paz social se encuentran presionadas por las políticas de penetración y expansión comunista en Centroamérica, en medio de punzantes situaciones económicas y financieras que hunden a su pueblo en las torturas de la miseria y la pobreza. El presidente Azcona cumple una misión de paz en Israel como lo afirman los compromisos de Estado suscritos, pero, fundamentalmente la misión busca fortalecer los mecanismos democráticos de la República y sus defensas políticas y estratégicas...

**EL HERALDO/2 DE JUNIO DE 1987**

## AZCONA: GOBIERNO DE SIRIA ES LA MAYOR AMENAZA PARA ISRAEL

JERUSALEN, 1 Jun. (EFE)- El presidente de Honduras, José Azcona Hoyo, declaró en Israel, donde hoy finaliza su visita oficial, que su país no teme una agresión de Nicaragua.

"Honduras -afirmó en una entrevista al Jerusalen Post- tiene al más pequeño de los ejércitos de Centroamérica y no es enemigo de nadie, pero no actuaremos como guardaespaldas de Nicaragua".

El presidente hondureño calificó como "ridícula" la creencia de que una modernización de la Fuerza Aérea y del Ejército de su país podría representar una amenaza para la vecina Nicaragua.

"Nicaragua ha recibido 2.000 millones de dólares en armas de la Unión Soviética y para ser una amenaza a Nicaragua tendríamos que inyectar todo nuestro presupuesto nacional en armas".

Sobre si los contrarrevolucionarios nicaragüenses operan desde bases del territorio hondureño, el presidente dijo: "es que vosotros los israelíes dais albergue a los guerrilleros que combaten contra el presidente sirio Hafez Al-Asad?

"No", prosiguió Azcona, "y aún así el gobierno de Al-Asad representa la mayor amenaza para vosotros".

Azcona, que viajó a Israel en compañía del vice-presidente Jaime Rosenthal Oliva, el comandante en jefe de las Fuerzas Armadas, brigadier general Humberto Regalado Hernández, dijo que Honduras recibe de los 125 millones de dólares que destina anualmente a gastos de Defensa y de Policía de los Estados Unidos.

Agregó al Jerusalen Post que su gobierno considera al cazabombardero israelí "KFIR" una alternativa a la que puede recurrir la Fuerza Aérea de Honduras si fracasaran las actuales negociaciones con los Estados Unidos por lo "F-5".

**JOSÉ AZCONA**

**HAFEZ AL-ASAD**

**LA TRIBUNA/2 DE JUNIO DE 1987**

## Según el mandatario
## HONDURAS NO ES INTERMEDIARIO EN TRASPASO DE ARMAS A CONTRA

JESUSALEN, 1 Jun. (EFE).- Honduras "no atacará a Nicaragua, ni permitirá que otros lo hagan", pero tampoco es "la niñera de ese país", dijo hoy en Jerusalén José Azcona Hoyo, presidente hondureño, al término de una visita oficial de siete días a Israel.

Azcona, que fue huésped del presidente Jaime Herzog, señaló que en este momento "no hay guerrilleros antisandinistas en territorio hondureño". Los "contras" están en Nicaragua y son un "problema interno de ese país", agregó.

Honduras mantiene relaciones diplomáticas con Managua, y "hasta les vendemos un bien estratégico como la energía eléctrica", afirmó el presidente, que se entrevistó con Isaac Shamir y Simón Peres, líderes del gobierno de "Unión Nacional".

A una pregunta de EFE, Azcona desmintió que hayan existido contactos entre altos oficiales de las Fuerzas Armadas de Honduras y Sandinistas sobre los "contras".

El mandatario hondureño señaló que abriga esperanzas de hallar una salida política al conflicto en Centroamérica en la próxima reunión cumbre de los jefes de Estado de la región, en Esquipulas, Guatemala, "aunque lo que existe es una crisis nicaragüense, no de toda la zona", agregó.

Azcona visitó hoy las instalaciones de la Industria Aeronáutica Israelí (IAI) en Lod, cerca de Tel Aviv.

Si el congreso norteamericano no autoriza la venta de cazas de combate "F-5" a Honduras, "estudiaremos" la posibilidad de adquirir los aviones "KFIR", construidos por la IAI, dijo Azcona.

El huésped hondureño desmintió que su país oficie de intermediario para el traspaso de armas de Israel a los "contras" en Nicaragua.

Carlos López Contreras, ministro de Relaciones Exteriores de Honduras, y su colega israelí, Simón Peres, suscribieron hoy un convenio sobre turismo.

Según Azcona, Honduras podría adquirir de Israel equipos industriales, y exportar al Estado Judío madera, café y piedras preciosas.

El mandatario hondureño asistió esta tarde al encuentro entre las selecciones nacionales de fútbol de Israel y Brasil, en el estadio de Ramat Gan, cerca de Tel Aviv.

Esta mañana asistió a la ceremonia de plantación de árboles en honor a la República de Honduras, en los Montes de Jerusalén.

LA TRIBUNA/2 DE JUNIO DE 1987

## DICE AZCONA EN ISRAEL: HONDURAS NO SERVIRÁ DE "NIÑERA" A SANDINISTAS

***Afirma sin embargo que nuestro país no atacará a Nicaragua "ni permitirá que otros lo hagan".**

***Se estudiará la posibilidad de adquirir los KFIR israelíes en caso que EUA deniegue venta de F-5E.**

JERUSALEN, (EFE). - Honduras "no atacará a Nicaragua, ni permitirá que otros lo hagan", pero tampoco es "la niñera de ese país", dijo ayer en Jerusalén José Azcona Hoyo, presidente hondureño, al término de una visita oficial de siete días a Israel.

Azcona, que fue huésped del presidente Jaime Herzog, señaló que en este momento "no hay guerrilleros antisandinistas en territorio hondureño". Los "contras" están en Nicaragua y son un "problema interno de ese país", agregó.

Honduras mantiene relaciones diplomáticas con Managua, y "hasta les vendemos un bien estratégico como la energía eléctrica", afirmó el presidente, que se entrevistó con Isaac Shamir y Simón Peres, líderes del gobierno de "Unión Nacional".

A una pregunta de EFE, Azcona desmintió que hayan existido contactos entre altos oficiales de las Fuerzas Armadas de Honduras y sandinistas sobre los "contras".

El mandatario hondureño señaló que abriga esperanzas de hallar una salida política al conflicto en Centroamérica en la próxima reunión "cumbre" de los jefes de Estado de la región, en Esquipulas, Guatemala, "Aunque lo que existe es una crisis nicaragüense, no de toda la zona", agregó.

Azcona visitó ayer las instalaciones de la Industria Aeronáutica Israelí (IAI), en Lod, cerca de Tel Aviv.

Si el Congreso norteamericano no autoriza la venta de cazas de combate "F-5" a Honduras, "estudiaremos" la posibilidad de adquirir los aviones "KFIR", construidos por la IAI, dijo Azcona.

El huésped hondureño desmintió que su país oficie de intermediario para el traspaso de armas de Israel a los "contras" en Nicaragua.

Carlos López Contreras, ministro de Relaciones Exteriores de Honduras, y su colega israelí, Simón Peres, suscribieron ayer un convenio sobre turismo.

Según Azcona, Honduras podría adquirir de Israel equipos industriales, y exportar al estado judío madera, café y piedras preciosas.

El mandatario hondureño asistió ayer por la tarde al encuentro entre las selecciones nacionales de fútbol de Israel y Brasil, en el estadio de Ramat Gan, cerca de Tel Aviv.

Ayer por la mañana asistió a la ceremonia de plantación de árboles en honor a la República de Honduras, en los montes de Jerusalén.

Azcona será despedido hoy por el presidente Herzog en una ceremonia oficial en el "Jardín, de las Rosas" del Parlamento de Jerusalén (Knesset).

**EL HERALDO/2 DE JUNIO DE 1987**

# RELACIONES "DE AMIGO A AMIGO"

El presidente José Azcona Hoyo finalizó ayer su visita a Israel en donde concertó varios acuerdos bilaterales y estrechó aún más las relaciones entre ambos países, según voceros de la Casa de Gobierno.

Azcona ha sido sumamente atendido en aquella nación, especialmente por parte de sus autoridades que se han prodigado en su hospitalidad para la delegación hondureña, al extremo de que el propio presidente dijo ayer que nunca olvidará la experiencia.

Hablando durante una cena que le ofreció el presidente Jaime Herzog, su colega hondureño, dijo que lo más impresionante de los israelitas es su "excelsa calidad humana, forjada en el sacrificio y el dolor".

"También sobresale la serenidad con que miran hacia el porvenir, seguros de que algún día la cordura se impondrá sobre la violencia, de que la libertad triunfará sobre la opresión y de que el derecho prevalecerá sobre la arbitrariedad y de que consolidará la paz", dijo Azcona.

Añadió que una de sus inapreciables experiencias es haber establecido una relación personal con los altos funcionarios de Israel.

"Considero que este contacto, de amigo a amigo, con la sinceridad y la confianza que deben caracterizarlo, es un complemento obligado y fructífero para estrechar aún más el buen entendimiento que felizmente existe entre nuestros respectivos estados", aseguró.

## EL HERALDO/2 DE JUNIO DE 1987

## ¿UN PUEBLO PACIENTE?

Se ha venido diciendo desde hace muchos años que el hondureño es un pueblo paciente. Que, llevado a las más serias crisis, sometido a las más duras pruebas y defraudado una y mil veces, ha sabido conservar su propia tranquilidad, como si el aferrarse a la paz colectiva le insuflase más capacidad de tolerancia para esperar que los frutos del desarrollo y de la modernidad toquen algún día a las puertas de todos.

¿Es esta atribuida paciencia hondureña el resultado de la incapacidad popular para comprender las causas de su propio sufrimiento? ¿Se afianza esta serena conducta a una fría indiferencia frente a los problemas que le agobian y ante los hombres cuyos errores los propician? ¿Es, acaso, cansancio colectivo y resignación para no luchar por sus reivindicaciones, con armas distintas a las del civismo, la confrontación democrática y la mutua tolerancia, en espera de que el sector dirigente asuma su responsabilidad y le conduzca, al fin, por la senda correcta?

Tal vez en la respuesta haya una mezcla de muchos factores, entre los cuales no debería descartarse el temor arraigado en nosotros, de caer en la trágica violencia en que otros estados vecinos han caído, sin que tales sacrificios humanos se hayan traducido en un mayor grado de bienestar popular; al contrario, a la inutilidad de la violencia y la sangre se suman ahora las calamidades económicas más agudas y el aniquilamiento de lo que en esos pueblos quedaba como vestigios de libertad.

Sociológicamente hablando, sin embargo, no hay pueblos pacientes o impacientes, valientes o cobardes, rebeldes o resignados. Sólo hay pueblos. Que una nación se convierta circunstancialmente en un inflamable volcán de pasiones encontradas y erupte trágicamente en formas de violencia impredecibles, es más bien responsabilidad de las llamadas "clases dirigentes", de los estratos más avanzados y dominantes de la sociedad y de su capacidad o incapacidad para detectar las causas del malestar popular, y anticiparse en las acciones políticas y económicas para que ese malestar no se eleve a temperaturas incontrolables. Hablando en pura pasta: hay que satisfacer las necesidades apremiantes del pueblo y acometer con decisión la empresa de ir resolviendo, planificadamente, todos los demás problemas que aquejan a las capas menos favorecidas de la sociedad. Eso significa ni más ni menos que el poder debe usarse para beneficio general, con acento preferente en los sectores mayoritarios en donde la pobreza hace de guerrillera y de subversiva, y aliente en unos cuantos las aventuras violentas.

Para ello es preciso, por ejemplo en Honduras, que el pueblo cuente con una dirigencia capaz y responsable; con un partido político como instrumento de canalización de las aspiraciones populares y, dentro de éste, con un equipo de hombres dispuestos a servir en el poder y no como actualmente sucede en numerosos casos, que algunos hombres van al poder para servirse de él, en menoscabo del desarrollo de todos y en detrimento de la estabilidad social y política del país.

Esa irresponsabilidad desde la más alta cúpula gubernamental, llevada hasta extremos intolerables, sí puede calentar poco a poco el ánimo secularmente frío, pacifista y tolerante de las masas y orillarlas a acciones anárquicas, desordenadas, sacadas improvisadamente en el momento, bajo la presión de la necesidad y frente a la sordera e incapacidad de los llamados a dar soluciones.

Se empieza por el desorden, las presiones sectoriales, los paros, las protestas, las marchas, las tomas y el irrespeto general a la ley, hasta que, determinado que no hay alcalde en el pueblo, ni hay en el equipo gobernante la inteligencia y la capacidad para cumplir con sus tareas, otro sector entrenado, agazapado y oportunista, podría tomar la iniciativa y llevar a las masas por un camino equivocado, a falta de conductores responsables y de líderes creíbles.

En este gobierno de Miguel, en donde todos mandan menos él, el trecho que nos separa de un régimen de derecho, institucional y serio, de un estado de desobediencia civil, de actos anarquistas y de desorden, es muy corto. Tan corto que ya se ha empezado a cruzarle indistintamente, sin que por ningún lado asome la voz del líder, prototipo del conductor de pueblos, capaz de volver las cosas a su lugar, antes de que sea demasiado tarde.

Aquellos miopes que por ahora sólo ven su interés sectario y andan buscando formas dolosas para hacer prevalecer sus ambiciones personales, tal vez serán los primeros en llorar mañana, lo que hoy como hombres no supieron ni quisieron interpretar.

**LA TRIBUNA/2 DE JUNIO DE 1987**

# CAUPOLICÁN

## Por Orlando Henríquez

El señor presidente Azcona está en Israel y tendrá la oportunidad de acercarse al muro de los lamentos. Es seguro que tiene mucho de qué lagrimear; máxime cuando su consentido, el abogado Montoya, lo está poniendo manos arriba. Ya ha quedado en el recuerdo vil cuando Azcona comprometió su candidatura y ejerció todo su prestigio para que en el Tribunal Electoral se legalizara el que Montoya no era pariente de su pariente militar, lo que le impedía ser diputado. Pero la política es la política y valen las zancadillas cuando son fructíferas.

De manera que mientras Azcona viaja, Callejas y Montoya se han confabulado para ponerle las peras a cuarto y demandarle un gabinete de ellos y dejarlo solo en su despacho, leyendo a Corín Tellado o viendo televisión en los canales de 24 horas.

En relación a Montoya, no tiene importancia lo que haga, pues es gimnasia dentro de su partido y las acciones internas de ese sector sólo preocupan cuando traen malestar nacional. Pero en lo relativo al nacionalismo, parece que más inclusión dentro del engranaje gubernamental va a ser altamente nocivo pues a este gobierno no hay nadie quien lo pare en el desastre y cuando venga el momento de sacar cuentas el nacionalismo no podrá excusarse y será tan simplemente culpable como los colorados.

Para las próximas elecciones generales el nacionalismo tiene más que perder si ahora se reparte por igual con los liberales. La entrega de Azcona representará el crecimiento lógico de Montoya, quien se colocará entonces como el candidato indiscutible liberal y tendrá el control de mucho; el nacionalismo, culpable en el mal gobierno, no tendrá la fuerza moral necesaria ni la popularidad de que hizo gala en el pasado y tendrá que conformarse con lo que se le quiera dar.

Pero si a Azcona se le mete el diablo y no acepta el papel de mansa paloma triturada, tiene dos caminos: o se les enfrenta y aunque sea a tropezón y caída llega el final de su periodo, o pide a los militares que ahíjen su renuncia. Como es natural, los militares no permitirán que el sistema desbarajuste y al poner en vigencia la renuncia que desde hace días está lista, llamarán a muchos diputados y debemos tener la seguridad de que el designado electo será Pineda Gómez y se verá rodeado de consejeros militares a los que nadie podrá enseñar los dientes. De manera que Montoya y Callejas tendrán que rendir informes en el Cuartel General y no en la casa de piedra. Y el primero va a perder hasta los diputados, quienes preferirán arroparse en verde olivo, para no correr riesgos.

Es natural que, si Azcona se les enfrenta, tiene que cambiar su gabinete; de verdad que éste no le funciona y en vez de protegerlo tiene que ser protegido y no es garantía de lucha. Él puede nombrar a quien quiera y en este caso sus ministros serían personajes desligados de compromisos con los actuales aspirantes. Y debemos tener la certeza que entonces, si bien Azcona no podrá hacer ganar a alguno, bien puede hacer perder a cualquiera. Y será un aliado valioso, o un enemigo peligroso.

El Partido Nacional debería estar en la oposición. Una oposición clara y digna y no en sociedad para más arrancar. Sería, desde ya, la fuerza más poderosa de la nación e impondría criterio pues el pueblo lo respaldaría ya que consideraría que una nueva forma de vivir estaría allí. Pero así, a medias tintas, con los dedos metidos en la cosa pública, pescando a medias y colaborando en las culpas, si viene el río también a él se lo llevará, o por lo menos a sus líderes.

Así que al presidente Azcona lo tienen en sancocho. Cuando regrese de su gira encontrará la revoltura, las peticiones y los gruñidos amenazantes y una lista de ministros en opción. Algo así como corona de espinas para que se la encasquete y sonría… a lo Caupolicán.

**LA TRIBUNA/2 DE JUNIO DE 1987**

## AZCONA REGRESARÁ MAÑANA A TEGUCIGALPA

**TEGUCIGALPA.- El presidente de la república José Azcona y su comitiva, arribarán mañana a las cuatro de la tarde al Aeropuerto Internacional de Toncontín tras haber visitado Holanda e Israel.**

**Altos funcionarios de gobierno y oficiales de las Fuerzas Armadas se harán presentes a la terminal aérea para recibir al mandatario para lo cual ya se tiene un programa especial de bienvenida, según se supo ayer en casa de gobierno.**

Azcona partió de Tegucigalpa el pasado 24 de mayo haciendo escala en Ámsterdam, Holanda, donde permaneció dos días y se entrevistó con altas autoridades de ese país europeo y los jueces de la Corte Internacional de Justicia de La Haya.

En Israel, el mandatario permaneció siete días en donde se entrevistó con las principales autoridades de ese país.

Su última entrevista en Israel la realizó el lunes con el primer ministro alterno y titular de la Secretaría de Relaciones Exteriores, Isaac Shamir, que sirvió como despedida oficial de las autoridades israelíes.

Una experiencia extraordinaria:

"Para mí, dijo Azcona Hoyo, ha sido una experiencia extraordinaria que no podrá borrarse jamás en mi memoria, al haber visitado a una nación que a lo largo de sus milenios de historia se ha visto obligada a peregrinar por lejanas tierras, pero que siempre y gracias a su fe, a la confianza en sí mismo nacida de esa fe, ha retornado a la tierra de promisión de sus mayores".

"He podido constatar a lo largo de estos días los enormes esfuerzos realizados por vuestro pueblo para lograr un desarrollo justo y equilibrado, como pocas naciones en el mundo, a base de una inquebrantable mística de trabajo y un esfuerzo personal y colectivo".

"He visto un ejemplo de democracia, he visto una nación que lucha por la supervivencia y su identidad", dijo el gobernante para luego agregar que todo esto lo trae como ejemplo a Honduras, además, la seguridad de una amistad y una colaboración que será de gran beneficio para nuestras naciones".

Azcona emprendió camino hacia Honduras ayer en horas de la mañana en un vuelo de la aerolínea "KLM" con destino a Ámsterdam, para continuar hacia Houston y posteriormente a Tegucigalpa.

**LA PRENSA/3 DE JUNIO DE 1987**

## Bancada liberal demandará cambios en el gabinete

TEGUCIGALPA. - Un sector mayoritario del Partido Liberal representado en el Congreso Nacional podría determinar hoy una petición formal al presidente, José Azcona para que reestructure su gabinete.

El diputado por Cortés, Jaime Aguilar, expresó que tal iniciativa será sometida a consideración de la bancada liberal en el transcurso de una reunión a celebrarse hoy.

"Somos varios los diputados que estamos de acuerdo en que Azcona debe efectuar cambios en su gabinete, porque algunos de sus cercanos colaboradores vienen fallando", subrayó.

Aguilar Smith añadió que "nosotros permanecemos en contacto con el pueblo y así es que nos hemos enterado del malestar que existe por el trabajo desarrollado por ciertos funcionarios".

Dijo que no es necesario establecer los nombres de aquellos ministros o rectores de instituciones autónomas que "han dejado mucho que desear", considerando que primero debe saberlo el mandatario.

El representante de Cortés negó que la iniciativa para recomendar al presidente cambios, no es motivada por ningún interés de colocar como sustitutos a miembros incondicionales del montoyismo.

"Es producto de una realidad de la que muchos nos hemos enterado, pero será hasta hoy que podría presentarse una definición en la bancada", concluyó Jaime Aguilar.

**LA PRENSA/3 DE JUNIO DE 1987**

## COMITÉ DEL SENADO RECHAZA VENTA DE LOS AVIONES "F-5" A HONDURAS

WASHINGTON, 2 JUNIO (EFE). - El Comité de Relaciones Exteriores del Senado de Estados Unidos, rechazó hoy, por diez votos contra nueve, la venta de doce aviones F-5 a Honduras.

Los senadores apoyaron la propuesta del demócrata Christopher Dodd, que desaprueba la transacción, por la que se venderían en los próximos dos años diez aviones y dos F-5F, valorados en 75 millones de dólares.

El plan, que fue presentado recientemente en la Cámara de Representantes, pero no ha comenzado a discutirse todavía, debe ser ahora votado por el pleno del Senado.

En el caso de que fuera aprobado por ambas Cámaras, se espera que el presidente norteamericano, Ronald Reagan, vete la propuesta.

Este veto debe ser revocado después por los dos tercios de los votos del Senado, proceso que ha de realizarse antes del próximo día 16.

En esa fecha finaliza el plazo que, según la ley, tienen los legisladores para aprobar o negar la propuesta de la administración Reagan, para vender los aviones.

En defensa de su proyecto, Dodd aseguró que, si se vendían estos aparatos a Honduras, otros países de Centroamérica, como El Salvador y Guatemala, querrían beneficiarse también de una compra similar.

Agregó también que funcionarios de la administración norteamericana le confirmaron recientemente que estas dos naciones habían manifestado ya su intención de comprar aviones a Estados Unidos.

El ultraconservador republicano Jese Helms, le contestó que ni El Salvador, ni Guatemala, tienen esas intenciones y le instó a mencionar los nombres de las personas con las que había hablado, a lo que el demócrata se opuso.

Robert Pastorino, subsecretario adjunto para asuntos interamericanos del Departamento de Defensa, coincidió con Helmes, y señaló que el presidente guatemalteco, Vinicio Cerezo, durante su reciente visita a Washington, indicó que no se opone a la transacción con Honduras, postura que, dijo, es compartida por el gobierno salvadoreño.

Tanto Pastorino como William Walker, subsecretario de Estado adjunto para Centroamérica, y el general Phillip Gast, director de la Agencia de Asistencia de Seguridad, aseguraron que la venta de los aviones a Honduras, no suponía una escalada del armamentismo en la región ni un desequilibrio de fuerzas.

**LA PRENSA/3 DE JUNIO DE 1987**

# LOS F5-E

CABLES internacionales informan que el Comité de Relaciones Exteriores del Senado desaprobó la venta de 12 cazas supersónicos a Honduras.

El voto siguió estrictamente líneas partidistas, con todos los senadores del mayoritario partido Demócrata en contra de la venta y los del partido Republicano a favor.

"Los legisladores demócratas en general -explica la información- criticaron la operación afirmando que aumentará las presiones de una escalada armamentista en la región y socavará el plan de Paz del Presidente de Costa Rica Oscar Arias, que propone reducir los armamentos y que será discutido el 25 y 26 de junio en una cumbre de los cinco presidentes centroamericanos en Guatemala".

Desde que Honduras se convirtió en punto estratégico para los norteamericanos, aquí vemos diariamente que vienen senadores y congresistas a granel a informarse personalmente sobre lo que acontece en la región centroamericana.

Que aprendan mucho sobre lo que aquí sucede es muy improbable. Ninguno de ellos se ha estado por más de una semana. Generalmente vienen por espacio de uno o dos días, en una gira relámpago, en la que solicitan ver al presidente de la República, al jefe de las Fuerzas Armadas, de vez en cuando a algunos diputados importantes, y si les da el tiempo ven a uno que otro político, usualmente en las recepciones que para ese propósito les organiza la Embajada Americana. Los puntos geográficos de interés son la base aérea de Palmerola, uno que otro campamento de la contrarrevolución, y algún campamento de refugiados.

Cuando los turistas estos regresan a su país, ya pueden decirle a todo mundo que son expertos en Centroamérica.

Tocaron con sus manos, vieron con sus ojos y oyeron con sus oídos la tragedia que nos abate. Dos días en cada país son más que suficientes para conocer a fondo la situación centroamericana. En dos días le entienden a todo lo que aquí está pasando. En dos días ya se forman criterios fundamentales sobre cómo mejor resolver el conflicto.

Dos días les da sobrado conocimiento para poner en su curriculum que estuvieron aquí, y ya con eso se sienten revestidos de enorme solvencia para tratar el caso de Centroamérica con propiedad de experto.

Regresan allá, analizan qué posición política más les conviene adoptar para caerle bien a sus prosélitos locales, o se deciden por una línea partidista en ese pleito a muerte que se tienen demócratas y republicanos, y a nosotros nos toca sufrir las consecuencias de todo ese estira y encoge.

Cualquiera que de verdad hubiese aprendido algo de su visita turística por Honduras, habría comprendido que los aviones que tenemos ya no cumplen con su cometido. Habrían podido enterarse que ya no hay repuestos y que muchos de ellos están en pésimo estado. Habrían comprobado que los aparatos no son ninguna garantía, ni siquiera mínima, para contrarrestar la enorme fuerza militar que tiene Nicaragua. Habría asimilado que la carrera armamentista, o mejor aún, la sed permanente que anima al gobierno sandinista de armarse hasta los dientes, no va a detenerse porque a Honduras le detengan la venta de los F5-E.

Sabría que dejar en una débil posición la capacidad defensiva de nuestra Fuerza Aérea no va a ser ningún incentivo para que los nicas firmen el plan de paz de Oscar Arias.

¡Ah gringos más ingenuos! La única manera de producir un desarme es obligar que haya un compromiso no sólo de uno sino de todos los países. Nadie toma medidas unilaterales sin la seguridad que los demás van a comprometerse a lo mismo.

¿Por qué entonces ellos no practican allá lo que nos quieren recetar a nosotros? A ver si es cierto que en esas pláticas que se tienen con los rusos, sobre limitación de armas nucleares, ellos -los gringos- se desarman unilateralmente para demostrar su buena fe, y ver si los rusos una vez que los vean desarmados dicen: "Ve que buenos son estos gringos. Se desarmaron ellos solitos y en reciprocidad a la buena fe, nos vamos a desarmar nosotros".

¡Como no Chon!...

**LA TRIBUNA/3 DE JUNIO DE 1987**

## Editorial
# LA DIVISIÓN LIBERAL Y LA ESTABILIDAD DEL PAÍS

A medida se acercan las elecciones internas en el seno del Partido Liberal, los ánimos se caldean y surgen violentos encontronazos entre los integrantes de los diferentes movimientos que promueven a sus candidatos para ocupar los cargos del Consejo Central Ejecutivo.

La corriente interna que logre una cifra de votos apabullante sobre los demás candidatos, tiene la opción de agenciarse el mayor número de miembros del organismo central del liberalismo, aunque lo más probable es que ninguno de los movimientos pueda reunir los suficientes votos como para imponerse unilateralmente a los demás, lo que daría como resultado una alianza de varias corrientes sobre aquella o aquellas que pretendieran un control absoluto de la dirección política del Partido Liberal.

Nos parece que algunos de los funcionarios de mayor jerarquía en este régimen liberal, han exhibido públicamente que la camisa en la que están metidos, les queda muy grande, sin haberse ubicado a estas alturas, dentro de una realidad política que absorbe la atención pública.

La despersonalidad de estas "figuras" políticas, es notoria y mueve a una honda preocupación de la gente pensante de este país, porque podríamos caer de la noche a la mañana en una terrible crisis de consecuencias insospechadas.

Así las cosas y como para formar orquesta, los más altos funcionarios y ejecutivos de este gobierno, ocupan la radio, la televisión y los periódicos para ofenderse mutuamente, creando un ambiente de franca hostilidad en el seno del propio equipo del Ingeniero Azcona Hoyo.

Esa descarnada lucha interna en el Partido Liberal que se inició desde el 27 de enero de 1986, es apenas la punta del iceberg de los grandes conflictos domésticos del liberalismo y que amenazan acelerar la descomposición de la presente administración.

Los liberales, como ha ocurrido desde los gobiernos de Vicente Mejía Colindres y de Ramón Villeda Morales, se han vuelto expertos para crear las condiciones propicias a un ambiente anárquico que tiende a debilitar un sistema que no alcanza ni el primer grado de consolidación ahora.

El régimen liberal no ha necesitado de la acción corrosiva que pudiera haber emprendido el Partido Nacional, quizás por el hecho que éstos tienen el control de una parte de esta administración. Les ha bastado el estallido de la rivalidad interna para comenzar el agrietamiento de los andamiajes en que se sustentaba la lucha presidencial que, milagrosamente o por la circunstancia del arreglo político a que se llegó en la Fuerza Aérea Hondureña, le permitió asumir el cargo más importante de este país al Ing. José Simón Azcona Hoyo.

La improvisación es otro ángulo que desfavorece a este gobierno y que amerita de los correctivos inmediatos, a fin de tomar la iniciativa en la reconquista del favor popular y un orden interno que se vuelve imprescindible, si es que los liberales quieren salvar a este gobierno que ellos recibieron directamente del pueblo hondureño.

No tiene culpa el Ing. Azcona de haberse presentado como candidato presidencial ante una multiplicidad de hombres que buscaron ese objetivo con desesperación, lo que sí es de su total responsabilidad, es de conservar su cargo a través de su gestión pública, de los créditos que reciba de sus correligionarios y del pueblo todo de Honduras.

Una de las medidas urgentes que debe adoptar, consiste en la exigencia de que todo funcionario, ejecutivo o empleado del gobierno, se dedique a trabajar como si se tratara de una empresa privada, señalar las obligaciones primarias de estos servidores públicos y prohibir que se haga política en días y horas laborables, cortando así ese cordón umbilical que ahora prevalece entre el activismo partidario y la responsabilidad estricta de devengar el sueldo por la tarea diaria que se hace en favor de los intereses populares.

Nosotros comprendemos la situación crítica del Partido Liberal, con un presidente de la República que no ha cultivado ni fomentado su liderazgo político y que pierde a vertiginosa velocidad influencia en su propio partido. No se ha preocupado por consolidar su posición frente a la nación hondureña, ya que ocurre todo lo contrario, en lo que pudiera calificarse como la antítesis del hombre que alcanza la presidencia de su país, para estar con frecuencia amenazando con dejar el cargo, de irse tranquilo a su casa.

Estas actitudes desalientan a la opinión pública y permite una severa descomposición social y política a nivel nacional, lo que es "sencillamente perjudicial y dislocante, con una proclividad que afecta sensiblemente a nuestro país que parece navegar al garete, sin brújula, sin timón y sin conductores.

Si hacemos estas observaciones es con la esperanza de que el mayor dirigente nacional, el presidente de la república, en quien seguimos identificando grandes cualidades cívicas y un trabajo honesto en las intrincadas estructuras de la administración pública asuma un papel más decisivo en el despliegue de su liderazgo político de acuerdo a las necesidades del país.

Es sumamente importante que el presidente de la república revierta la búsqueda incesante del poder político por parte de sus correligionarios y de sus ejecutivos más cercanos en las labores de gobierno. Hacerlo constituye un aporte determinante a la tranquilidad política que urgimos para dedicarnos a tareas mucho más nobles.

**EL HERALDO/3 DE JUNIO DE 1987**

# ¡ABRAMS PRESIONÓ A AZCONA!

### ***Para exagerar incursiones del FSLN e influir sobre el Congreso norteamericano

WASHINGTON, 1 junio (EFE). - Cuando el Secretario Adjunto de Estado para Asuntos Latinoamericanos, Elliott Abrams, se siente mañana martes en el banquillo de los testigos, los miembros del Comité del Congreso que investigan el escándalo "Irán-Contras" le tendrán preparada una dura jornada.

Fuentes solventes aseguran que varios de los congresistas del Comité están "furiosos" por los "relatos inexactos" que Abrams ha dado a distintos Comités del Congreso sobre su participación en la recaudación de fondos y ayuda a los "contras".

"Si Elliott Abrams me dice que son las tres en punto, miraré mi reloj", ha declarado el congresista demócrata Peter Kostmayer. "Ha dado testimonios equivocados tantas veces que le miraremos todas sus declaraciones con lupa", agregó.

La revista "Us News And World Report" informó esta semana que el ex-embajador de EE.UU. en Honduras John Ferch, -cesado en junio pasado- se enfadó tanto por las declaraciones de Abrams a un Comité de la Cámara Baja el 19 de mayo que llamó personalmente a los congresistas para replicar su versión.

El embajador dijo que Abrams presionó al presidente de Honduras, José Azcona, para que exagerara el peligro de las incursiones de los sandinistas e influir así al Congreso en favor de los "contras". En octubre pasado, Abrams afirmó al Comité de Inteligencia del Senado que no había participado en la recaudación de fondos para los antisandinistas y el 26 de febrero aseguró a la Comisión Tower que "no estaba envuelto, ni sabía nada de la red secreta de ayuda a los contras", que dirigía el teniente coronel Oliver North, entonces funcionario de la Casa Blanca.

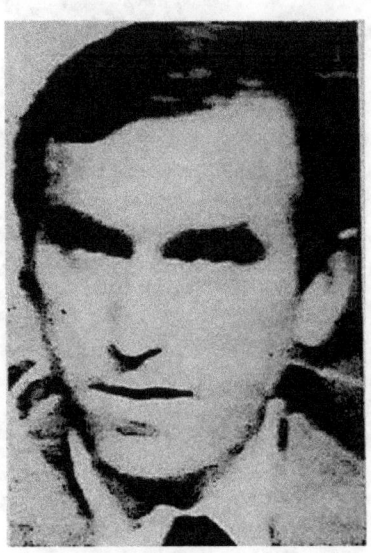

### LA TRIBUNA/2 DE JUNIO DE 1987
# MONTOYA: NO INTENTAMOS IMPONERLE UN GABINETE DE GOBIERNO A AZCONA

### ***...Pero hay funcionarios que es necesario removerlos

El presidente del Congreso Nacional Carlos Montoya, dijo ayer tenerle "mucho cariño" al presidente del Consejo Hondureño de la Empresa Privada (COHEP), Jorge Gómez Andino, con quien sostuvo un "impasse" en una reunión social celebrada la semana anterior.

Montoya reveló que en realidad se molestó con el doctor Gómez Andino porque en horas de la mañana del miércoles se enteró que en una reunión que sostuvieron dirigentes de la Empresa Privada con algunos militares "se había hablado de un golpe de Estado".

"Ello me indignó porque soy un hombre que defiende el sistema democrático", sostuvo Montoya en una declaración pública, misma que aprovechó para pedir sus disculpas "si ha existido un mal entendido".

Luego aclaró que, en la misma noche del miércoles, luego de que comprobó que todo había sido una especulación se dieron un abrazo con el doctor Gómez Andino y quedaron como amigos.

### EL CONGRESO APOYA A AZCONA HOYO. SON MEJORES LOS K-FIR.

Los aviones K-FIR, de fabricación israelí, son mejores que los F-5E, dijo Montoya al comentar un cable procedente de Jerusalén donde el presidente José Azcona Hoyo no descarta la posibilidad de que Honduras pueda comprar armas y ese tipo de aviones de Israel.

Los K-FIR son aviones adecuados para la región porque tienen una mayor capacidad de combate y de reserva de combustible, pero el problema es el dinero, pues los F-5E los está donando los Estados Unidos y los otros tendrían que comprarse.

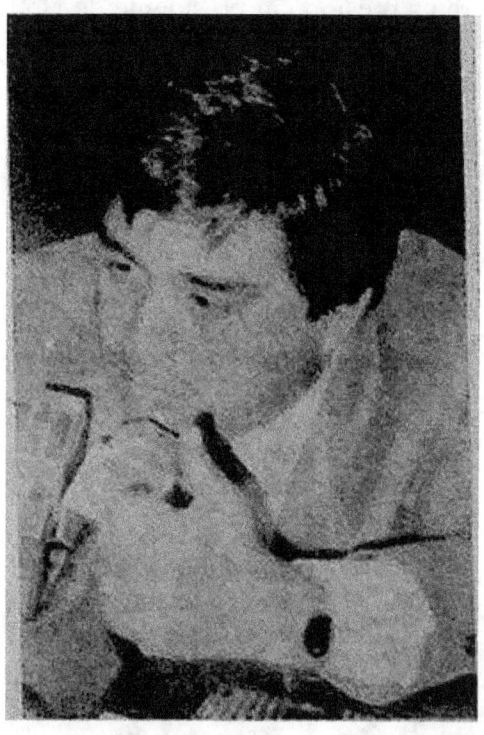

**EL HERALDO/2 DE JUNIO DE 1987**

## UNA SOGA EN EL CUELLO DE AZCONA

*Rigoberto ESPINAL IRIAS*

Quizás usted no me lo quiera creer, pero el presidente Azcona lleva una soga al cuello colocada por sí mismo.

Hace muchísimos años un Gran Visir emprendió una guerra santa contra Viena. El Sultán se opuso a esa acción bélica, pues temía sufrir una derrota ignominiosa. Sin embargo, el Gran Visir insistió en llevar adelante su campaña. Entonces, el Sultán lo llamó y le dijo: "Busca un cordel fuerte y anúdalo en tu cuello; donde quiera que vayas llevarás ese cordel. Cuando seas derrotado, úsalo para ahorcarte con él". Así lo hizo el Gran Visir. Sus soldados se admiraban al mirar a su jefe llevando una soga al cuello. Ellos sabían muy bien cuál era su propósito, por eso pelearon con ardor, pues les bastaba mirar aquel cordel para recordar la palabra empeñada por su comandante. Después de una larga batalla, los musulmanes fueron derrotados. El Gran Visir buscó un árbol y usando la cuerda acabó con su vida.

Azcona viene realizando su gestión administrativa bajo la misma presión del guerrero musulmán. Yo lo explico de la siguiente manera: Desde el inicio de su mandato, el presidente Azcona lo manifestó claramente: antes de conceder peticiones respecto al cambio de gabinete, prefiere presentar su "renuncia". Muchos lo saben, pues él ha reiterado en diversas ocasiones su decisión de abandonar el cargo cuando fuerzas populares pretendan imponerse sobre su voluntad.

Esta posición configura un mecanismo de defensa. Quizás sus más cercanos colaboradores, especialmente aquellos repudiados por el pueblo, se sienten seguros trabajando al lado de un presidente dispuesto a abandonar su cargo cuando las fuerzas vivas de la Nación exijan su remoción. El propio Azcona siente alivio al tener dispuesta su puerta de salida: su renuncia.

Sin embargo, recordando al protagonista del "Lobo Estepario", quien para eludir las angustias y los problemas de su existencia, tomó la idea del suicidio como una póliza de seguro, nunca llegó a cometer suicidio, pues vivió su destino alentado por la férrea voluntad de vivir.

José Simón Azcona parece haber olvidado dos cosas importantes: Primero, su cargo obedece a la expresión de las masas populares. Fue electo mediante elecciones libres (pellizcando la Constitución, pero al fin, aceptadas mediante un consentimiento nacional) Luego tiene un periodo constitucional, ya no por la autonomía de la voluntad suya, sino por la Ley de las mayorías. En segundo lugar, el cargo de Presidente de la República no lo convierte en "propietario" del puesto sino en "representante" del pueblo. Azcona debe actuar como un mandatario, nunca cual si fuera él mismo su propio mandante.

Si el presidente Azcona quiere cumplir bien y fielmente su promesa constitucional, debe cambiar su actitud y sacar fuera de sí mismo esa idea de su disposición a renunciar. No es menester llevar esa soga al cuello a fin de salir avante en sus difíciles tareas. Tiene un compromiso ante la Patria y frente a la Historia. Está obligado a cumplir el término presidencial de la mejor manera posible en beneficio de la República.

Mientras no cambie su pensamiento, será objeto de mayores presiones. Ya lo dijo algún líder del campo: "Vamos a pedirle su renuncia en vez de la remoción del ingeniero Espinal". De igual forma piensan otros más.

Armándose de paciencia, sujetándose a la Constitución y las leyes, el señor Presidente de la República deviene obligado a estudiar las peticiones formuladas por las masas obreras y campesinas, la empresa privada u otras organizaciones sociales relevantes. Buscar la solución más justa y adecuada, atendiendo la naturaleza de las solicitudes apoyadas por el calor popular y actuar en representación del pueblo, para beneficio de ese mismo pueblo. Ciertamente, Azcona posee muchas virtudes y talento administrativo. Pero esa soga que pende de su cuello puede llevarlo al fracaso.

**EL HERALDO/4 DE JUNIO DE 1987**

## AZCONA SELECCIONARÁ REPRESENTANTES DE EMPRESA PRIVADA EN EL BANTRAL

Al presidente José Azcona corresponderá el nombramiento de las dos personas que representarán a la empresa privada en el Directorio del Banco Central, a raíz del impasse surgido en el Consejo Hondureño de la Empresa Privada (COHEP), que no logró un acuerdo en la elección de sus miembros.

Al respecto, el presidente de la Asociación Nacional de Industriales, (ANDI), Héctor Bulnes, señaló que la Cámara de Comercio e Industrias de Cortés apoyada por la de Tegucigalpa y el presidente del COHEP, Jorge Gómez Andino, propusieron a Richard Zablah como propietario y a Félix Mahomar como suplente.

Mientras, la ANDI propuso a Emín Abufele, propietario y a Héctor Bulnes, en calidad de suplente.

Bulnes apuntó que el meollo del asunto es que no hubo consenso en el COHEP para la presentación de una sola dupla, por lo que el nombramiento de los dos representantes ante el BCH tendrá que hacerse como lo contempla el reglamento, correspondiéndole tal potestad al presidente de la República.

Puntualizó que el mandatario decidirá si nombra a Richard Zablah y a Félix Mahomar o ratifica en su cargo a Emín Abufele y a Héctor Bulnes como su suplente.

Sin embargo, aclaró que cualquiera que sea el nombramiento la empresa privada estará bien representada en el Directorio del Banco Central de Honduras.

**LA TRIBUNA/4 DE JUNIO DE 1987**

# TITULAR DEL CONGRESO: "DEFIENDO POSICIÓN DEL PRESIDENTE"

TEGUCIGALPA. El presidente del Congreso Nacional Carlos Montoya acusó anoche al mandatario José Azcona de apoyar la suspensión de los comicios municipales.

Montoya dijo que él al abogar por la suspensión de esta consulta popular lo único que hace es defender la posición de Azcona Hoyo.

El político admitió que en una reunión el año pasado en la residencia de Pedro Atala, en la que también estaba Rafael Leonardo Callejas, Azcona dijo que se debían suspender los comicios municipales.

"Yo he definido el criterio del presidente, entonces los mismos colaboradores de él se han encargado de hacerme responsable de una situación en una forma perversa y malévola".

Lo dicho por Montoya coincide con afirmaciones del máximo dirigente nacionalista Rafael Leonardo Callejas.

**TIEMPO/4 DE JUNIO DE 1987**

## Editorial
## ¡ALERTA, SEÑOR PRESIDENTE!

Al retornar a la patria, el Señor Presidente de la República tiene que afrontar urgentemente muchos problemas que tienen minado su gobierno.

La anarquía y el desorden imperan por doquier y sus más altos ejecutivos han protagonizado en su ausencia, lo que en otras naciones hubiera sido calificado como escándalos.

Es verdaderamente lamentable lo que está ocurriendo en nuestro país, cuando vemos enfrentados a dos poderes del Estado vitales para conformar una plataforma efectiva de trabajo en el marco democrático de este gobierno.

EL HERALDO mantendrá una posición vigilante e insistiremos diariamente, si fuere posible, en la necesidad de armonizar al Poder Legislativo con el Poder Ejecutivo, hoy en abierta confrontación, debido a la composición del gabinete de gobierno.

Cuando un asesor económico del señor Presidente ocupa los espacios de la prensa para lazarse duramente contra el Presidente del Congreso Nacional y cuando hace lo propio el vocero oficial de la Casa de Gobierno contra el mismo funcionario, la situación tiene que ser delicada, porque indica que hay peligrosas fricciones que tienden al debilitamiento de un sistema que es hechura del pueblo hondureño. Creemos que el régimen se está desacreditando solo porque no ha necesitado de la acción corrosiva de una oposición beligerante, quizás por el hecho de que esa oposición forma parte del gobierno, al controlar el Poder Judicial y compartir responsabilidades en cargos importantes de la administración pública.

Con otros gobernantes, el enfrentamiento público del jefe del Poder Legislativo con dos altos empleados de la Casa de Gobierno, rápidamente hubiera abortado con la adopción de medidas ejemplarizantes que generaran confianza en el pueblo hondureño.

Los dos cercanos colaboradores del Presidente Azcona, no se midieron para ripostar al presidente del Congreso Nacional, en lo que se interpretó como el afloramiento de una lucha sectaria dentro del propio Partido Liberal, generada por la propia conducta del Presidente del Congreso Nacional, más interesado en llevar una política de confrontación, que en crearse una imagen de hombre ecuánime, respetable, fiel cumplidor de las leyes de la república y hombre en el que se puede confiar.

No son buenas cartas de presentación para nadie, sobre todo para un titular de uno de los poderes del Estado, el liarse en pleitos de poca monta en donde él pierde sustancialmente más que sus propios contrincantes, especialmente cuando se encuentra comprometido en una carrera política cuyas metas están ligadas a la conquista electoral, primero del partido liberal de Honduras y después la candidatura a la presidencia de la república por ese mismo instituto político en una jornada cívica en donde su oponente será un vigoroso candidato con imagen carismática fuerte y de buen administrador.

Muchos empresarios están siendo forzados o contribuir para las campañas presidenciales, sobre todo de aquellos que tienen poder de decisión en muchas áreas sensitivas para los hombres de empresa y que se erigen ya en los forcivoluntarios contribuyentes de cantidades fabulosas que deben estar engrosando los capitales particulares de algunos políticos que ya perdieron toda vergüenza y todo amor a la Patria.

La ambición ilimitada que exhiben, las presiones de que hacen uso para favorecerse personalmente o a través de sus amigos y socios, está quebrando a este país, mucho más que el contrabando, mucho más que las dispensas, mucho más que las comisiones que se cobran en cada transacción con el gobierno.

La imagen de esta administración, ingeniero José Simón Azcona, pierde terreno y, por consiguiente, confianza.

EL HERALDO no quiere andar por las ramas ni adjetivar en demasía lo que está ocurriendo ante los ojos del gobernante. No necesitamos hacer uso de ningún protocolo ni de los tratos sociales más sofisticados, lo que queremos es señalarle el peligro en que se encuentra todo un sistema nacional de gobierno, todo el sistema democrático que tanto ha costado erigir en Honduras.

Señor Presidente Azcona Hoyo, a su arribo a la Patria no tiene que perder tiempo para poner coto a tanto desafuero. El Partido Liberal será el mayor perjudicado con esta conducta observada en este gobierno, porque el liberalismo está cansado, hastiado de tanta grosería y de tanta irresponsabilidad de parte de la inmensa mayoría de funcionarios, incluyendo entre éstos a los señores diputados al Congreso Nacional, como ocurre también en el Poder Judicial que todavía siente por sus pasillos los pasos de Temístocles Ramírez de Arellano y su millonaria demanda contra Honduras, contra los intereses de cuatro millones y medio de habitantes de este país.

De no terminar con este caos generalizado, este cáncer que se está comiendo por dentro al gobierno liberal, terminará con la paz y el apoyo popular. Unamos nuestras fuerzas, para engrandecer a Honduras, porque ahora la escasa inversión del sector privado, está paralizada y sólo actúan quienes se mueven con el contrabando y con las operaciones dolosas, alimentados por la "mordida" y el "qué me importa".

Señor Presidente, no dispone de mucho tiempo para enderezar la nave que hace agua desde el 27 de enero de 1986. Las calles están llenas de asaltantes y ladrones; en las oficinas públicas no hay empleados, sino activistas políticos.

**EL HERALDO/4 DE JUNIO DE 1987**

*Acusa Rafael Leonardo Callejas:*
## SECTORES LIBERALES DESDE CASA PRESIDENCIAL Y AUTÓNOMAS GESTAN DESESTABILIZAR GOBIERNO

TEGUCIGALPA. (Por Danilo Izaguirre). - El Partido Nacional (PN), no se prestará para desestabilizar el gobierno liberal, y sostiene su posición de no realizar elecciones municipales. Así lo manifestó ayer el licenciado Rafael Leonardo Callejas, presidente del Comité Central del Partido Nacional, al abandonar una sesión de urgencia que sostuvo con los diputados nacionalistas.

Dijo Callejas que jamás su partido se prestará para crear una crisis política en Honduras, y desautoriza a cualquier dirigente liberal de mezclarlo en sus decisiones para solicitar al ingeniero José Azcona, un cambio dentro de su gabinete.

Manifestó el máximo líder del partido opositor, que el presidente Azcona tiene toda la responsabilidad de su gobierno y puede cambiar o no su gabinete, eso no le compete al Partido Nacional.

Acusó a sectores del liberalismo, de estar gestando acciones desde Casa Presidencial e instituciones autónomas tendientes a desestabilizar al gobierno.

En ese sentido señaló, nada tiene que ver el Partido Nacional que se limita al fiel cumplimiento de la Constitución de la República cuando analiza que es extemporánea la práctica de elecciones.

Dijo Callejas que la crisis del Partido Liberal, es tan clara y quiere involucrarlos a ellos, los nacionalistas, pero que no están dispuestos a seguir ese juego.

Si tienen problemas internos como realmente existen que los resuelvan los liberales, pues es potestad y responsabilidad del gobierno aclarar su situación.

Considera que todos los partidos son responsables de la no realización de las elecciones, pues no inscribieron en tiempo y forma las planillas de alcaldes municipales en el Tribunal Nacional de Elecciones.

Los nacionalistas nos remitimos a la aplicación de la ley y al respeto de la Constitución, y en ese sentido considera que es extemporánea la realización de las elecciones municipales.

Empero, sostuvo que su partido está listo en cualquier momento para concurrir a las elecciones municipales, que han causado una serie de controversias.

Sostuvo que no se está en contra del respeto a la ley, por el contrario, se quiere cumplir con ella, por eso hay que esperar la decisión que tome la comisión que para que interpretase la ley, fue nombrada por el Congreso Nacional.

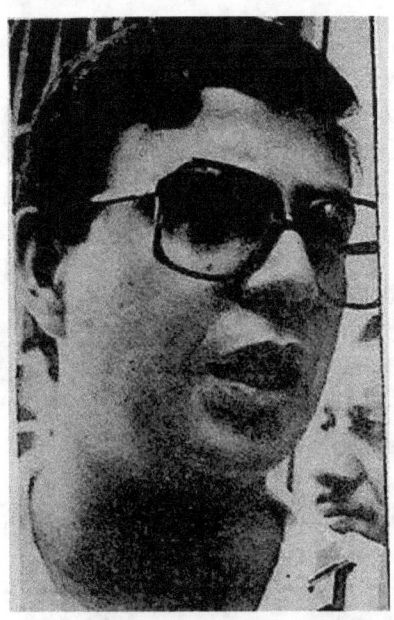

**LA PRENSA/4 DE JUNIO DE 1987**

# AZCONA Y LOS "CHAMBEROS"

*Por: MIGUEL PINEDA*

Hace pocos días, en el curso de una emisión noticiosa radial de esta capital, el presidente Azcona se refirió en términos un tanto agrios a la vocación "chambera" de algunas familias capitalinas.

Este tema de los "chamberos" y "paracaidistas" es un asunto trivial. Pero en tanto que el mismo fue abordado por el mandatario adquirió la relevancia que tienen algunos hechos banales cuando son analizados por gente importante del Estado.

El Presidente dijo que él posee -no sabemos si en la mente o en algún libro negro- los nombres de muchas familias capitalinas que, por generaciones y desde su infancia, han vivido de las "chambas" públicas.

El tono como se refirió el gobernante a esas personas fue despectivo y casi recordando que estos sujetos han arribado a las posiciones de la burocracia no para beneficio sino para perjuicio del país.

En esa afirmación el presidente anda muy claro. Los "chamberos" no pueden permanecer por tantas décadas para promover el desarrollo nacional. Ellos son una especie de "boa constrictor que tupe los poros de la sociedad".

Ante la insistencia del periodista que entrevistaba al Presidente, éste no cedió a la tentación de citar por sus nombres a las familias que el Presidente celosamente guarda en sus recuerdos. Pero dio algunas esperanzas de poder revelar posteriormente esos nombres.

De haber lanzado al aire esos nombres, el Presidente únicamente hubiera confirmado lo que muchos sabemos sobre esa ilustrada estirpe acaparadora de puestos y prebendas, de excelentes cualidades para caer de pie en cualquier tipo de gobierno: militares, nacionalistas, liberales, triunviratos y de coalición.

Creemos que si algún día los comunistas llegaran al poder, allí los veríamos desenfundando todo su inmaculado saber al servicio de la hoz y el martillo y del internacionalismo proletario aun cuando hayan sido los mejores acólitos del anticomunismo.

Es quizás por ese carácter mimético y altamente desdoblable de los "chamberos" es que los hondureños albergan una imagen reveladoramente pésima, negativa y, muchas veces, delictiva de los funcionarios públicos.

Para Max Weber la burocracia debe ser competente, bien pagada e impersonal para que no se incline por las debilidades y las pasiones del favoritismo político y personal, sino que participe de los objetivos del desarrollo.

Siguiendo esa tradición weberiana -con algunas dosis de meritocracia al momento de escoger el personal burocrático- en algunos países europeos ser alto funcionario es adquirir un rango de dignidad social y buena tradición familiar.

Pero cuando el Presidente -como la gran mayoría de los hondureños- se refieren a los "chamberos", lo hacen con un justo y execrable desprecio porque se trata de una abundante especie gatuna con indiscutible habilidad para seguir al pie de la letra el aforismo de los mexicanos que sin tapujos dicen: "estar fuera del presupuesto es un grave error".

Es un error porque la "chamba" proporciona al final de mes un cheque por hacer, no dejar hacer o no hacer nada.

Otro aspecto importante de ese asunto, es saber detectar en qué huecos del aparato del Estado más abundan esas familias que con mucha propiedad el Presidente dijo que se han venido heredando, casi por generación dinástica, las bondades del mando.

Haciendo un poco de ficción, creemos que el Presidente se refería a muchos nombres que hemos visto sucederse en ministerios como el de Relaciones Exteriores, donde desde tiempos de Carías se vienen repitiendo los mismos apellidos.

Pero será mejor que el Presidente nos aclare algún día y, así confirmar, que precisamente donde más abunde el lustre barato y la mediocridad es donde más exaltado luce el reino de los "chamberos".

TIEMPO/4 DE JUNIO DE 1987

## GABINETE EN PLENO RECIBIRÁ HOY A AZCONA Y SU COMITIVA

TEGUCIGALPA. - Los miembros del Gabinete de Gobierno y demás funcionarios públicos se harán presentes hoy en la tarde en el aeropuerto de Toncontín, para recibir al presidente José Azcona Hoyo, que regresa al país después de una gira de 12 días por Holanda e Israel.

El mandatario y su comitiva llegará al aeropuerto de Toncontín entre las 4 y 4:30 de la tarde, y será recibido también por el grupo político que le apoyó en su campaña política.

La comitiva presidencial la integraron el designado presidencial Jaime Rosenthal Oliva; el jefe de las Fuerzas Armadas, general Humberto Regalado Hernández; el ministro de Relaciones Exteriores, Carlos López Contreras; el jefe del Departamento de Política Exterior de la cancillería, Roberto Flores Bermúdez, con sus respectivas esposas, entre otros.

Hasta el momento no se sabe con exactitud los principales logros alcanzados por el presidente Azcona en su visita a Israel y Holanda, por lo que se supone que el mandatario dará una conferencia de prensa en el aeropuerto de Toncontín, para explicar con detalles los logros que redundarán en beneficio del pueblo hondureño.

En Holanda, Azcona visitó la Corte Internacional de Justicia (CIJ) de La Haya donde se ventila el diferendo limítrofe de Honduras con El Salvador y la demanda interpuesta por Nicaragua contra el gobierno hondureño por su colaboración con los contrarrevolucionarios nicaragüenses.

En la CIJ el presidente Azcona dejó sentada la posición pacifista de Honduras y su decisión de acatar el fallo que ese tribunal dará al problema limítrofe con El Salvador; sin embargo, con respecto a la demanda de Nicaragua sugirió que ésta debe resolverse en el contexto del Grupo de Contadora.

De su visita a Israel, sólo se sabe que visitó varios lugares santos y suscribió con las autoridades del gobierno de ese país varios acuerdos de asistencia técnica para el desarrollo de proyectos turísticos, mejoramiento de la agroindustria y hospitales.

Asimismo, se sabe que visitó la fábrica de los aviones de combate KFIR, los que podrían ser adquiridos por Honduras en caso de que el Congreso de los Estados Unidos se oponga a la venta de los aviones F-5. (TDG).

TIEMPO/4 DE JUNIO DE 1987

## VENTA DE LOS AVIONES F-5 A HONDURAS ES UN HECHO

TEGUCIGALPA. - El embajador de los Estados Unidos en Honduras, Everett Briggs, aseguró que a pesar de la votación en contra del Comité de Relaciones Exteriores del Senado norteamericano la venta de los aviones F-5 para la Fuerza Aérea de nuestro país será un hecho.

"Confiamos plenamente que la negociación se realizará como está planeada", subrayó el diplomático al restarle importancia al rechazo de aquel comité a la venta de las 12 aeronaves militares

Sostiene el embajador que la votación no refleja la posición del Senado ni mucho menos del Congreso de los Estados Unidos, por lo que dentro de pocos días el asunto será resuelto.

Por otra parte, Briggs afirmó que no fue precisamente su antecesor (John Ferch) quien manifestó que la administración Reagan habría presionado al presidente José Azcona Hoyo para que se elevara el grado de crisis con el régimen de Nicaragua.

"Que yo sepa no fue él, sino ciertos medios de información", dijo, añadiendo que las autoridades hondureñas son las más indicadas para determinar la realidad.

El jefe de la misión diplomática norteamericana sentenció que en su caso particular se siente satisfecho porque hasta el momento han sido alcanzados los objetivos para fortalecer las relaciones entre ambas naciones y a la vez defender el sistema democrático.

Finalmente reiteró que "nosotros venderemos y Honduras comprará los F-5 utilizando recursos económicos destinados al país en base a los convenios de cooperación vigentes".

**LA PRENSA/4 DE JUNIO DE 1987**

## IMPRESIONADO HOY LLEGA AZCONA DE ISRAEL

El presidente José Azcona Hoyo regresa hoy al país tras concluir una exitosa gira oficial por Israel, donde suscribió acuerdos bilaterales importantes que beneficiarán al pueblo hondureño.

La gira del Presidente y su comitiva duró 12 días e incluyó una visita a la Corte Internacional de Justicia de La Haya, Holanda.

A su llegada a Tel Aviv el 27 de mayo, el presidente Azcona dijo: "Me siento profundamente emocionado por pisar por primera vez suelo de Israel, nación considerada por nuestra tradición occidental judeo-cristiana como tierra de promisión".

El gobernante apuntó que se sentía más emocionado aun por el ofrecimiento, en el que "de la forma más sencilla y profunda, me ofrecieron pan y sal como honra al caminante que viene de lejanas tierras a compartir con vosotros vuestro hogar y vuestra hospitalidad".

Durante el diálogo sostenido con el presidente Jaime Herzog se dejó establecido que el gobierno de Honduras, mantiene con el pueblo y gobierno de Israel, las más cordiales y estrechas relaciones de amistad y cooperación, cimentadas en el respeto, la fe inquebrantable en los principios de la solidaridad y el entendimiento entre naciones.

En el marco de esas conversaciones, se destacó que los pueblos de Israel y Honduras se hayan unido en su lucha constante por sus anhelos de progreso, en regiones geográficas agitadas por el huracán de la violencia, que es preocupación constante de líderes, intelectuales, políticos y religiosos del mundo.

Azcona agradeció a las autoridades israelíes la cooperación que en las áreas de asistencia técnica, financiera y de seguridad nacional, ha recibido Honduras de parte de ese país amigo.

Refirió que "lo que más impresiona del israelita de hoy, además de su excelsa calidad humana forjada en el sacrificio y el dolor, es la serenidad con que mira hacia el porvenir, seguro de que algún día la cordura se impondrá sobre la violencia, de que la libertad triunfará sobre la opresión y de que el derecho prevalecerá sobre la arbitrariedad, de que algún día, en fin, llegará a consolidar la paz, que es la que se basa en la justicia y en la cooperación internacional"

El mandatario hondureño agradeció la hospitalidad que el gobierno de Israel y su noble pueblo le brindaron durante su permanencia de cinco días en aquella nación.

Exteriorizó que su visita a Israel "ha sido una experiencia extraordinaria que no podrá borrarse jamás de su memoria", el haber visitado a una nación que a lo largo de sus milenios de historia se ha visto obligada a peregrinar por lejanas tierras, pero que siempre y gracias a su fe, a la confianza a sí misma, nacida de esa fe, ha retornado a la tierra de promisión de sus mayores".

"He podido constatar a lo largo de estos días los enormes esfuerzos realizados por vuestro pueblo para lograr un desarrollo justo y equilibrado, como pocas naciones en el mundo, a base de una inquebrantable mística de trabajo y un esfuerzo personal y colectivo", dijo.

"He visto un ejemplo democracia, una nación que lucha por su identidad y por su supervivencia, llevo todo esto como ejemplo y llevo también la seguridad de una amistad y una colaboración que será de gran beneficio para nuestras naciones", apuntó el presidente Azcona.

*SECRETARÍA DE PRENSA DE LA PRESIDENCIA DE LA REPÚBLICA*

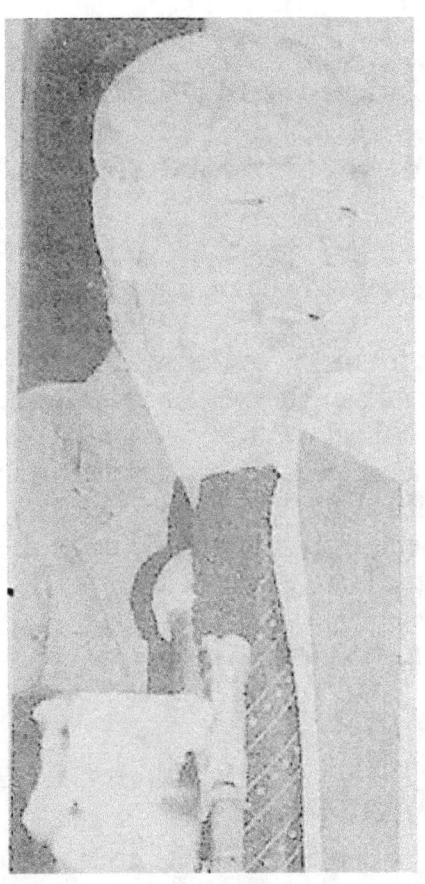

**EL HERALDO/4 DE JUNIO DE 1987**

## AZCONA ES CEIBEÑO POR OMBLIGO, AFIRMA EL SECRETARIO DE PRENSA

El presidente José Azcona Hoyo es ceibeño por ombligo, aseguró ayer el secretario de Prensa de la Casa de Gobierno, Lisandro Quesada, al referirse a la duda que todavía persiste en algunos empleados de Migración con respecto a la nacionalidad del gobernante.

Quesada dijo que, en cierto sentido, constituye un abuso de esos empleados afirmar que el presidente Azcona "no es hondureño" y añadió que el asunto "es cosa juzgada y no tiene por qué volverse a juzgar".

Los empleados de Migración que pusieron en tela de duda la nacionalidad de Azcona son José Alberto Zelaya Reyes, Luciano Cardoza y Omar Antonio Álvarez, acusados por una comisión legislativa de acciones deshonestas en perjuicio de ciudadanos hondureños y extranjeros.

"El asunto de la nacionalidad del presidente quedó claramente establecido en su debido momento por las autoridades correspondientes y miles de testigos oculares", dijo Quesada.

Añadió que "Azcona es ceibeño por ombligo y eso no puede ponerse en duda jamás porque hay testigos presenciales de ello y en su momento presentó la documentación legal que se necesita para ser presidente".

Finalmente, el vocero presidencial sostuvo que al gobernante no le afecta el criterio de personas que incluso están siendo cuestionadas por sus actuaciones y que en definitiva será el ministro de Gobernación el que decidirá lo pertinente con respecto a los empleados de Migración.

**EL HERALDO/6 DE JUNIO DE 1987**

## AZCONA SE INCORPORA A SUS LABORES; EL LUNES HABLARÁ

TEGUCIGALPA.- El presidente José Azcona Hoyo se reincorporó ayer a sus labores en la casa presidencial, y pospuso la conferencia de prensa para el lunes próximo, a las 11:30 de la mañana.

El mandatario había programado dar una conferencia de prensa ayer a las cuatro de la tarde, para informar sobre los resultados de su gira por Israel y Holanda, pero decidió posponer los últimos acontecimientos políticos del país.

Según se informó el presidente Azcona dejará sentada su posición en esa conferencia de prensa sobre las elecciones municipales y las pretensiones de algunos diputados al Congreso Nacional, incluyendo a su presidente Carlos Orbin Montoya, de presionar al mandatario para que efectúe cambios en su Gabinete de Gobierno. (TDG).

**TIEMPO/6 DE JUNIO DE 1987**

## AZCONA VISITA TRIBUNAL DE LA HAYA

La gráfica capta el momento en que el presidente de la República, ingeniero José Azcona Hoyo, ingresa a la Corte Internacional de Justicia de La Haya, acompañado por el titular del tribunal, el juez Nagendra Singh, originario de la India. En la capital holandesa se dirimirá el problema fronterizo con El Salvador. Al fondo el canciller Carlos López Contreras, y al centro el secretario de la Corte, Eduardo Valencia Ospina. (Foto Aulberto Salinas).

**LA PRENSA/6 DE JUNIO DE 1987**

## NACIONALIDAD DEL PRESIDENTE ES COSA YA JUZGADA: QUESADA

TEGUCIGALPA. La nacionalidad del presidente Azcona Hoyo "es cosa ya juzgada", porque se comprobó que él es "ceibeño por ombligo y eso no puede ponerse jamás en duda", dijo ayer el secretario de Prensa, abogado Lisandro Quesada.

El vocero del gobierno se refirió a la información aparecida ayer en un diario capitalino, en el sentido de que el jefe de Migración de Santa Rosa de Copán, José Alberto Zelaya, y sus subalternos Luciano Cardoza y Omar Antonio Álvarez, han afirmado que tienen pruebas de la nacionalidad española del presidente Azcona.

Quesada expresó que "el asunto de la nacionalidad del presidente Azcona quedó claramente establecido en su debido momento por las autoridades correspondientes, además de los miles de testigos oculares de que el presidente Azcona es ceibeño por ombligo".

Señaló que la acusación de Zelaya, quien está siendo investigado por una comisión del Congreso Nacional, no puede afectar en lo absoluto al presidente Azcona.

Por otra parte, en relación a las acusaciones del diputado nacionalista Mario Rivera López de que algunos funcionarios de la casa presidencial estarían apoyando a organizaciones izquierdistas, Lisandro Quesada manifestó que "todos los que estamos aquí somos demócratas convencidos y no le haríamos el juego a ninguna organización que está en contraposición de la democracia". (TDG).

**TIEMPO/6 DE JUNIO DE 1987**

# CONTRACORRIENTE

*Por: Juan Ramón Martínez*

## LA LEALTAD CON LOS COMPADRES

Mario Espinal es un hombre afortunado. Ha pasado a ser de un funcionario gris, a quienes muchos le atribuimos visibles incompetencias para impulsar el proceso agrario, una figura extraordinariamente importante para la estabilidad del Presidente de la República. Pesa tanto en la vida nacional el señor Espinal que Azcona ha dicho que prefiere renunciar antes que despedirlo del cargo a él confiado. Claro que aparentemente su influencia se debe al hecho que tuvo la suerte -dirían algunos ingenuos- de "encompadrar" con la persona debida. Pero la cosa es un poco más complicada. No es que Mario Espinal sea el hombre más influyente sobre Azcona, ni que el Presidente de la República haya hecho del compadrazgo, la única forma de gobernar el país.

Aunque lo aparente -y muchos nos horrorizamos inicialmente con las declaraciones de Azcona que prefería renunciar de la Presidencia de la República, antes que despedir a su amigo y compañero de trabajo en FECOHVIL- la verdad es que antes que prestigio para el director del INA o menosprecio a la función presidencial, en el inquilino de la casona junto al Río Choluteca lo que hay es una fórmula de relación en la que la lealtad a sus amigos es la clave fundamental de su vida. Azcona es un hombre leal a sus amigos y leal a su palabra. Es cierto que muchas de sus dificultades provienen de este estilo primario de actuar; pero también en honor a la verdad tal disposición a defender a sus amigos, resistiendo todas las presiones, es la que le ha llevado a la Presidencia de la República.

La situación que llevó a Azcona a enfrentarse con Suazo no la provocó el actual Presidente de la República. Incluso su vocación de poder, especialmente si no se hubiese dado el conflicto que Suazo estimuló sin conocer la manera que Azcona tiene de ver la vida, no habría llegado más allá del Ministerio de Obras Públicas. Si Suazo hubiese sido inteligente como afirmaban algunos que era el político paceño, no hubiese obligado a Azcona a despedir a Jack Arévalo y la rebelión "montoyista" -usando la figura del actual mandatario como excusa- no se habría producido.

Pero Suazo no tuvo en cuenta que para Azcona la lealtad a sus amigos es una cuestión fundamental. Sin que le constase si Suazo tenía razón o no en sus opiniones con respecto al actual Gerente de la ENEE, Azcona impuso su criterio de no ser desleal con sus amigos y consciente que nada perdía, tuvo la capacidad para enfrentarse a Suazo y concentrar en su persona -posiblemente sin cálculo alguno- todo el malestar que existía entre el pueblo hondureño con un hombre manipulador, cínico e intrigante.

De allí que para Azcona colocar a Mario Espinal por encima del interés nacional, el proceso democrático y la felicidad de todos los hondureños es una cosa natural. No es la cuestión de cualquier cosa por el reino del poder. Es algo sencillo: Azcona cree firmemente en sus amigos y que nunca deben sacrificarse en la actividad política.

Claro todo suena bonito; pero no guarda relación con la función de un estadista ni mucho menos con la actividad de un político. Para el estadista el país es primero; después están los amigos, la familia y los correligionarios. Para un estadista primero está la estabilidad de los procesos que estimula y los objetivos nacionales que persigue.

Desafortunadamente para Azcona, sus amigos no entienden estas sutilezas ni mucho menos el enorme peso que el Presidente le confiere a la lealtad. Si sus amigos, fuesen leales al Presidente Azcona, es muy posible que al descubrir que son un motivo de intranquilidad para el desempeño de la función presidencial de su amigo, hace tiempo se habrían retirado del gabinete. Pero por lo menos en el caso de Espinal la resistencia de Azcona a retirarlo es vista como un premio a unos méritos que le parecen extraordinarios pues lo colocan incluso por encima del interés nacional. No ve al amigo envuelto en las dificultades del poder. Se ve, como la mayoría de los políticos nacionales, como el centro del país, la fuerza salvadora.

Y con amigos así, Azcona seguirá dando tumbos. Sin poder darle sentido a una administración que pudo haber sido buena -al fin y al cabo, su comparación inmediata era la desastrosa dirigida por Suazo Córdova-; pero el Presidente aparentemente ha preferido servir primero a sus amigos, seguir siendo leal a unos pocos, en vez de dirigir esa lealtad a todo el país.

## LA TRIBUNA/2 DE JUNIO DE 1987

### Vocero de Azcona:
## REAGAN TIENE LA ÚLTIMA PALABRA SOBRE LA ENTREGA DE LOS AVIONES A HONDURAS

El presidente norteamericano, Ronald Reagan, tiene la última palabra sobre la venta de los aviones F-5E a Honduras, dijo ayer el vocero de Casa Presidencial, Lisandro Quesada, al comentar la votación desfavorable producida en el Comité de Relaciones Exteriores del Senado.

Según Quesada, el gobierno hondureño ya esperaba esa votación adversa porque de antemano conoce la posición de los senadores demócratas que son contrarios a la entrega de los aviones a Honduras.

"La decisión final depende del presidente Reagan y de nadie más", dijo el Secretario de Prensa, quien aseguró que el mandatario norteamericano no se va a retractar de su promesa de proceder a la venta en favor de la Fuerza Aérea Hondureña.

"Reagan nos va a entregar los aviones porque está más enterado de nuestras realidades geopolíticas en el área y sabe también que esos aviones no son para agredir ni para desequilibrar militarmente a nadie sino simplemente para suplir aviones que ya resultan obsoletos en nuestra Fuerza Aérea", añadió Quesada.

El funcionario explicó que solamente las dos terceras partes de los votos en el Senado y el Congreso de los Estados Unidos podrían impedir la venta de los aviones a Honduras.

"Nunca en esta administración las dos cámaras van a poder reunir esa suma de votos para frustrar los deseos del presidente", sostuvo Quesada.

Finalmente, señaló que existe la posibilidad de negociar con Israel los aviones KFIR en caso de que el presidente Reagan decida no vender los F-5E, pero aseguró que ello no ocurrirá.

## EL HERALDO/3 DE JUNIO DE 1987

### *Mañana llega Azcona*
## EN DISCURSO DE DESPEDIDA AGRADECIÓ LA HOSPITALIDAD DEL PUEBLO ISRAELÍ

TEGUCIGALPA.- El presidente José Azcona Hoyo y su comitiva que le acompaña llegará mañana a Tegucigalpa, a las cuatro de la tarde, después de una gira de 12 días por Holanda e Israel.

El mandatario se hace acompañar por el designado presidencial Jaime Rosenthal Oliva, el jefe de las Fuerzas Armadas, general Humberto Regalado Hernández; el canciller Carlos López Contreras y otros.

Ayer salió de Israel rumbo a Holanda, y en su despedida pronunció unas breves palabras agradeciendo "profundamente la proverbial hospitalidad que el ilustre gobierno de Israel y su noble pueblo me han brindado durante mi inolvidable visita oficial a este país".

"Para mí ha sido una experiencia extraordinaria que no podrá borrarse jamás en mi memoria, de haber visitado a una nación que a lo largo de sus milenios de historia se ha visto obligada a peregrinar por lejanas tierras. Pero que siempre y gracias a su fe, a la confianza en sí misma, nacida de esa fe, ha retornado a la tierra de promisión de sus mayores", expresó.

Azcona dijo que pudo constatar durante su visita a Israel "los enormes esfuerzos realizados por vuestro pueblo para lograr un desarrollo justo y equilibrado, como pocas naciones en el mundo, a base de una inquebrantable mística de trabajo y un esfuerzo personal y colectivo".

"He visto un ejemplo de democracia; he visto una nación que lucha por su identidad y por su supervivencia; llevo todo esto como ejemplo y llevo también la seguridad de una amistad y una colaboración que sea de gran beneficio para nuestras naciones", añadió.

El presidente Azcona hizo referencia al ofrecimiento de pan y sal que las autoridades de Israel le hicieron al llegar a ese país, manifestando que "soy más consciente de que ese pan es fruto del esfuerzo y la sal es muestra del inmarcesible carácter israelí". (TDG).

**TIEMPO/3 DE JUNIO DE 1987**

## AZCONA DESPEDIDO CON ALTOS EN ISRAEL

JERUSALEN/UPI.- El presidente hondureño José Azcona Hoyo terminó ayer su visita de una semana a Israel, que concluyó con la firma de convenios bilaterales sobre turismo y tecnología, y fue despedido con el protocolar saludo de 21 cañonazos, dijeron funcionarios del Ministerio de Relaciones Exteriores.

Azcona fue despedido en el Jardín de las Rosas, cerca del Knesset o Parlamento israelí, antes de viajar al aeropuerto Ben Gurion, de Tel Aviv, desde donde partió el regreso a Honduras.

Un portavoz del ministerio dijo que el convenio tecnológico cubría en primer lugar renglones agrícolas y particularmente métodos de irrigación.

El lunes, el presidente hondureño visitó la planta de industrias de aviación de Israel en Tel Aviv, donde se producirán los controvertidos y costosos aviones de combate modelo Lavi.

Azcona dijo que en conferencia de prensa que si Honduras no puede llegar a un acuerdo con Estados Unidos para que el Congreso de ese país le permita adquirir aviones de combate F-5, su gobierno consideraría adquirir aviones de combate israelíes modelo Kfir.

Como quiera, el portavoz del Ministerio de Relaciones Exteriores Ehud Gol dijo que la agenda del presidente hondureño durante los siete días de visita a Israel no contempló conversaciones sobre compra de armas.

A pesar de que Honduras e Israel mantienen relaciones diplomáticas desde hace tiempo, el país latinoamericano inauguró su primera embajada en Tel Aviv en noviembre de 1985, e Israel en Tegucigalpa en abril de 1986.

JERUSALEN. -El ministro de Relaciones Exteriores de Honduras, Carlos López Contreras (Izq.), y su colega israelí Shimon Peres, suscribieron el lunes un convenio sobre turismo y tecnología que luego fue refrendado por el presidente hondureño José Azcona, quien concluyó ayer una visita oficial de cinco días.

**TIEMPO/3 DE JUNIO DE 1987**

## CON 21 CAÑONAZOS SERÁ RECIBIDO EL PRESIDENTE HOY EN TONCONTÍN

TEGUCIGALPA. -Con 21 cañonazos será recibido este día el Presidente de la República, José Azcona Hoyo, quien regresa al país después de realizar una gira de 12 días por Israel y Holanda.

José Pineda Gómez, Presidente por Ley, será el primero en saludar al gobernante y al jefe de las Fuerzas Armadas, general Humberto Regalado Hernández.

Sobre el regreso del mandatario la Secretaría de Prensa de la Presidencia de la República emitió ayer el siguiente comunicado: El presidente Azcona regresa hoy al país, tras concluir una exitosa gira oficial por Israel, donde suscribió acuerdos bilaterales importantes que beneficiarán al pueblo hondureño.

La gira del presidente y su comitiva duró 12 días e incluyó una visita a la Corte Internacional de Justicia de la Haya, Holanda.

Mientras tanto varias caravanas de simpatizantes liberales estarán presentes hoy en el aeropuerto internacional de Toncontín para recibir a las 4 y 30 de la tarde al mandatario hondureño, José Azcona Hoyo, que regresa al país después de una gira por Holanda a Israel.

Para el caso el Frente de Integración Liberal de Comayagüela invita a través de diario "LA PRENSA" a todos los ciudadanos en especial los "colorados", a que se presenten a esa sede sita en la 4 avenida, 7 calle frente a la Casa del Pintor hoy en horas de la tarde para desfilar desde allí en caravana hacia el aeropuerto de aquí.

Los organizadores de la bienvenida al presidente Azcona indicaron que alrededor de 10 mil personas irán a recibir al jerarca hondureño y calificaron la acción como de día nacional por la eventualidad del acontecimiento.

La emotividad del recibimiento también fue notado en los diferentes ministerios donde los activistas liberales preparaban diferentes motivos para mostrar su incondicionalidad al ejecutivo.

El presidente Azcona regresa al país después de 15 días de ausencia al visitar Holanda e Israel, naciones donde buscó ayuda económica y asistencia para enfrentar programas de desarrollo que a corto plazo piensa realizar.

**LA PRENSA/4 DE JUNIO DE 1987**

## Según Callejas
# AZCONA H. ESTÁ A FAVOR DE LA SUSPENSIÓN

***\*\*\*Bancada callejista esperará decisión de montoyistas para pronunciarse sobre comicios municipales***

TEGUCIGALPA. - El presidente José Azcona Hoyo está a favor de la suspensión de la celebración de las elecciones municipales, reveló ayer Rafael Leonardo Callejas al concluir una reunión con la bancada del Partido Nacional en la que no se llegó a una decisión definitiva en torno a esta controversial consulta a la espera de que Carlos Montoya pueda controlar la mayoría liberal en el Congreso.

Los diputados nacionalistas se reunieron ayer por más de dos horas con el Comité Central y la Comisión Política para discutir sobre las elecciones municipales.

El presidente del Comité Central, Rafael Leonardo Callejas, dijo que en la reunión no se había tomado aún una decisión de bancada a la espera del dictamen de una comisión del Congreso nombrada para analizar un documento enviado por el Tribunal Nacional de Elecciones referente a los comicios municipales.

El político dijo que "entre más rápido sea, más conveniente será para los intereses de Honduras" en alusión a la presentación del dictamen.

Indicó que "es urgente una determinación" del Congreso para que se defina el futuro político de Honduras.

En la sesión de los diputados, se supo en fuentes seguras, estos expusieron su posición en cuanto a las elecciones municipales coincidiendo la mayoría con su líder Rafael Leonardo Callejas en la inconveniencia de celebrarlas.

Los parlamentarios argumentaron razones económicas, la agitación política que generaría un estrecho calendario electoral que incluiría además de los comicios internos liberales, las elecciones municipales y para el próximo elecciones en los 4 partidos políticos de candidatos a cargos de elección popular.

Un diputado, que requirió el anonimato dijo a TIEMPO que en esta sesión se acordó no anunciar ninguna decisión oficial a la espera de que Carlos Montoya pueda lograr convencer a la mayoría de los diputados liberales de que se pronuncien en contra de los comicios municipales.

Los nacionalistas tienen el temor de pronunciarse públicamente como bancada en contra de los comicios municipales y en el Congreso los liberales, incluidos los montoyistas, divididos en cuanto a las elecciones municipales, voten a favor.

El dictamen de la comisión del Congreso en su mayoría integrada por montoyistas y callejistas se asegura será presentado esta misma semana. (GP).

Callejas durante la reunión con la bancada nacionalista.

**TIEMPO/4 DE JUNIO DE 1987**

### *Para tratar comicios municipales*
### NACIONALISTAS PEDIRÁN REUNIÓN DE URGENCIA A PRESIDENTE AZCONA

El Partido Nacional de Honduras pedirá al presidente de la República, José Azcona Hoyo, una reunión de urgencia para tratar el delicado tema de las elecciones municipales.

El diputado Mario Rivera López reveló que la reunión también servirá para tratar otros asuntos relacionados con temas de importancia para el país.

Rivera López no quiso revelar la fecha y el día que se piensa tener el encuentro con el mandatario, pero no se descarta que este se haga el fin de semana o a inicios de la próxima.

Al parecer la dirigencia del nacionalismo busca obtener en la cita una conclusión final del criterio que maneja el ingeniero Azcona sobre el delicado tema, aunque Rafael Leonardo Callejas ya dijo públicamente que el mandatario ha sostenido que lo conveniente es suspender los comicios.

Rivera López informó que también se hablará con otros sectores del país y no descartó que entre ellos estén las Fuerzas Armadas de Honduras, a pesar que éstos no tienen nada que ver en asuntos eleccionarios de los partidos políticos.

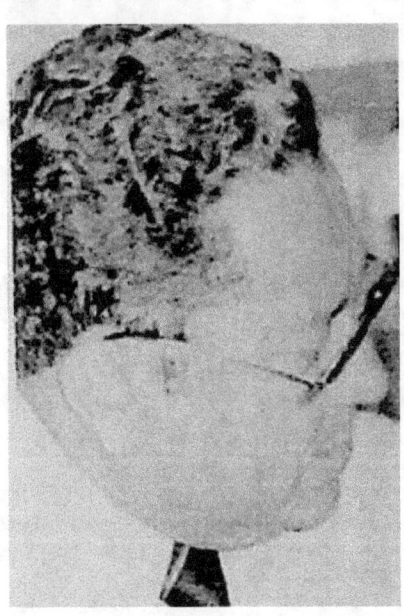

## SÍ EXISTE CONVENIO

Mario Rivera López en forma enfática y categórica aseguró que existe un convenio, el cual se fijó hace tiempo, para que se suspendan las elecciones municipales.

No se explica el político por qué ahora desde Casa Presidencial se está gestando un movimiento para que se hagan las elecciones municipales "William Hall Rivera participó en las reuniones de las comisiones políticas en las que se tomó tal decisión" acotó.

De acuerdo al criterio de Rivera López, con la exigencia de que se practiquen los comicios "se han cruzado relaciones internas un tanto raras, cómo es posible que movimientos demócratas se pongan de acuerdo con los de izquierda, para el caso la FUTH"

"Yo creo en Azcona Hoyo y no creo que nos vaya a desmentir" dijo Rivera López al reiterar que desde hace algún tiempo se decidió que no se practicarían las elecciones municipales.

### EL HERALDO/5 DE JUNIO DE 1987

## DIPUTADOS LIBERALES LE PASAN A AZCONA LA "PAPA CALIENTE" DE LAS MUNICIPALES

TEGUCIGALPA- La responsabilidad de decidir si habrá o no elecciones municipales este año fue trasladada ayer por la bancada liberal en el Congreso Nacional al presidente José Azcona Hoyo.

La decisión fue adoptada en una reunión de los diputados de las bancadas montoyistas y maradiaguistas que en la pasada campaña política apoyaron al actual mandatario.

Carlos Montoya dijo que en cita se había coincidido en que "jurídicamente no se puede ir a elecciones municipales" y que, para hacerlo, habría que reformar la Ley Electoral y de las Organizaciones Políticas.

Dijo que este fin de semana los diputados liberales consultarán en sus departamentos entre los pobladores sobre si están o no dispuestos a ir a elecciones municipales.

Montoya reiteró su posición particular de que "es muy difícil ir a elecciones" y señaló que estas tendrían que celebrarse antes de abril o mayo del 88.

Indicó que se había adoptado la decisión de reunirse con el presidente de la República José Azcona que sea "decisión del Poder Ejecutivo" suspender las elecciones.

El aspirante presidencial aclaró que los parlamentarios liberales se reunirán con Azcona Hoyo la próxima semana, pero en forma separada de los nacionalistas.

Dijo que en la cita también participará el Consejo Central Ejecutivo del Partido Liberal (CCEPL). (GP).

### TIEMPO/5 DE JUNIO DE 1987

*"Con un poquito de apoyo":*
## AL PROPIO AZCONA EXPULSARÍA, SOSTIENE JEFE DE MIGRACIÓN

El jefe de Migración de Santa Rosa de Copán, José Alberto Zelaya, y sus subalternos Luciano Cardoza y Omar Antonio Álvarez han afirmado que tienen pruebas de la nacionalidad española del presidente José Azcona, según constató una comisión del Congreso Nacional que investigó a dichos funcionarios por denuncia del Colegio de Abogados, Capítulo de Occidente.

La comisión, encabezada por el diputado Raúl Medina Reyes, comprobó que los acusados sostienen que los congresistas Antonio Ardón Fuentes y Humberto Pinto tienen nacionalidad dudosa, por lo que corren el peligro de ser expulsados del país.

Los congresistas investigadores comprobaron también que Zelaya y compañía son culpables de los delitos de detención ilegal, allanamiento de morada, desobediencia, abuso de autoridad y cohecho, los que han cometido mediante intimidación y afirmando que actúan con autoridad del jefe de las Fuerzas Armadas, el comandante del Doceavo Batallón de Infantería y del director general de Migración.

Zelaya y sus subalternos han cobrado multas desde 10 hasta mil lempiras por extender constancias de detención de documentos públicos y privados, hacer inscripciones en el Registro de Extranjeros, extender visas, permitir la permanencia en Honduras y renovar carnés de residencia.

La comisión de diputados fue informada por personas representativas de Santa Rosa de Copán y lugares circunvecinos, de las cárceles clandestinas que han hecho funcionar los mencionados empleados de Migración, una de las cuales es el hospedaje "Hispano", de Santa Rosa de Copán, donde tuvieron detenido a Antonio Hernández Escobar.

Los acusados desacataron una orden de la comisión de congresistas para que en una reunión con ella hicieron los descargos que estimaron convenientes, alegando Zelaya que cumplía órdenes del director general de Migración, Efraín Gutiérrez.

Por su parte, el jefe de la Tercera Región de la Fuerza de Seguridad Pública, mayor Carlos Humberto Del Cid, se negó a colaborar con los diputados investigadores, mientras que el comandante del Doceavo Batallón de Infantería, coronel Mario Amaya Amaya, les dijo que por "órdenes superiores" Zelaya y sus secuaces no les darían información.

Según los diputados, Zelaya, Cardoza y Álvarez han dicho que podrían expulsar del país a los congresistas Ardón Fuentes y Pinto, "y con un poquito de apoyo al presidente Azcona".

La comisión investigadora del Congreso Nacional en su informe recomienda al presidente Azcona la destitución inmediata de Zelaya y solicita al jefe de las Fuerzas Armadas, general Humberto Regalado Hernández, que ordene a sus subalternos que en lo sucesivo se abstengan de entorpecer la investigación de hechos delictivos imputados a empleados o funcionarios del Estado.

Asimismo, que se requiera al director general de Migración para que comparezca ante la Comisión de Cumplimiento Constitucional y Derechos Humanos a explicar los motivos por qué ordenó a sus subalternos en Santa Rosa de Copán, su no comparecencia ante la comisión de diputados investigadores.

**LA TRIBUNA/5 DE JUNIO DE 1987**

# PRESIDENTE AZCONA REGRESA AL PAÍS

El Presidente de la República José Azcona Hoyo saluda al bajar la escalinata del avión, ayer, después de una gira de 12 días fuera del país, periodo durante el cual visitó la Corte Internacional de Justicia de La Haya, Holanda e Israel. Atrás del mandatario aparece el jefe de las Fuerzas Armadas, general Humberto Hernández. Inf.Pág.53. (Foto Efraín Salgado).

**EL HERALDO/5 DE JUNIO DE 1987**

## *REGRESÓ EL PRESIDENTE AL PAÍS*

El presidente José Azcona Hoyo y su comitiva ingresaron ayer a las cinco de la tarde a Tegucigalpa, donde fueron recibidos con muestra de alegría por miles de sus simpatizantes, la mayoría empleados públicos.

En la recepción que tributaron al presidente Azcona estaba su gabinete de Gobierno, miembros de la Corte Suprema de Justicia, una delegación del Congreso Nacional y la mayoría de los integrantes del Consejo Superior de las Fuerzas Armadas (COSUFFAA).

El presidente José Azcona Hoyo regresaba de una gira de 14 días que lo llevó primero por Holanda y finalmente en visita oficial al estado de Israel, donde fue huésped del presidente de aquella nación, Jaime Herzog.

Azcona Hoyo, acompañado de su esposa Miriam de Azcona; el designado Jaime Rosenthal y el jefe de las Fuerzas Armadas, general Humberto Regalado Hernández, también con sus esposas, habían partido del país el pasado 24 de mayo.

Como es natural en estos eventos, las instalaciones civiles del aeropuerto Toncontín fueron objeto de medidas de seguridad especiales, a cargo de efectivos "cobras".

El equipo que tenía a su cargo la recepción de Azcona Hoyo estaba encabezado por el presidente constitucional en funciones, José Pineda Gómez quien estuvo en el puesto hasta la tarde de ayer.

El presidente se vio en mejores condiciones físicas, de acuerdo a los presentes, y evidenciaba una recuperación en su estado, luego de partir tras resolver una serie de conflictos gremiales.

En su gira por Israel el mandatario suscribió varios acuerdos con el gobierno hebreo, como asistencia en turismo, mejoramiento de la agro-industria hondureña y cooperación en el campo de salud.

Los responsables de la Oficina de Prensa de la Casa Presidencial y el secretario privado del presidente Azcona, William Hall Rivera, anunciaron que el mandatario ofrecerá una conferencia de prensa esta tarde a las cuatro en punto para informar sobre los resultados de su viaje, así como de los últimos sucesos internos e internacionales que afectan la nación.

Una vez que Azcona cumplió con dichos compromisos protocolarios, se dirigió a su residencia particular, ya que tiene previsto incorporarse a las labores de Estado esta misma mañana.

Tanto el presidente como su comitiva ingresaron al país en un vuelo comercial de la línea aérea nacional.

**El presidente Azcona cuando era recibido a su regreso de la gira por Holanda e Israel. (Foto Efraín Salgado)**

**EL HERALDO/5 DE JUNIO DE 1987**

## AZCONA DECIDIRÁ POSICIÓN LIBERAL SOBRE ELECCIONES

Los liberales lograron ayer ponerse de acuerdo en que las elecciones municipales, jurídicamente no pueden celebrarse, pero dejaron pendiente la discusión de lo político, que es a lo que se oponen algunos movimientos internos pues por sus conveniencias personales creen que son necesarios los comicios.

Otro de los acuerdos que lograron en una reunión vespertina, los liberales, es que consultarán al presidente de la República, José Azcona Hoyo cuál es su posición sobre la contienda electoral, lo cual se hará la próxima semana.

Carlos Montoya, de quien se dice es el que maneja un mayor grupo de diputados en el Congreso Nacional, dijo al terminar la reunión que él sigue creyendo que es difícil, a estas alturas, ir a elecciones porque los términos fijados ya se vencieron.

A pesar de eso, el político manifestó que, si el Poder Ejecutivo recomienda que es necesario ir a los comicios, al igual que las autoridades del liberalismo, su movimiento acatará tal decisión.

El criterio de Montoya sobre la posición de los diputados es que los grupos están divididos, pero a pesar de ello "la marea alta" que se había presentado sobre el delicado tema se ha calmado un poco.

Más adelante, el presidente del Congreso Nacional aseguró que ese organismo no tiene nada que "ver en el entierro". Lo que sucede es que se nos ha puesto a cargar el muerto de la fiesta sin tener nada que ver, todo porque el Tribunal Nacional de Elecciones no pudo declarar desiertas las elecciones al enterarse que los plazos fijados vencieron.

Los nacionalistas dijeron ayer también que consultarán a Azcona Hoyo sobre el tema de las elecciones, pues, según Callejas Romero, en pláticas sostenidas hace algún tiempo el Presidente habló de que era necesario suspender las elecciones municipales.

La bancada liberal no especificó cuándo será dicha reunión con el mandatario, pero se cree que será la próxima semana. "No hay mucho tiempo para alargar el asunto pues el enemigo crece cada día", dijo un parlamentario.

A la reunión de ayer asistieron uno que otro de los representantes liberales del grupo de Carlos Flores, entre ellos el diputado de La Paz, Rolando Melghen Bonilla.

**EL HERALDO/5 DE JUNIO DE 1987**

## HOY INFORMARÁ AZCONA RESULTADOS DE SU VIAJE

***El presidente José Azcona retornó ayer al país después de haber visitado Holanda e Israel, donde fue suscrito un convenio en materia turística y de incremento de asistencia en el campo agrícola.*

El mandatario partió del país el pasado 24 de mayo con rumbo a Holanda, donde efectuó una visita privada de tres días que incluyó su presencia en la Corte Internacional de Justicia, con sede en La Haya.

Posteriormente se trasladó a Israel donde sostuvo pláticas con el presidente de ese país, Jaime Herzog, lo mismo que con el primer ministro, el canciller y compareció ante el Parlamento.

El mandatario arribó al aeropuerto internacional Toncontín a las 4:45 de la tarde en un vuelo comercial y fue recibido por los miembros de su Gabinete de Gobierno, encabezados por el designado José Pineda Gómez, que en su ausencia ocupó la titularidad del Ejecutivo.

El recibimiento del mandatario se llevó a cabo en forma sencilla y él se limitó al estrechamiento de manos de sus colaboradores más cercanos para luego abordar su vehículo oficial que lo condujo a su residencia privada.

Ningún acto protocolario se efectuó en el aeropuerto como se acostumbra en todos los países para recibir a sus presidentes, cuando éstos regresan de una visita oficial.

Azcona ofrecerá hoy una conferencia de prensa a las 4:00 de la tarde para informar sobre sus visitas al viejo mundo y referirse a las críticas de que ha sido objeto su gobierno por parte del presidente del Congreso Nacional, Carlos Montoya.

El jefe de Información de la Casa Presidencial, Marco Tulio Romero, dijo que el mandatario sería informado detalladamente de la situación que vivió el país durante los días que él estuvo fuera del país, especialmente de las críticas lanzadas por Montoya.

Momentos en que el presidente José Azcona desciende de la nave que lo trasladó a Tegucigalpa. (Foto de Aquiles Andino).

El mandatario hondureño saluda muy sonriente tras su arribo al aeropuerto Toncontín. (Foto de Aquiles Andino).

Uno a uno, el presidente José Azcona fue estrechando las manos de los altos oficiales de las Fuerzas Armadas. (Foto de Aquiles Andino).

**LA TRIBUNA/5 DE JUNIO DE 1987**

## UN MILLÓN DE LEMPIRAS ENTREGARÁ AZCONA A TRABAJADORES DE LA TELA

Los trabajadores de la trasnacional Tela Railroad Company recibirán en los próximos días un millón de lempiras que les fuera ofrecido por el gobierno para que pusieran fin a la huelga que decretaron hace algunos meses.

El presidente del Sindicato Luis Yánez, dijo ayer que ya presentaron a la oficina administrativa de la Casa Presidencial los documentos finales para que se les entregue el dinero, el cual "será recibido posteriormente por los trabajadores".

La política de otorgar subsidios a los trabajadores, para que vuelvan a sus labores, no es nueva en el gobierno del presidente José Azcona Hoyo quien sostuvo así también huelgas similares en la empresa minera de El Mochito y la Refinería TEXACO.

En este negocio transnacional, el presidente Azcona prometió entregar 60 mil lempiras a cuatro empleados de confianza que habían sido despedidos y por los cuales el Sindicato de la Refinería estuvo a punto de paralizar sus labores.

En el caso de la compañía minera Rosario, Azcona se comprometió a entregar dos millones de lempiras a sus trabajadores, pero, al sobrevenir el cierre de operaciones de la empresa, la promesa no fue cumplida y los extrabajadores no hallan qué camino seguir para lograr se les cancele lo prometido.

**EL HERALDO/5 DE JUNIO DE 1987**

## Lisandro Quesada:
# JEFE MIGRACIÓN OFENDE AL PRESIDENTE AZCONA

La nacionalidad del presidente de la República no se puede poner en duda porque ya se ha demostrado que es hondureño, declaró ayer el secretario de Prensa, Lisandro Quesada.

El vocero oficial rechazó afirmaciones del delegado de Migración en Santa Rosa de Copán, José Alberto Zelaya, quien habría dicho que con un poco más de apoyo de las autoridades militares podría expulsar del país al presidente José Azcona porque es español.

"El asunto de la nacionalidad del mandatario, expresó, quedó claramente establecido en su debido momento y por las autoridades correspondientes, además de miles y miles de testigos oculares. El presidente Azcona es ceibeño por ombligo y eso no puede ponerse más en duda".

Quesada dijo que es un abuso de ese funcionario de Migración pretender poner en tela de juicio la nacionalidad del gobernante, cuando eso ya es cosa juzgada, probada con testigos y documentos.

Indicó que la actitud ofensiva hacia el mandatario observada por el delegado de Migración en Santa Rosa de Copán será evaluada por el propio Congreso Nacional y los responsables del Ministerio de Gobernación y Justicia, para decidir el futuro de ese empleado.

**LA TRIBUNA/6 DE JUNIO DE 1987**

# NUEVA GIRA DE HABIB ESTE FIN DE SEMANA

El embajador volante de la Casa Blanca para Centroamérica, Phillip Habib, inicia este fin de semana una gira por la región, considerada peligrosa en los círculos legislativos de Washington, con la finalidad de entrevistarse con los presidentes de las cuatro naciones democráticas y explorar los alcances del "Plan Arias".

La embajada de Estados Unidos en Tegucigalpa confirmó ayer el viaje de Habib al istmo, aunque utilizó para ello su lenguaje diplomático al señalar que el embajador especial "estará viajando por el área", de acuerdo a su vocero de prensa Charles Barclay.

Siguiendo la tradición de los voceros norteamericanos, el funcionario se abstuvo de precisar los lugares y la fecha en que estará Habib en Centroamérica y Tegucigalpa especialmente.

El funcionario de prensa sólo confirmó que "evidentemente Habib se entrevistará con el presidente José Azcona Hoyo", indicando que "es probable" que hablen sobre el "Plan Arias", iniciativa de paz costarricense para encontrar una salida negociada al conflicto regional.

En Washington se informó que el representante Jack Kemp, de la línea conservadora y aspirante presidencial norteamericano, se opuso al viaje de Habib al área por considerarlo que "podría costarnos la seguridad e independencia futura de la zona".

El representante considera que los compromisos que pueda asumir Habib con los presidentes del área estarían basados en el "Plan Arias" que considera contiene principios "erróneos".

El "Plan Arias" se convirtió en el principal documento de la negociación diplomática en la región y aunque oficialmente se hable del documento de Contadora, prácticamente la iniciativa costarricense desplazó a la primera, al obtener apoyo de la totalidad de los gobiernos europeos que visitó hace semanas.

**EL HERALDO/6 DE JUNIO DE 1987**

# EDITORIAL
## DIRECTORIO DE LA "CONTRA" SE REÚNE EN TEGUCIGALPA

Mientras la oficina de Relaciones Públicas de las Fuerzas Armadas se enreda en contradicciones al informar sobre un grave incidente fronterizo, protagonizado por un destacamento "contra" al agredir tropas hondureñas, los dirigentes de esa fuerza mercenaria se reúnen tranquilamente en nuestra capital, a vista y paciencia de las autoridades del Estado.

Los medios de comunicación social del país informaron desde el 3 del presente mes el enfrentamiento entre "contras" y soldados hondureños, como consecuencia de un ataque de los primeros a un puesto de observación de nuestro ejército en El Aburrido, cerca de Español Grande, jurisdicción de Danlí.

Las primeras informaciones indicaron que, en el encuentro, murieron siete "contras" y otros seis quedaron heridos, de un total de 30 mercenarios que regresaban derrotados de Nicaragua y trataron, con el ataque, de provocar un incidente internacional entre el ejército de Honduras y el de Nicaragua.

Más tarde, la oficina de Relaciones Públicas de las Fuerzas Armadas reconoció el incidente -sin darle visos de gravedad- indicando que hubo "un nutrido cambio de disparos" y "un número indeterminado de detenidos", alegando que la no precisión del número obedecía a las malas comunicaciones.

Nada se dijo oficialmente sobre el extremo de la destrucción de las viviendas de dos hondureños residentes en Español Grande, hecha por los contras. Tampoco se confirmó el reingreso a Honduras de 500 contras, vapuleados por el ejército nicaragüense.

Ante el asombro del público, los mismos portavoces de las Fuerzas Armadas desmintieron ayer sus propias aseveraciones. Este desmentido o retractación se hizo precisamente el mismo día en que empezaba la anunciada reunión en Tegucigalpa del directorio político-militar de la "contra".

La última versión de la oficina de Relaciones Públicas de las Fuerzas Armadas es la de que el 30 de mayo varios soldados hondureños escucharon cerca de El Aburrido la detonación de una mina caza-bobos y acudieron al lugar para cerciorarse de lo ocurrido.

De acuerdo con esta versión caza-bobos, "a prudencial distancia se encontró con una patrulla antisandinista, y parece que en la confusión se intercambiaron disparos, pero luego los "contras" se replegaron a territorio nicaragüense, y no hubo ni muertos ni heridos ni capturados". Amén.

El presidente de la República, ingeniero José Simón Azcona del Hoyo, repitió recientemente en Israel su viejo estribillo: Honduras cumple con la ley internacional y no da apoyo a los "contras", además de que jamás permitirá que desde nuestro territorio se agreda a otro país. Eso sí, Honduras tampoco se convertirá en gendarme o guardaespaldas del gobierno sandinista. Amén.

Como siempre, se confunde el sebo con la manteca. Una cosa es ser guardaespaldas, y otras es ser garante de la seguridad. La soberanía y la integridad territorial de Honduras. Hay en eso una enorme diferencia que no parece ser comprendida por las autoridades hondureñas que, de esta manera, se colocan al margen de la ley internacional y de la ley interna que, dicho sea de paso, también asume los compromisos internacionales.

Los dirigentes de la "contra", que todavía estaban reuniéndose ayer en Tegucigalpa, pese a la desinformación de que no les concedieron permiso para ingresar a nuestro país, deberían ser capturados para que respondan por ese ataque de sus tropas mercenarias a las tropas hondureñas, y por la destrucción de viviendas de ciudadanos hondureños.

La reunión del directorio de la "contra" en Tegucigalpa es una violación de la ley internacional, y califica desde ya -debilitando la política de Honduras- la posición del gobierno en la próxima reunión de presidentes de Centroamérica, en Guatemala, donde se tratará lo concerniente al Plan Arias.

El gobierno de Costa Rica, por ejemplo, no permitió que esa reunión del directorio de la "contra" se hiciera en San José o en cualquiera otra parte de su territorio porque entiende la implicación de esa autorización y sus consecuencias, no sólo en lo relacionado con la Cumbre de Guatemala, sino con el juicio entablado por Nicaragua en la Corte Internacional de Justicia.

Aquí, sin embargo, se prosigue con un ingenuo como pernicioso dualismo. Y luego se dan golpes de pecho y se rasgan las vestiduras protestando inocencia, exigiendo justicia, y demandando el respeto de la nación y de la comunidad internacional.

**TIEMPO/6 DE JUNIO DE 1987**

## VISITA DE AZCONA A ISRAEL, EN GRÁFICAS

LA PRENSA ofrece a sus lectores esta reseña gráfica de algunos acontecimientos protagonizados por el presidente José Azcona Hoyo en la gira que, del 27 de mayo al 2 de junio realizó a la República de Israel acompañado de su esposa y altos funcionarios civiles y militares de su Administración, y durante la cual, además de reunirse con los máximos dirigentes del gobierno judío, visitó varios lugares bíblicos, estrechamente vinculados a la historia del cristianismo.

**Teddy Kallek, alcalde de Jerusalén, entregó a Azcona Hoyo un presente en nombre de la ciudad. Al fondo aparece el embajador hondureño en aquel país, Moisés Sterkman (Foto de Aulberto Salinas).**

Azcona Hoyo fue recibido en el aeropuerto "Ben Gurión" de Tel Aviv por el Ministro israelí de Relaciones Exteriores, Shimón Peres. Aquí aparecen ambos, junto a sus esposas durante la ceremonia oficial de recibimiento, realizada en el "Jardín de las Rosas" (Foto de Aulberto Salinas).

Chaim Herzog y José Azcona Hoyo, presidentes de Israel y Honduras, durante la reunión en el hotel (Foto de Aulberto Salinas).

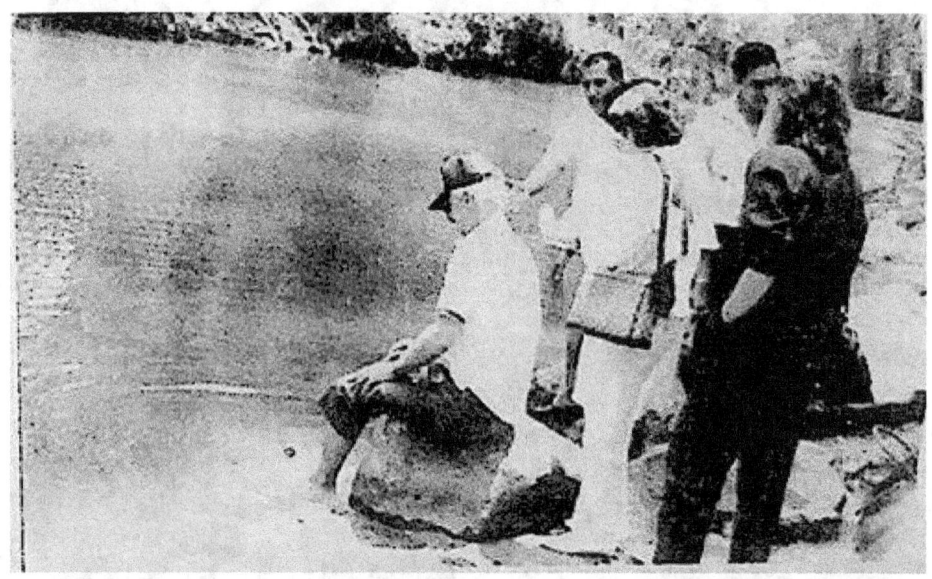

Durante su visita al Valle del Jordán, el presidente hondureño se lavó los pies en ese histórico río, en atención a la tradición de la historia cristiana. (Foto de Aulberto Salinas).

El presidente del estado de Israel, Chaim Herzog, la hija del gobernante hondureño, su esposa, Azcona Hoyo, la esposa del ministro de Relaciones Exteriores de Israel, y éste. (Foto de Aulberto Salinas).

El presidente hondureño, el canciller Carlos López Contreras, el designado Jaime Rosenthal, el jefe de las Fuerzas Armadas, general Humberto Regalado Hernández, en una reunión de trabajo con altos personeros del gobierno israelí. (Foto de Aulberto Salinas).

**Al visitar el parlamento Israelí o "Kneset", Azcona Hoyo pasó revista a la Guardia de Honor de ese organismo estatal (Foto de Aulberto Salinas).**

Como parte de su gira, Azcona Hoyo asistió a la Ceremonia de Dedicación de un Bosque a Honduras, de su parte, el día 1 de junio en Tzalafan. (Foto de Aulberto Salinas).

**LA PRENSA/8 DE JUNIO DE 1987**

# ADQUIRIREMOS KFIR SI NO NOS VENDEN LOS F-5

***\*\*\*El mandatario hondureño firmó ayer un convenio sobre tecnología y turismo***

JERUSALEN, junio 1 (UPI). -El presidente de Honduras, José Azcona, firmó hoy un convenio con Israel sobre tecnología y turismo, y anunció que su gobierno podría adquirir aviones KFIR israelíes si el Congreso de Estados Unidos no aprueba la venta de aviones F-5 a Tegucigalpa.

Un vocero del Ministerio de Relaciones Exteriores dijo que el convenio sobre tecnología cubre en gran parte un acuerdo de Israel para ayudar a Honduras en el área de agricultura, en particular los métodos de irrigación.

Azcona recorrió hoy la planta de la industria aeronáutica de Israel en Tel Aviv, y dijo en conferencia de prensa que si no se llega a un acuerdo con Estados Unidos para la compra por parte de Honduras de los aviones F-5, el gobierno hondureño consideraría la compra de cazas KFIR israelíes.

El vocero del Ministerio de Relaciones Exteriores, Ehud Gol, dijo por su parte, que las ventas de armas no formaban parte de la agenda de Azcona en su visita de siete días.

Aunque Honduras e Israel han mantenido vínculos diplomáticos por muchos años, Honduras abrió su primera embajada en Tel Aviv en noviembre de 1985. Israel abrió su embajada en Honduras en abril de 1986.

## Tiempo/2 de junio de 1987

## "NO ATACAREMOS A NICARAGUA"

JERUSALEN, 1 JUNIO (EFE). -Honduras "no atacará a Nicaragua, ni permitirá que otros lo hagan", pero tampoco es "la niñera de ese país", dijo hoy en Jerusalén, José Azcona Hoyo, presidente hondureño al término de una visita oficial de siete días a Israel.

Azcona que fue huésped del presidente Jaime Herzog, señaló que en este momento "no hay guerrilleros antisandinistas en territorio hondureño". Los "contras" están en Nicaragua y son un "problema interno de ese país", agregó.

Honduras mantiene relaciones diplomáticas con Managua, y "hasta les vendemos un bien estratégico como la energía eléctrica", afirmó el presidente, que se entrevistó con Isaac Shamir y Simón Peres, líderes del gobierno de "Unión Nacional".

A una pregunta de EFE, Azcona desmintió que hayan existido contactos entre altos oficiales de las Fuerzas Armadas de Honduras y sandinistas sobre los "contras".

El mandatario hondureño señaló que abriga esperanzas de hallar una salida política al conflicto en Centroamérica en la próxima reunión "cumbre" de los jefes de Estado de la región, en Esquipulas, Guatemala, "aunque lo que existe es una crisis nicaragüense, no de toda la zona", agregó.

Azcona visitó hoy las instalaciones de la industria aeronáutica israelí (IAI) en Lod, cerca de Tel Aviv.

Si el Congreso norteamericano no autoriza la venta de cazas de combate "F-5" a Honduras, "estudiaremos" la posibilidad de adquirir los aviones "KFIR", construidos por la IAI, dijo Azcona.

El huésped hondureño desmintió que su país oficie de intermedio para el traspaso de armas de Israel a los "contras" en Nicaragua.

Carlos López Contreras, ministro de Relaciones Exteriores de Honduras, y su colega israelí, Simón Peres, suscribieron hoy un convenio sobre turismo.

Según Azcona, Honduras podría adquirir de Israel equipos industriales, y exportar al Estado judío madera, café y piedras preciosas.

El mandatario hondureño asistió esta tarde al encuentro entre las selecciones nacionales de fútbol de Israel y Brasil, en el estadio de Ramat Gan, cerca de Tel Aviv.

José Azcona Hoyo

**LA PRENSA/2 DE JUNIO DE 1987**

## HONDURAS TIENE LA ALTERNATIVA DE COMPRAR LA "KFIR": AZCONA

JERUSALEN, 1 (AP). -El presidente de Honduras, José Azcona Hoyo, declaró hoy que su país comprará aviones de guerra KFIR de manufactura israelí si el gobierno de Estados Unidos, no recibe autorización del Congreso para vender a esa nación centroamericana caza-bombarderos F-5E.

"Honduras tiene la alternativa de comprar los KFIR", dijo Azcona Hoyo, en una conferencia de prensa.

Afirmó que Honduras está en proceso de reemplazar su flota de aviones franceses super Mystere, comprados hace 15 años porque "se han vuelto obsoletos".

La administración del presidente Ronald Reagan, ha ofrecido términos financieros favorables para la venta de los caza-bombarderos F-5E, pero la transacción encara la resistencia de algunos sectores del Congreso.

Azcona Hoyo, que es el primer presidente hondureño que visita Israel, dijo que su gobierno también consideraría la compra de otras armas de fabricación israelí, pero rehusó dar detalles.

Azcona Hoyo, y el jefe del Estado mayor de las Fuerzas Armadas, general de brigada Humberto Regalado Hernández, visitaron hoy las instalaciones de industrias aeronáuticas de Israel, la mayor compañía israelí de fabricación de armas.

"Hay una posibilidad de comprar algunas armas en Israel, pero ese no fue el propósito de esta visita" dijo Azcona Hoyo.

Esta mañana, el vicepresidente hondureño Jaime Rosenthal Oliva, que forma parte de la comitiva presidencial, también expresó el interés de su país en la adquisición de equipos bélicos en Israel.

"Por cierto hemos comprado armas a Israel, en el pasado y podemos reiniciar esos tratos en el futuro inmediato", dijo Rosenthal.

"Israel ha construido la Fuerza Aérea de Honduras, y lo ha hecho bien. Creemos que en ese sentido hemos desarrollado buenas relaciones".

El vicepresidente no específico el tipo de armas en las que Honduras estaba interesada pero un periodista de Radio Israel, dijo que el jefe del estado mayor de las Fuerzas Armadas estuvo aquí hace dos meses y pareció interesado en misiles de manufactura israelí.

## LA PRENSA/2 DE JUNIO DE 1987

*Congresistas furiosos por previos "relatos inexactos":*
## ELLIOT ABRAMS SERÁ SOMETIDO HOY A DURO INTERROGATORIO SOBRE EL "IRÁN-CONTRAS"

El ex-embajador norteamericano en Honduras John Ferch dijo a los congresistas que Abrams presionó al presidente José Azcona, para que exagerara la peligrosidad de los sandinistas.

WASHINGTON, JUN (EFE). - Cuando el secretario adjunto de estado para asuntos latinoamericanos, Elliott Abrams, se siente hoy martes en el banquillo de los testigos, los miembros del comité del Congreso que investigan el escándalo "Irán-contras" le tendrán preparada una dura jornada.

Fuentes solventes aseguran que varios de los congresistas del comité están "furiosos" por los "relatos inexactos" que Abrams ha dado a distintos comités del congreso sobre su participación en la recaudación de fondos y ayuda a los "contras".

"Si Elliott Abrams me dice que son las tres en punto, miraré mi reloj", ha declarado el congresista demócrata Peter Kostmayer. "Ha dado testimonios equivocados tantas veces que le miraremos todas sus declaraciones con lupa", agregó.

### PEDIRÍAN SU RENUNCIA

Por su parte, el senador demócrata Jeff Bingaman está preparando una lista de "relatos inexactos" y "equivocaciones" de Abrams e, incluso, se asegura que pedirá su renuncia durante el interrogatorio de la sesión de la tarde.

La revista "Us News And World Report", informó esta semana que el ex-embajador de EEUU en Honduras John Ferch, -cesado en junio pasado- se enfadó tanto por las declaraciones de Abrams a un comité de la cámara baja el 19 de mayo que llamó personalmente, a los congresistas para replicar su versión.

El embajador dijo que Abrams presionó el presidente de HONDURAS, JOSE AZCONA, para que exagerara el peligro de las incursiones de los sandinistas e influir así al Congreso en favor de los "contras".

### MUCHAS MENTIRAS

En octubre pasado, Abrams afirmó al Comité de Inteligencia del Senado que no había participado en la recaudación de fondos para los antisandinistas y el 26 de febrero aseguró a la comisión Tower que "no estaba envuelto, ni sabía nada de la red secreta de ayuda a los contras", que dirigía el teniente coronel Oliver North, entonces funcionario de la Casa Blanca.

Sin embargo, la semana pasada el ex-embajador de EEUU en Costa Rica Lewis Tambs declaró ante el comité del caso "Irán-contras" que en septiembre de 1985 discutió con Abrams la construcción de un aeropuerto secreto en Costa Rica.

El presidente del comité investigador senatorial, Daniel Incuyé, dijo a Tambs que Abrams declaró que no recordaba ese encuentro, "Me sorprende realmente", contestó el embajador.

Además, Abrams ha tenido que reconocer al final que solicitó al sultán de Brunéi 10 millones de dólares para los "contras", aunque este dinero nunca llegó a los antisandinistas porque le dio al sultán un número equivocado de cuenta bancaria.

**EL HERALDO/2 DE JUNIO DE 1987**

### Entrevista Shamir-Azcona

El presidente de Honduras, José Azcona Hoyo, conversa con el primer ministro de Israel, Yitzhak Shamir, cuando ellos se reunieron en el apartamento privado del dirigente israelí en Jerusalén.

**LA TRIBUNA/2 DE JUNIO DE 1987**

*En conferencia de prensa*
## AZCONA INFORMARÁ HOY SOBRE SU VISITA A ISRAEL Y OTROS TEMAS

El presidente José Azcona Hoyo ofrecerá hoy una conferencia de prensa en la que informará sobre los resultados de su visita a Holanda e Israel y se referirá a las presiones de que viene siendo objeto para reestructurar su Gabinete de Gobierno.

Según lo informado por sus colaboradores, el presidente Azcona se encuentra ya al corriente de los sucesos ocurridos en el país durante su ausencia y podrá emitir sus opiniones sobre distintos aspectos de la vida nacional.

Aparte del informe que brinde el gobernante en relación a su gira por Holanda e Israel, se espera que también se refiera a las declaraciones del presidente del Congreso Nacional, Carlos Montoya, en el sentido de que es urgente un cambio de ministros.

Igualmente, Azcona ofrecerá su versión sobre el anunciado acuerdo que habrían alcanzado los movimientos Azconista y Callejista para posponer la celebración de las elecciones municipales y nombrar "de dedo" a las corporaciones edilicias.

Los suscriptores del Pacto de Unidad Nacional, Carlos Montoya y Rafael Leonardo Callejas, dijeron la semana anterior que corresponderá en definitiva al presidente Azcona decidir sobre la celebración de comicios municipales, especialmente porque se necesitan unos 20 millones de lempiras para su realización.

Fuentes gubernamentales anticiparon el fin de semana a EL HERALDO que el presidente no aceptará tal responsabilidad, sino que dejará al Congreso Nacional la decisión final sobre dichos comicios.

**EL HERALDO/8 DE JUNIO DE 1987**

## AZCONA INAUGURARÁ CONGRESO DE ENTES PRIVADOS DE DESARROLLO

El presidente José Azcona inaugurará el próximo mes el Primer Congreso sobre la Contribución de las Organizaciones Privadas de Desarrollo al Crecimiento de Honduras, al final del cual se espera que surja un acuerdo entre el sector gubernamental y privado para centralizar y coordinar este tipo de acciones.

El evento iniciará el 3 de julio en el Hotel Plaza en Tegucigalpa y patrocinado por la Federación de Organizaciones Privadas de Desarrollo de Honduras (FOPRIDEH).

El congreso contará con la presencia de 100 organizaciones privadas de desarrollo de Honduras, cuatro federaciones de Centroamérica y el Caribe organismos de apoyo técnico y financiero e instituciones gubernamentales vinculadas al desarrollo.

Se ha previsto la participación de expertos en el campo del desarrollo tanto a nivel nacional como internacional, motivo por el que se considera que el congreso será altamente positivo para el país, informó FOPRIDEH.

Portavoces de FOPRIDEH indicaron que las organizaciones de desarrollo privado en Honduras surgieron desde hace 30 años y su labor es altamente positiva en favor de millares de hondureños, pero el gran problema es que este trabajo sin fines de lucro prácticamente ha sido desconocido y desvalorado por los grandes sectores de la población.

Por consiguiente, el congreso pretende dar a conocer toda la serie de proyectos que han ejecutado en el país las diferentes organizaciones, evaluar los programas y buscar un acercamiento entre estos entes y el sector oficial, a fin de delinear pautas y políticas a seguir y trabajar conjuntamente en función de la realidad socio-política de Honduras.

Ante la grave situación económica que padece el país es un hecho que tanto el sector gubernamental como las organizaciones privadas buscarán unificarse para que sus planes y proyectos tengan más impacto en la población necesitada de Honduras.

**LA TRIBUNA/8 DE JUNIO DE 1987**


*Según obreros:*
## POSITIVA LA GIRA DEL PRESIDENTE AZCONA H.

Como una buena medida para mejorar la imagen internacional de Honduras y buscarle solución a los grandes problemas económicos que atraviesa nuestro país, calificaron varios dirigentes obreros y campesinos la visita del presidente José Azcona a Holanda e Israel.

El vicepresidente de la Federación de Sindicatos de Trabajadores Libres de Honduras (FECESITLIH), Carlos Spilbury, manifestó que el pueblo hondureño espera que Azcona obtenga beneficios económicos de los países amigos que visita, y poder así mejorar la difícil situación que vive el actual gobierno.

Por su parte, el secretario de la Unión Nacional de Campesinos (UNC), Lucas Aguilera, expresó que es muy positivo que el gobierno Central se interese en dar a conocer la problemática nacional en el exterior, especialmente es países desarrollados que puedan contribuir a solventar la crisis financiera que atraviesa Honduras actualmente.

Asimismo, Antonio Ramón Cruz, secretario de Información y Prensa de la Central General de Trabajadores (CGT), dijo que la gira del mandatario hondureño por Israel y Holanda puede considerarse de antemano como positiva, ya que esto demuestra una vez más que nuestro país tiene las puertas abiertas en las naciones democráticas.

Agregó que lo mejor de la visita del presidente Azcona es que estamos dando a conocer una Honduras democrática, que todos debemos cuidar y mejorar para obtener beneficios que incrementen el desarrollo del país.

Al referirse al desenvolvimiento del presidente Azcona en Israel y Holanda los entrevistados manifestaron que ha sido muy acertado, tomando en cuenta los problemas de carácter político que tiene la región centroamericana, la cual hace más difícil la presentación de Honduras en el exterior.

**LA TRIBUNA/8 DE JUNIO DE 1987**

# BOSQUE DEDICADO A HONDURAS EN LA CAPITAL DE ISRAEL

En un acto significativo durante la visita que realizó el presidente Azcona a Israel, el mandatario plantó un pino en la zona boscosa cercana a la capital israelí, dedicada a Honduras. En el reportaje gráfico que ofrece LA PRENSA, se captan las distintas actividades que el dignatario realizó en aquel país. (Foto Aulberto Salinas). Información en las páginas 2 y 4.

**LA PRENSA/8 DE JUNIO DE 1987**

## HABIB Y AZCONA SE REÚNEN MAÑANA PARA ANALIZAR LA CRISIS REGIONAL

El negociador especial del presidente Reagan para Centroamérica, Phillip Habib, se reunirá mañana nuevamente con el presidente José Azcona Hoyo, para analizar la crisis regional a pocos días de la reunión que sostendrán los presidentes de los cinco países en Guatemala.

La nueva gira de Habib por la región ha sido cuestionada por legisladores de los Estados Unidos por considerar que no conviene reafirmar la presencia norteamericana en la región en momentos en que sus gobernantes se aprestan a discutir la paz del istmo.

La entrevista de mañana fue confirmada por el presidente Azcona, quien se limitó a decir que recibirá al negociador de la Administración Reagan "como lo hemos recibido otras veces".

Habib ha visitado varias veces la región centroamericana en misión especial, pero siempre ha obviado viajar a Nicaragua para reunirse con la dirigencia sandinista.

**EL HERALDO/9 DE JUNIO DE 1987**

### Revela Azcona:
# GOBIERNO NO PERMITIRÁ NUEVAS REUNIONES DE LA 'CONTRA' NICARAGÜENSE EN HONDURAS

*Por: Ramón Murillo Cantoral/Redactor de EL HERALDO*

*\*\*\*Asegura que no hará cambios en su Gabinete, a excepción del ministro de Gobernación, quien presentó su renuncia.*

*\*\*\*Dispuesto a firmar un Tratado de Paz Regional en Guatemala en base al Plan presentado por el presidente Arias.*

*\*\*\*Añade que no compete al presidente decidir sobre las elecciones municipales, pero que intervendrá para que se celebren.*

El presidente José Azcona Hoyo informó ayer, en conferencia de prensa, sobre los resultados de su reciente visita a Holanda e Israel y aprovechó la oportunidad para señalar que no es competencia del Poder Ejecutivo decidir si se celebrarán las elecciones municipales en el presente año. Azcona sostuvo además que, en lo sucesivo, el gobierno prohibirá la celebración de reuniones de la dirigencia antisandinista nicaragüense en el territorio nacional y que está dispuesto a firmar un Acuerdo de Paz para la Región Centroamericana en Ciudad Guatemala si por lo menos tres presidentes lo hacen.

Sobre su visita a Israel, el mandatario dio que suscribió convenios en las áreas de salud, educación y técnicas agrícolas, pero descartó que haya llegado a acuerdo alguno en materia de compra de armamento a esa nación. "Durante nuestra visita a la industria aeronáutica de Israel nos enteramos que está descontinuada la fabricación de los aviones KFIR, pero no hubo ningún compromiso ni llevábamos intenciones en ese sentido porque estamos esperando la resolución del Congreso de los Estados Unidos sobre los aviones F5-E", añadió el presidente.

Azcona destacó que en territorio holandés logró la concesión de una mayor ayuda económica para Honduras, ahora que ese gobierno ha decidido recortar su asistencia a Nicaragua y repartirla entre los demás países de la región.

### Elecciones municipales

Sobre el controvertido tema de las elecciones municipales, el jefe del Ejecutivo expresó que la decisión no compete al presidente de la República, sino que la decisión deben tomarla en conjunto las dirigencias de los partidos políticos y el Congreso Nacional.

"Los que han fallado en el proceso electoral han sido precisamente los partidos políticos y no me refiero solamente al Partido Liberal y al Partido Nacional sino a los cuatro partidos legalmente inscritos, en su conjunto", dijo Azcona, quien leyó algunos artículos de la Ley Electoral para reafirmar su criterio.

En particular, se refirió al artículo 19, inciso h que determina que los partidos políticos deben celebrar elecciones internas seis meses antes de la convocatoria que debe hacer el Tribunal Nacional de Elecciones.

Según Azcona, ninguno de los partidos cumplió con la ley y sus dirigentes tratan ahora de justificarse "al culpar al Poder Ejecutivo por sus propios errores cuando fueron ellos los que no cumplieron con la ley".

El presidente aseveró que no hay planteado ningún conflicto con el Poder Legislativo, con respecto a las elecciones municipales, e insistió en que fueron las dirigencias de los partidos las que ignoraron la ley al no convocar a comicios internos.

A su juicio, las elecciones municipales únicamente pueden celebrarse si se reforma la ley y ello es competencia del Poder Legislativo.

"Si no hay reformas a la ley, el TNE tendrá la obligación de declarar desiertas esas elecciones y en ello el Poder Ejecutivo no tiene absolutamente nada que ver, como no sea proveer los fondos necesarios para su celebración", apuntó Azcona.

Más adelante, dijo que la celebración de esas elecciones exigiría una suma de diez millones de lempiras, pero insistió en que dependerá del Congreso y los partidos políticos la realización de tales comicios.

El gobernante prometió que solicitará una reunión con la Comisión Política del Partido Liberal para estudiar la posibilidad de que esa agrupación celebre elecciones internas a la mayor brevedad posible a fin de determinar si posteriormente pueden llevarse a cabo los comicios municipales.

## No a reuniones de la contra

En relación a la presencia de los contras nicaragüenses en el territorio nacional, Azcona cree que la mayoría de ellos "están peleando en Nicaragua" y aseveró que el propio presidente de ese país, Daniel Ortega, ha reconocido que en los últimos días se infiltraron 2,500 contras en territorio nicaragüense.

El presidente negó que la semana anterior se hayan producido choques entre las Fuerzas Armadas y los contras e insistió en que su gobierno está procurando involucrarse lo menos posible en el conflicto interno de aquel país.

"Siguiendo esa línea de conducta, creímos que era conveniente no permitir que en el territorio nacional se lleven a cabo reuniones de los dirigentes contras como una que iba a celebrarse la semana anterior", añadió.

Sin embargo, contradijo su anterior afirmación al anunciar que permitirá una reunión de los dirigentes misquitos nicaragüenses que buscarán unificarse para combatir al gobierno sandinista. Esta reunión se llevará a cabo en territorio hondureño.

Azcona señaló que no puede hablarse de un distanciamiento entre las Fuerzas Armadas y los contras, porque "nunca ha habido una relación directa entre ambas instituciones".

## Dispuesto a firmar Tratado

El mandatario sostuvo que la contra debe ser ayudada para buscar una salida política al problema interno de Nicaragua porque considera que el gobierno de ese país no va a buscar esa salida política por sí solo.

Sin embargo, aseguró que esa posición no producirá ningún efecto en la reunión que sostendrán los presidentes centroamericanos en Guatemala a fines del presente mes.

"Hemos dicho que vamos a ir a Guatemala con el corazón y el espíritu abiertos y que no vamos a ser obstáculos para que se llegue a un acuerdo. El Plan de Paz del presidente Arias de Costa Rica contempla precisamente lo que nosotros hemos dicho siempre: Que "en Nicaragua debe haber una salida política y que el gobierno sandinista tiene que abrirse políticamente para que no haya ni contras ni refugiados nicaragüenses en Honduras ni exilados políticos", subrayó.

Azcona sostuvo que está de acuerdo totalmente con el Plan Arias y que, si tres presidentes de la región lo firman, Honduras también lo suscribirá.

Sobre el mismo tema, aseveró que no hay contradicción entre el Plan Arias y la compra de los aviones F5-E a los Estados Unidos ya que "el ejército hondureño tiene muchos menos efectivos que los ejércitos de Guatemala, El Salvador y, por supuesto, Nicaragua y los 12 aviones no van a crear un desbalance porque los hondureños siempre vamos a estar en desventaja".

### No cambiará ministros

Azcona, quien ayer mismo se reunió con el secretario del Congreso Nacional, Óscar Melara Murillo, aseguró que este diputado le dijo que en la Cámara Legislativa nunca han hablado de presionar al presidente para que cambie a algunas figuras de su Gabinete de Gobierno.

"Melara me dijo que ellos sólo han presentado sugerencias y, como es el presidente quien quita y pone a sus colaboradores, no he pensado por ahora remover a nadie, salvo al ministro de Gobernación, Raúl Elvir Colindres, quien ha presentado su renuncia a partir de julio y por ello estamos buscando un candidato para sucederle", continuó.

Sobre la decisión del presidente del Congreso, Carlos Montoya, de revocarles el permiso a los diputados Jack Arévalo y William Hall Rivera, quienes ocupan sendos cargos en la Administración Pública, Azcona indicó que revisará detenidamente la Constitución de la República para determinar si el Congreso puede llamar nuevamente a esos diputados.

Añadió que si el Congreso tiene ese derecho y los diputados desean volver no habrá problemas, pero si Arévalo y Hall quieren quedarse en el Ejecutivo no los va a cancelar, sino que ambos podrían ir en amparo a la Corte Suprema de Justicia.

Azcona aclaró también en su reunión con Melara lo relativo al posible nombramiento de un grupo de asesores económicos para el Congreso Nacional, los cuales también ayudarían al Poder Ejecutivo en dicha materia.

"Nosotros aceptamos cualquier sugerencia venga de donde venga, pero no aceptamos imposiciones de ninguna parte. Conocemos nuestros derechos y atribuciones y en eso nadie nos va a presionar", concluyó.

**Conferencia de prensa ofrecida ayer por el Presidente de la República. A su lado aparece el secretario de prensa Lisandro Quezada.**

**EL HERALDO/9 DE JUNIO DE 1987**

*Opina Jacobo Hernández:*
## TNE OBLIGADO A DECLARAR DESIERTAS LAS ELECCIONES

El vice-presidente del Congreso Nacional, Jacobo Hernández, dijo ayer que al Tribunal Nacional de Elecciones (TNE) le corresponde declarar desiertas las elecciones municipales, y no al Poder Legislativo.

Hernández dijo que la Ley Electoral vigente es clara, cuando habla de que existen plazos para poder inscribir planillas, y en este caso estos se vencieron y por consiguiente le corresponde el TNE declarar desiertos los comicios.

Lo que sí le corresponde al Congreso Nacional, expresó el diputado nacionalista, es emitir una prórroga para los alcaldes, si es que así lo desean las corrientes internas de los partidos políticos.

La opinión del vice-presidente del Poder Legislativo coincide con la del mandatario hondureño, quien sostiene que el procedimiento para suspender los comicios, ahora que se han vencido los plazos, es que el Tribunal Nacional de Elecciones tome la decisión y luego el Congreso tome las medidas conducentes.

La posición del Partido Nacional es que no se reforme la Ley Electoral y de las Organizaciones Políticas en lo que se refiere a la práctica de los comicios internos de cada uno de los institutos políticos, al igual que la puesta en práctica del voto domiciliario.

De la posición del parlamentario se desprende que Azcona Hoyo, Carlos Montoya y Rafael Leonardo Callejas se han puesto de acuerdo en trasladar el problema de las municipalidades ante el máximo organismo electoral.

Hernández es miembro de la comisión que nombró el Congreso para que estudie la posición de los miembros del TNE, en la cual evaden su responsabilidad al no quererse pronunciar en forma oficial sobre el delicado tema de las elecciones.

**EL HERALDO/9 DE JUNIO DE 1987**

# GOBIERNO INDEMNIZARÁ A TEMÍSTOCLES

El gobierno tendrá que indemnizar al portorriqueño Temístocles Ramírez de Arellano porque sus derechos fueron atropellados en parte al ocupar tierras de su propiedad para entrenar soldados salvadoreños, según el presidente José Azcona Hoyo.

El mandatario señaló que habrá necesidad de indemnizar al empresario Ramírez, aunque no en la suma que está pidiendo, que son 18 millones de dólares, sino en una cantidad menor.

Azcona dijo que el caso se encuentra en estudio, pero que el gobierno de Honduras ha decidido reconocer los derechos del portorriqueño para evitar que el país sufra acciones posteriores de parte de los tribunales norteamericanos.

Ramírez de Arellano se queja de que el gobierno de Honduras ocupó sus propiedades para instalar el desaparecido Centro de Entrenamiento Militar CREM, en donde recibieron instrucción bélica varios contingentes de la Fuerza Armada Salvadoreña por parte de entrenadores norteamericanos.

## Muy drásticos los ganaderos

Por otra parte, Azcona dijo que el gobierno estudiará el reciente pronunciamiento de la Asociación de Ganaderos de Sula (AGAS), en que fijan un plazo de 30 días para que el Poder Público defina una política agraria.

Al respecto, calificó la posición de los ganaderos como "muy dura" y se quejó que todos los sectores le exigen al gobierno y lo ponen "contra la pared".

"El gobierno estudiará la petición de los ganaderos, pero desde ahora les recomiendo que no deben tomar posiciones drásticas e irreductibles porque tienen el apoyo oficial en la medida de lo posible", dijo finalmente.

**El Heraldo/9 de junio de 1987**

# DIPUTADOS TRANSPORTISTAS SE OPONEN AL COBRO DEL PEAJE, ASEGURA AZCONA

Algunos diputados al Congreso Nacional, que también son transportistas, son los que se están oponiendo al cobro del peaje en las carreteras del país, aseguró ayer el presidente José Azcona Hoyo.

Agregó que cuando se emitió el Decreto 85-84, durante el gobierno del presidente Roberto Suazo Córdova, nadie se opuso a que se cobrara el peaje porque se consideraba que habría más disponibilidad de fondos para reparar las carreteras del país.

"Ahora, los diputados transportistas dicen que no conviene la aplicación del Decreto para el Cobro del Peaje y por ello están palanqueando en el Congreso Nacional a fin de lograr que no se ponga en ejecución la medida", dijo Azcona sin identificar a esos parlamentarios.

Expresó que el Congreso tiene derecho a modificar las leyes, pero que también el Poder Ejecutivo deberá tomar su actitud porque se han hecho gastos importantes para cobrar el peaje.

El gobernante justificó el cobro al transporte en general al señalar que se ha procedido a la licitación de varias carreteras que serán construidas y mejoradas para evitar mayores gastos a los dueños de vehículos.

"Sería una lástima que por intereses de grupos o sectores no se aplicara el cobro del peaje porque dentro de cuatro o seis años no habrán recursos para mantener las carreteras en buen estado y los transportistas serán los perjudicados al final", dijo Azcona.

**EL HERALDO/9 DE JUNIO DE 1987**

## Presidente Azcona
# PARTIDOS POLÍTICOS RESPONSABLES DE QUE NO HAYA ELECCIONES MUNICIPALES

**TEGUCIGALPA.** - El presidente José Azcona declaró ayer que no es su competencia determinar si hay o no elecciones municipales y culpó a las dirigencias de los cuatro partidos políticos de ser los responsables de la situación que se vive, dado que han "ignorado" la Ley Electoral y de las Organizaciones Políticas.

El mandatario ofreció al mediodía una conferencia de prensa donde participaron periodistas nacionales y extranjeros que preguntaron sobre diversos temas, entre ellos los resultados de la gira que realizó por Holanda e Israel, los aviones F-5E, la presencia de la "contra", el llamado enfrentamiento entre poder legislativo y el ejecutivo y las elecciones municipales.

Sobre este tema, Azcona luego de citar el artículo 19 de la Ley Electoral y de las Organizaciones Políticas dijo que ha llegado a la conclusión que "quienes han fallado en el proceso electoral han sido los cuatro partidos políticos", porque no han practicado elecciones internas ni procedieron a inscribir sus planillas en el Tribunal Nacional de Elecciones como lo señala la ley.

El inciso "H" del artículo 19, recordó el presidente, apunta que "dentro de un plazo de seis meses antes de la convocatoria a las elecciones generales de autoridades supremas, los partidos políticos legalmente inscritos deberán celebrar elecciones internas mediante voto directo o secreto para la selección de sus candidatos".

Y el inciso "I" dice que "estas elecciones se realizarán por todos los partidos políticos legalmente inscritos bajo la dirección, control y supervisión del Tribunal Nacional de Elecciones debiendo éste hacer la convocatoria por lo menos 60 días de anticipación por cada partido previa solicitud de los mismos".

"Pero a la fecha en que el TNE convocó a las elecciones, ninguno de los partidos había celebrado elecciones internas", dijo Azcona Hoyo, quien agregó que posiblemente se debe a conveniencias políticas.

Azcona Hoyo planteó dos opciones para resolver el problema: Una de ellas es que se realicen los comicios en la fecha fijada o en fecha posterior y la otra que el TNE declare desierta la convocatoria.

Para que se realice el proceso en la fecha determinada por la ley electoral es necesario que "haya una reforma a esta ley", afirmó el mandatario.

Anunció que solicitará a la dirigencia del Consejo Central Ejecutivo del Partido Liberal el patrocinio de un encuentro con la comisión política de ese partido a fin de determinar si el partido en el poder apoya o no el desarrollo del proceso municipal.

Sostuvo el titular del ejecutivo que ese poder del Estado no pondría ningún obstáculo de tipo económico si el Congreso Nacional decide llevar a cabo las elecciones municipales que según la ley electoral deben ser el 20 de noviembre próximo.

"No hay ningún conflicto entre el poder legislativo y el ejecutivo en relación a las municipalidades porque, repito, ha habido ignorancia de la ley ya sea por conveniencia política o cálculo político", reiteró.

"Me llama la atención ahora que hay dirigentes de algunos, partidos políticos que quieren culpar al gobierno de la no realización de elecciones municipales cuando ellos tampoco han cumplido con la ley", comentó Azcona haciendo alusión al Partido de Innovación y Unidad (PINU), y al Partido Demócrata Cristiano de Honduras (PDCH).

"Nos someteremos a los dictados del Tribunal Nacional de Elecciones, cualquier resolución que se determine, la respetaremos", prometió el gobernante.

Reveló que en efecto hubo un acuerdo en abril de 1986, con algunos dirigentes del Partido Nacional en el sentido de estudiar la posibilidad de no practicar las elecciones municipales, pero "el fondo de la reunión en aquel entonces era para hacer conciencia en los diputados del

Partido Nacional para que nos apoyaran con un decreto mediante el cual precisábamos el destino que le daríamos a 28 millones de lempiras como utilidad de la factura petrolera", explicó.

**El presidente de la República, José Azcona Hoyo en compañía de su Secretario de Prensa, Lizandro Quezada ofreció ayer una conferencia de prensa.** *(Fotos Aulberto Salinas).*

**La Prensa/9 de junio de 1987**

Si firman otros tres países
## HONDURAS SUSCRIBIRÁ "PLAN ARIAS"

**TEGUCIGALPA.** - El ingeniero Azcona anunció ayer que Honduras firmará sin ninguna objeción, la iniciativa de paz del gobernante de Costa Rica, Oscar Arias Sánchez, toda vez que la firmen tres mandatarios más.

El plan de paz regional se discutirá en el marco de la cumbre de presidentes del área que tendrá lugar en la capital guatemalteca a finales del presente mes.

Azcona expresó que Honduras irá al encuentro con el corazón y espíritu abierto y no pondrá ningún obstáculo para que se llegue a un acuerdo satisfactorio.

"Si la firman tres presidentes, Honduras va a firmar", declaró el mandatario tras indicar que lo que contempla el "Plan Arias" es "lo que nosotros hemos dicho siempre, o sea que, en Nicaragua, debe haber una salida política porque el gobierno sandinista tiene que buscar la forma de abrirse políticamente y buscar la democracia para que no haya contra- revolucionarios ni en Nicaragua ni en Honduras".

El mandatario dijo que Nicaragua no debe considerar que la compra de doce aviones "F5" a Estados Unidos es una carrera armamentista.

La adquisición de los aparatos, que aún no se concierta, será para sustituir los cazabombarderos "supermystere" de fabricación francesa con modificaciones en Israel, que Honduras compró a comienzos de la década del 70, agregó Azcona.

Señaló que el país cuenta con un ejército modesto que es inferior a los de Guatemala, El Salvador y Nicaragua.

El resto de los países, a excepción de Costa Rica, tienen más efectivos, mucha más artillería y blindados que los que tiene Honduras, aunque adquiramos los aviones F5 siempre estaremos en desventaja2, explicó.

Azcona afirmó que Honduras solamente ha tenido "un poco de superioridad" en su fuerza aérea, la más poderosa de la región centroamericana que cuenta, además, con naves de combate "A-37" y pequeños aviones de entrenamiento que pueden ser artillados, como los "C-101" españoles, y "Tucano" brasileños".

La Fuerza Aérea de Honduras tiene además una flotilla de helicópteros "UH-1H" y "Bell-45" y dos aviones "Hércules C-130 A" para transporte de tropas.

Según explicó del presidente en Israel no se suscribió ningún compromiso para comprar aviones "K-Fir" u otro tipo de armamento porque estaba pendiente la decisión del senado de Estados Unidos de aprobar o no la entrega de los "F5" a Honduras.

LA PRENSA/9 DE JUNIO DE 1987

# MENOS INVOLUCRAMIENTO EN EL CONFLICTO "'NICA"

**TEGUCIGALPA.** - Debido a que el gobierno hondureño está procurando involucrarse menos en el conflicto interno de Nicaragua, se tomó la decisión el fin de semana, de no autorizar a la resistencia nicaragüense para realizar una asamblea en la capital.

El Presidente de la República, José Azcona Hoyo, explicó ayer en conferencia de prensa que el "Gobierno de Honduras está tratando de involucrarse menos en el conflicto interno de Nicaragua por eso creímos que no era conveniente la celebración de la asamblea de la contra".

Como se recordará, los corresponsales de agencias internacionales informaron la semana anterior que las Fuerzas Armadas habían ordenado a la dirigencia de la contra abandonar el país y les prohibieron una reunión que tenía como fin dirimir problemas internos en su organización.

"Pero no hubo una obligación forzada cuando las Fuerzas Armadas solicitaron su retiro", reveló el gobernante.

Sobre la realización de una reunión similar en el oriente del país por la dirigencia misquita, Azcona Hoyo dijo que posiblemente se lleve a cabo, pero no precisó si contará con la aprobación del gobierno. Hizo hincapié el presidente en su posición de que "la mayoría de la contra se encuentra peleando en territorio nicaragüense.

LA PRENSA/9 DE JUNIO DE 1987

# ACEPTADA RENUNCIA DEL MINISTRO DE GOBERNACIÓN

**TEGUCIGALPA.** -La renuncia del ministro de Gobernación y Justicia, Raúl Elvir Colindres, fue aceptada por el presidente José Azcona Hoyo quien en los próximos días dará a conocer su sustituto.

Elvir Colindres abandonó sus funciones hace aproximadamente un mes por motivos de salud y desde ese momento se supo que no estaba en condiciones de seguir al frente de esa secretaría de Estado.

En estos momentos se encuentra en su casa en calidad de reposo, por prescripción médica, luego que se le diera de alta en un hospital privado de la ciudad a donde había sido ingresado por padecer de "trombosis cerebral".

Azcona Hoyo dijo que es el único cambio que realizará en su gabinete de gobierno, aunque diversos sectores lo exigen incluyendo el presidente del Congreso Nacional, Carlos Montoya con quien se reunió en horas de la mañana de ayer para analizar las últimas declaraciones del titular del legislativo.

"En esta reunión Montoya me dijo que él nunca ha dicho que me presionará para que cambie algunos ministros porque esta es una atribución expresa del presidente de la República", dijo Azcona. Tras ser consultado sobre el anuncio que ha hecho Montoya en el sentido de que cancelará el permiso al secretario privado William Hall y el titular de la ENEE, Jack Arévalo porque utilizan sus puestos para hacer política, Azcona Hoyo afirmó que tiene algunas dudas sobre si la constitución faculta al presidente del Congreso a suspender estas autorizaciones.

**Raúl Elvir Colindres**

**LA PRENSA/9 DE JUNIO DE 1987**

Carlos Flores Facussé:
# NACIONALISTAS VAN A TERMINAR CLAVÁNDOLE UN PUÑAL A AZCONA

**SAN PEDRO SULA.** -El pre-candidato presidencial liberal Carlos Flores Facussé sostuvo ayer aquí que el Congreso Nacional no le debe negar al pueblo el derecho de elegir sus autoridades edilicias y que "si la ley dice que hay que ir a elecciones municipales tienen que existir los correspondientes fondos económicos", o, en caso de que no los haya, "hay que buscarlos".

Flores Facussé expuso el señalamiento en el marco de una comparecencia en el Canal 7 de Televisión y apuntó al respecto que el hecho de que los cuatro partidos políticos no hayan realizado elecciones internas de sus planillas municipales no justifica la supresión.

El político dijo qué harían los partidos políticos en caso de que decidieran no concurrir a elecciones internas de sus candidatos presidenciales y diputados, y luego se respondió que si los partidos políticos no cumplen con sus responsabilidades ¿cómo vamos a ir a elecciones generales? y entonces se podrían poner de acuerdo y prorrogar el gobierno de hecho, entonces se acaba la Constitución".

Argumentó que podría ocurrir que "el día de mañana los partidos políticos irían al Poder Ejecutivo a preguntarle ¿Señor Poder Ejecutivo, señor presidente, tiene usted fondos para ir a elecciones generales?", el señor presidente "diría que no hay y entonces se queda allí", (en el cargo).

Admitió Flores Facussé que algunos políticos "quieren levantar bandera con la cuestión de las elecciones municipales, pero que la Constitución de la República es clara en ese sentido, pues en caso de no realizarse se entraría en una situación de facto.

Cambiando de tema, Flores Facussé dijo que José Azcona Hoyo debería de tener liderazgo nacional porque él es el Presidente de la República, pero "perdió el respaldo liberal, político e institucional, cuando, en vez de armonizar con su propio partido, negoció con el adversario tradicional"

"No es que yo esté en contra de un gobierno de integración, pero un partido no debe entregar el poder político, debe de integrar el gobierno, pero no el poder político", y "Azcona entregó al Partido Nacional la mitad del gobierno al cederle la Corte Suprema, y entonces perdió mucho del respaldo liberal", dijo.

Señaló que en reiteradas ocasiones "le ofrecí al presidente Azcona mi respaldo hacia sus actitudes positivas, pero él no lo quiere, porque ante él no valemos nada y porque todo liberal que ejerza alguna actitud crítica es malo, es perverso, y los buenos son los adversarios tradicionales que al final van a terminar clavándole un puñal, porque el Partido Nacional nunca va a respaldar al Partido Liberal".

Empero, reconoció que muchos nacionalistas quieren lo mejor para Honduras, quieren la estabilidad política, pero "políticamente el Partido Nacional tiene un interés contrario al del Partido Liberal y en ese sentido los únicos que podemos tener intereses similares para defender nuestra doctrina, nuestros principios, somos los mismos liberales".

Refiriéndose a su campaña política, Flores Facussé dijo que los cuadros que tenemos no andan arrimados al poder público, no es gente que ande arrimada a nosotros porque quiere un favor, pues aquí se ha querido acostumbrar al partido a que la gente vote porque le dan una arroba de maíz o porque le dan frijoles o porque le dan cemento y porque le dan una pelota".

Asimismo, expuso que los que están alrededor del gobierno creen que con esos van a conseguir los votos del liberalismo, pero el liberalismo en su mayoría concurre a votar en defensa de su doctrina y sus principios, no porque se le compre con arroz, maíz, cementos o pelotas de futbol".

**TIEMPO/9 DE JUNIO DE 1987**

# PRESIDENTE DISPUESTO A ACEPTAR COMISIÓN ASESORA DEL CONGRESO

**\*\*Si la Constitución dice que pueden quitarles el permiso, Hall y Jack volverán a sus curules**

El presidente José Azcona reiteró ayer que no está pensando en hacer cambios dentro de su Gabinete de Gobierno, pero dijo estar dispuesto a aceptar sugerencias de una comisión asesora que nombrará el Congreso Nacional.

El mandatario dijo que lo que pretende el Congreso "es nombrar una comisión asesora para el propio Poder Legislativo y también sugiere que esa misma comisión ayude al gobierno central en asuntos de asesoría económica".

"Cualquier sugerencia venga de donde venga la aceptamos, pero imposiciones de ninguna parte. Conocemos nuestros derechos y en eso nadie, nadie, nos va sacar. Esa es la realidad y creo que se ha hecho demasiado escándalo sobre eso", comentó.

Azcona recordó que el presidente de la República tiene la atribución de poner y quitar ministros, pero por ahora no he pensado en quitar ni en poner nuevos ministros, con excepción del titular de Gobernación (Raúl Elvir Colindres), que ya me puso su renuncia por cuestiones de salud".

Indicó que en la actualidad busca candidato para el Ministerio de Gobernación y Justicia, pero reiteró que nadie, ni el Congreso Nacional, lo puede presionar para que haga cambios en su Gabinete de Gobierno.

Respecto a las advertencias del presidente del Congreso Nacional, Carlos Montoya, de suspender el permiso a los diputados William Hall Rivera y Jack Arévalo, que fungen como secretario privado y gerente de la ENEE, el mandatario dijo que respetara lo que consigna la Constitución de la República.

"Si la Constitución dice que les pueden quitar el permiso, pues el secretario privado y el gerente de la ENEE retornarán a sus cargos de diputados, pero de lo contrario continuarán trabajando con el gobierno", expresó.

LA TRIBUNA/9 DE JUNIO DE 1987

# GOBIERNO INDEMNIZARÁ A TEMÍSTOCLES RAMÍREZ

**TEGUCIGALPA.** -El gobierno hondureño indemnizará al norteamericano Temístocles Ramírez de Arellano para evitar algunos problemas, pero no se le entregará la cantidad de dinero que él propone, se supo oficialmente ayer.

Ramírez de Arellano presentó formal reclamo ante los gobiernos de Honduras y Estados Unidos pidiendo una indemnización de 18 millones de dólares alegando que se le había despojado de sus terrenos ubicados en el municipio de Trujillo. Colón, donde ambos gobiernos construyeron en 1983, el Centro de Entrenamiento Militar y de Seguridad (CREMS), que serviría como centro de instrucción militar para soldados hondureños y extranjeros.

El mandatario hondureño, José Azcona Hoyo, reconoció ayer que se atropelló en parte los derechos de Temístocles, por eso trataremos de indemnizarlo dentro de lo que es justo para que no haya ningún problema".

"El presentó un reclamo de 18 millones de dólares, pero esa cantidad es muy exagerada". opinó el presidente sin puntualizar el valor que se le entregará.

Durante la gira que Azcona Hoyo realizó por el Medio Oriente, su principal vocero, Lisandro Quezada, afirmó que el gobierno de ninguna forma indemnizaría el granjero estadounidense porque esto era inconstitucional, además que se comprobó que los terrenos eran propiedad. por herencia de los garífunas del sector de Colón.

LA PRENSA/9 DE JUNIO DE 1987

# ENVÍAN A AZCONA PROYECTO PARA REDUCIR IMPORTACIÓN DE LECHE

La Comisión Nacional de la Leche a corto plazo reducirá la importación indiscriminada de leche en polvo para evitar la fuga de divisas que se produce anualmente por el orden de 30 a 40 millones de lempiras.

El mencionado organismo recomendó la aprobación de un acuerdo ejecutivo para reducir los márgenes de importación y obligar a las plantas procesadoras a utilizar solamente el 50 por ciento de la leche en polvo importada.

El proyecto del acuerdo mencionado fue enviado al presidente José Azcona y será aprobado esta semana, para solventar los diversos problemas que atraviesan los ganaderos en la época de invierno al elevarse la producción lechera y la renuencia de las plantas procesadoras para utilizar dicho producto porque les sale más barato utilizar la leche en polvo.

El presidente del BANADESA, Armando Erazo, dijo que a mediano plazo habrá una restricción arancelaria a la cuota de importación de leche en polvo; entonces se tendrá que ir pensando en la instalación de plantas productoras de ese tipo de leche.

El gobierno ni la empresa privada tienen interés aún en montar una planta de tal naturaleza, pues no se tiene el mercado asegurado.

"No olvidemos que en el caso de la Sula tenemos una planta procesadora de leche en polvo y que este marco que se está creando es cabalmente orientado a la privatización," precisó el funcionario

Mientras, un vocero del Ministerio de Recursos Naturales señaló que el actual gobierno ejecuta una política de fortalecimiento del hato ganadero nacional mediante la importación de ganado en pie y sementales de pura raza para elevar la producción lechera y evitar su importación,

El plan contempla reducir el nivel de divisas que se destinan a la compra de leche en polvo, pues esa factura asciende a 30 ó 40 millones de lempiras anualmente, lo cual perjudica la economía nacional, por lo tanto, habrá que elevar la producción lechera y adoptar las medidas para restringir las compras en el exterior obligando a las procesadoras a utilizar la leche fluida producida en Honduras.

## EL HERALDO/9 DE JUNIO DE 1987

**Desde abril de 1986**
# AZCONA ACEPTÓ CON EL "PN" QUE PODRÁN SUSPENDERSE MUNICIPALES

***Si la conveniencia nacional es no celebrarlas***
***Culpa a dirigencias de los cuatro partidos***
*** El Ejecutivo no tiene nada qué hacer, sólo proveer fondos, aunque se reunirá con comisión del PL***

El presidente José Azcona declaró ayer que si no se realizan elecciones municipales los responsables serían los cuatro partidos políticos, aunque confirmó que con la dirigencia del Partido Nacional se planteó que tales comicios podrían ser suspendidos.

Tal reunión se realizó en abril de 1986, afirmó ayer el presidente Azcona en conferencia de prensa y entonces dije que, si la conveniencia nacional es no celebrar las elecciones, pues que nosotros no nos oponíamos", recordó el mandatario.

Al respecto, el presidente de la bancada nacionalista, Mario Rivera López, reveló la semana anterior que la suspensión de las elecciones municipales fue acordada entre Azcona y Rafael Leonardo Callejas, en el marco del Pacto de Unidad Nacional (PUN).

Sin embargo, Azcona aclaró que si la Ley Electoral es reformada para facilitar los comicios municipales el Poder Ejecutivo está dispuesto a erogar los fondos que se necesitaren para las mismas.

"El presidente de la República no puede determinar si hay o no elecciones municipales. Al revisar la Ley Electoral hemos encontrado que los que han fallado en el proceso electoral son los cuatro partidos", afirmó.

El mandatario dijo que las dirigencias de los cuatro partidos no debían haber ignorado las reformas a la Ley Electoral que mandaban la celebración de comicios internos seis meses antes de la convocatoria a las elecciones municipales.

"Ninguno de los cuatro partidos, señaló, celebró las elecciones internas para la escogencia de los candidatos a las corporaciones municipales. Sin embargo, ahora hay dirigentes políticos que quieren culpar al Poder Ejecutivo cuando ellos no cumplieron con la Ley Electoral".

Azcona aseguró que no hay conflicto entre el Poder Ejecutivo y el Poder Legislativo en ese asunto y reiteró que "las dirigencias de los cuatro partidos políticos son quienes no han cumplido con la Ley. ya sea por conveniencia política, por cálculo político, por ignorancia de la Ley o cualquier otro motivo".

"A estas alturas, apuntó, sin una reforma a la Ley Electoral no pueden realizarse las elecciones municipales y si el Congreso no efectúa esa reforma, el Tribunal Nacional de Elecciones tendrá que declarar desiertas las elecciones municipales".

Reafirmó que en ese asunto el Poder Ejecutivo no tiene nada qué hacer. "A nosotros solamente nos compete poner los fondos y nosotros nunca hemos dicho que no vamos a proveer el dinero, si es que se pueden llevar a cabo los comicios municipales".

Azcona anunció que sostendrá una reunión con la Comisión Política del Partido Liberal en la sede del Central Ejecutivo, para ver la posibilidad de celebrar las elecciones internas a la mayor brevedad posible para luego ver si se pueden efectuar los comicios municipales en una fecha posterior.

"No vamos a poner como disculpas el hecho de que se tengan que gastar unos 10 millones de lempiras para realizar las elecciones municipales. Jamás vamos a invocar esos gastos para no realizar esos comicios", expresó.

El mandatario confirmó que en abril del año anterior o sea a dos meses de haber asumido el poder, se reunió con dirigentes del Partido Nacional y que en esa oportunidad se habló de la conveniencia o no de celebrar las elecciones municipales.

"Tuvimos esa reunión en la casa de don Pedro Atala, recordó, para pedir que el Partido Nacional nos apoyara en el Decreto Ley donde destinábamos 28 millones de lempiras a diferentes organismos, del diferencial del petróleo debido a la baja en su precio".

Agregó que después de esa discusión, que era el fondo de la conveniencia o no de realizar esas elecciones, entonces dije que, si el Congreso no tiene ningún problema en revisar el decreto y si la conveniencia nacional es no celebrar las elecciones, pues que nosotros no nos oponíamos a la erogación de un decreto en ese sentido".

**Aspecto de la conferencia de prensa ofrecida ayer por el presidente José Azcona. Le acompaña su secretario de Prensa, Lisandro Quesada.** *(Foto de Aquiles Andino).*

**LA TRIBUNA/9 DE JUNIO DE 1987**

# EXAGERA TEMÍSTOCLES AL PEDIR INDEMNIZACIÓN DE $18 MILLONES

**TEGUCIGALPA.** -El presidente José Azcona Hoyo está de acuerdo que al norteamericano Temístocles Ramírez de Arellano se le atropelló en parte sus derechos al expropiársele las tierras que tenía en Trujillo para la instalación del Centro Regional de Entrenamiento Militar (CREM) y, por lo tanto, habrá que darle una indemnización.

"Temis" Ramírez está gestionando en el Congreso de los Estados Unidos que el gobierno norteamericano obligue a Honduras que le pague una indemnización de alrededor de 20 millones de dólares de los 60 millones de dólares que los Estados Unidos le dará en asistencia económica este año.

"Estamos tratando de resolver el planteamiento de alguna forma; él planteó un reclamo de 18 millones de dólares y creo que es una cosa muy exagerada", manifestó.

Sin embargo, dijo que está de "acuerdo en que se atropelló en parte sus derechos y habrá que buscarle una indemnización dentro de lo que es justo, para que no haya una acción en contra de Honduras". (TDG).

**TIEMPO/9 DE JUNIO DE 1987**

*Presidente de la República:*
## NO VAN A HABER MÁS REUNIONES DE DIRIGENTES DE LA "CONTRA" AQUÍ

**\*Desmiente que hayan obligado a salir del país a los líderes de los antisandinistas**
**\*A Guatemala, dice, iremos con el corazón abierto**

**TEGUCIGALPA.** - El presidente José Azcona Hoyo anunció ayer que su gobierno no permitirá que los máximos dirigentes de la "contra" nicaragüense continúen reuniéndose en Honduras. Sin embargo, dijo que ha autorizado la reunión que llevarán a cabo mañana en La Mosquitia los líderes contrarrevolucionarios misquitos.

El mandatario aseguró que no tenía conocimiento de la reunión que la cúpula del Frente Democrático Nicaragüense (FDN) realizó la semana pasada en Honduras, "no sabemos incluso si se ha realizado, y lo de los enfrentamientos entre las Fuerzas Armadas y los "contras", la oficina de Relaciones Públicas de las Fuerzas Armadas ha desmentido ese enfrentamiento", apuntó.

Asimismo, dijo que no es cierto que se haya obligado la salida de algunos dirigentes del FDN, "yo creo que no hubo una obligación forzada, el gobierno de Honduras si está procurando involucrarse lo menos posible en el conflicto interno que hay en Nicaragua; entonces siguiendo esa línea de conducta, nosotros creímos que era conveniente la no celebración de asambleas de ese tipo en nuestro país".

"Yo creo que no van a haber más reuniones de los dirigentes de la contra en Honduras", expresó, pero al ser preguntado si permitiría que los líderes contrarrevolucionarios se reúnan mañana, Azcona manifestó que "sobre esta reunión de los líderes misquitos teníamos conocimiento y creo que sí se va a realizar".

Aclaró también que no existe ningún distanciamiento entre las Fuerzas Armadas y los "contras", porque nunca han tenido una relación directa, "para que haya un distanciamiento, tiene que haber una relación directa, y las Fuerzas Armadas nunca ha tenido una relación directa con los contrarrevolucionarios".

El presidente Azcona sostuvo que "casi todos los rebeldes nicaragüenses están peleando en Nicaragua; el mismo Daniel Ortega (presidente de Nicaragua) reconoció que se les había infiltrado unos 2,500 contrarrevolucionarios, entonces yo creo que los rebeldes nicaragüenses están en Nicaragua, no en Honduras".

Al explicar el apoyo de su gobierno a los "contras", Azcona Hoyo expresó que "nosotros lo hemos manifestado y lo dijimos claramente que, sí creíamos que los contrarrevolucionarios de Nicaragua deberían ser ayudados precisamente para buscar una salida política, porque creemos que por sí solo el gobierno sandinista no va a buscar esa salida".

Señaló que esa posición del gobierno hondureño no va a tener ningún efecto en la cumbre de presidentes centroamericanos que a finales de este mes se llevará a cabo en Guatemala, "nosotros ya hemos dicho que vamos ir a Guatemala con el corazón y el espíritu abierto". No vamos a ser un obstáculo para que se llegue a un acuerdo en Guatemala.

Indicó que el contenido del Plan de Paz del presidente de Costa Rica, Oscar Arias Sánchez, "es lo que nosotros hemos dicho siempre, que en Nicaragua debe haber una salida política y que el régimen sandinista tiene que buscar la forma de abrirse políticamente, buscar la democracia para que no haya en Nicaragua ni contrarrevolucionarios, ni refugiados de Nicaragua en Honduras, ni exiliados políticos".

"Nosotros estamos completamente de acuerdo con el Plan Arias, o sea, que Honduras, el presidente de Honduras, no va a ser obstáculo para la firma de un acuerdo en Guatemala y el tiempo nos lo va a decir así", agregó.

"Desde ahora les digo que si firman tres presidentes de Centroamérica (aceptando el Plan Arias), Honduras va a firmar, no nos vamos a quedar solos con una posición en Guatemala, todo lo contrario", aseguró. (TDG).

**AZCONA HOYO**

**TIEMPO/9 DE JUNIO DE 1987**

## SUEÑO HECHO REALIDAD: TAULABÉ ES MUNICIPIO

**La aldea de Taulabé, jurisdicción de Siguatepeque, Comayagua, se convirtió ayer en el municipio más joven de Honduras cuando el presidente José Azcona firmó el respectivo acuerdo de creación.**

Los miembros del Comité Pro-Creación del Municipio expresaron su satisfacción al mandatario. puesto que era una lucha que venían librando desde hace muchos años.

Víctor Manuel Castellanos, presidente del Comité, dijo que los 30 mil habitantes de Taulabé organizarán una fiesta el próximo fin de semana para "celebrar nuestra independencia municipal".

Indicó que las autoridades edilicias de Siguatepeque no se opusieron a que Taulabé se convirtiera en un nuevo municipio, aun cuando económicamente les afectan.

"Nuestro nuevo municipio, subrayó, tiene su propio patrimonio como canteras que producen gran cantidad de materia prima para las cementeras del país, granos básicos y hay mucha ganadería".

Castellanos informó que Taulabé cuenta con agua potable, luz eléctrica, escuelas, alcantarillado, instituto de segunda enseñanza, escuelas primarias, centro de salud, correo, telégrafo "y únicamente nos falta pavimentar las calles".

Las primeras autoridades municipales que tendrá Taulabé serán nombradas en los próximos días por el Ministerio de Gobernación y Justicia.

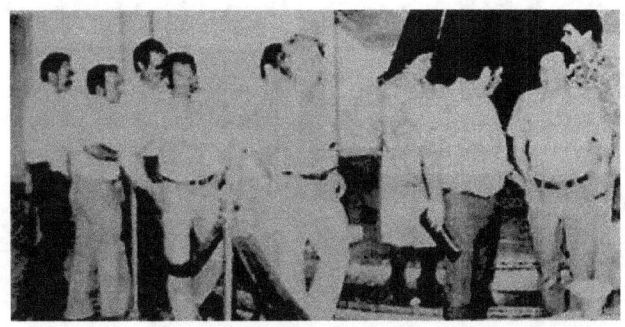

**Directivos del Comité Pro-creación del municipio de Taulabé abandonan ayer la Casa de Gobierno con suma satisfacción, luego que se les anunció que su aldea ha pasado a ser municipio.** *(Foto Aquiles Andino).*

**LA TRIBUNA/10 DE JUNIO DE 1987**

## SÓLO A "CALMAR SU STRESS" SE FUE AZCONA A ISRAEL

**TEGUCIGALPA.** -El presidente José Azcona Hoyo en su gira por Israel y Holanda sólo fue a "calmar sus stress" porque en esos países únicamente firmó convenios "secundarios", declaró el exmagistrado de la Corte Suprema de Justicia, Abogado Renán Pérez.

Indicó que el beneficiado con la gira de Azcona fue el designado presidencia José Pineda Gómez, porque tuvo la oportunidad de ser el presidente de la República, aunque en forma interina.

"Las vacaciones del presidente Azcona, según Pérez fueron limitadas porque no tuvo la oportunidad de visitar otros países, como España y el Vaticano, aunque yo creo que a España es difícil que regrese y en el Vaticano parece que le habían concedido audiencia, pero no sé qué pasó en la cuestión diplomática que no la manejaron bien", agregó.

Renán Pérez dijo que en este país existe anarquía porque no hay un programa de gobierno, hay una situación difícil económicamente que nadie la endereza, y nadie piensa en las alturas del Ejecutivo".

Negó que tengan aspiraciones a ser empleado público, diciendo que "aspiran a ser empleados públicos los que tienen una conducta recuperable, es decir, los que no tienen seguridad de tener ciertas satisfacciones con su trabajo en la vida diaria y buscan con facilidad esas satisfacciones al ser empleados públicos".

Señaló que en este país se confunde a los directivos con los dirigentes, "aquí no hay dirigentes, sino directivos que con cierto tipo de agilidad se encaraman en un puesto".

Puso como ejemplo que en Honduras "los presidentes no han sido los más capaces ni los que más aman a Honduras, y los que están en ciertos cargos no son los que tienen las capacidades necesarias, sino que, por una serie de circunstancias o contingencias, los llevaron allí. Esto es lo que sucede en Honduras y nosotros no podemos hacer nada, son otros los que ya van a poder y nos vamos a dar cuenta de lo que va a suceder". (TDG).

**TIEMPO/9 DE JUNIO DE 1987**

**Dice mandatario**
## LOS KFIR ESTÁN DESCONTINUADOS

*\*No llevábamos intención de suscribir un acuerdo de compra con Israel*
*\*Los F-5 no son lo último en tecnología*

**TEGUCIGALPA.** -El presidente José Azcona Hoyo dijo ayer que en su visita a Israel no llevaba la intención de llegar a un arreglo con el gobierno de ese país para comprar los aviones KFIR, en caso de que el Congreso de los Estados Unidos no apruebe la venta de los aviones F-6E.

El mandatario ofreció una conferencia de prensa para informar sobre los logros obtenidos en su gira de 12 días por Israel y Holanda, destacando que en Israel suscribió dos convenios de cooperación en las áreas de la salud, educación y agrícola, y consiguió tres o cuatro becas para médicos que quieran estudiar una especialidad en ese país.

Asimismo, dijo que en Israel visitó la industria aeronáutica, donde se informó que los aviones de combate KFIR están descontinuados, y que, en caso de llegar a un arreglo para la compra de esos aviones, tendrán que ser usados.

"La verdad es que nosotros no hicimos ningún compromiso ni llevábamos la intención de realizar ningún compromiso, sino hasta ver en qué quedaban las negociaciones del Congreso de los Estados Unidos", añadió.

Sostuvo que los aviones F-5E son mejores que los Super Mystere que actualmente tiene Honduras, pero no es lo último en tecnología porque data de los años 60, "nosotros consideramos que la adquisición de esos aviones no es nada más que el reemplazo de los aviones Super Mystere y, por lo tanto, no creemos que eso pueda constituir, ni Nicaragua lo puede tomar así, como que Honduras está en una carrera armamentista", expresó.

Recalcó que la adquisición de los 12 aviones F-5E de ninguna manera van a crear un desbalance armamentista en Centro América, porque Honduras siempre estará en desventaja con el resto de los demás países centroamericanos, a excepción de Costa Rica, en lo que respecta al ejército de tierra. (TDG).

**TIEMPO/9 DE JUNIO DE 1987**

*Anuncia azcona:*

# EJECUTIVO DISPUESTO A CONCEDER LOS LPS. 10 MILLONES PARA MUNICIPALES

*\*Partidos políticos han violado ley electoral*
*\*Sin reformar la ley es imposible que se realicen los comicios*
*\*El presidente no tiene nada que ver en este asunto*

**TEGUCIGALPA.** -El presidente José Azcona Hoyo anunció ayer que solicitará una reunión con los miembros de la comisión política del Partido Liberal para ver la posibilidad de celebrar las elecciones municipales, puesto que el Poder Ejecutivo está en la disposición de conceder los 10 millones de lempiras que se necesitarían para la práctica de esas elecciones.

No obstante, dijo que no es facultad del Poder Ejecutivo decidir la práctica de las elecciones municipales, nosotros hemos revisado la Ley Electoral cuidadosamente y hemos encontrado que en realidad los que han fallado en el proceso electoral han sido precisamente los partidos políticos".

"A la fecha de convocatoria de las elecciones municipales por el Tribunal Nacional de Elecciones (TNE) ninguno de los cuatro partidos políticos había celebrado elecciones internas para la escogencia de sus candidatos a los puestos de las corporaciones municipales", apuntó.

Señaló que la Ley Electoral y de las Organizaciones Políticas ha sido ignorada y violada por los cuatro partidos políticos, y que, a estas alturas, sin reformar esa ley, no pueden realizarse las leyes municipales.

"Si no hay una reforma a la ley, el Tribunal Nacional de Elecciones tendrá obligatoriamente que declarar desiertas las elecciones municipales; el Poder Ejecutivo no tiene absolutamente nada que hacer en este asunto, como no sea proveer los fondos necesarios para la celebración de las elecciones municipales", agregó.

"Nosotros lo que vamos hacer como presidente de la República, aunque habíamos dicho que no vamos a intervenir en el proceso político de Honduras, es solicitar una reunión, no en la casa presidencial sino en las oficinas del Consejo Central del Partido Liberal, con la comisión política de nuestro partido para ver la posibilidad de celebrar esas elecciones internas de que habla la Ley Electoral, en su inciso "H", a la mayor brevedad posible, para ver la posibilidad de celebrar esas elecciones municipales", añadió.

El Estado hondureño está dispuesto a dar los 10 millones de lempiras que se necesitan para que se realicen las elecciones municipales, anunció ayer el presidente José Azcona en conferencia de prensa.

Aseguró que el Poder Ejecutivo no pondrá como pretexto para la realización de las elecciones municipales el hecho de que tenga que erogar alrededor de 10 millones de lempiras, que es lo que necesitaría el TNE para la práctica de esos comicios.

Azcona estima que a las urnas de las elecciones municipales concurrirían entre un 70 y 75 por ciento del pueblo hondureño, pero que será el Congreso Nacional el que decida fijar un nuevo plazo para llevar a cabo esas elecciones.

El presidente Azcona negó que él se oponga a las elecciones municipales, sin embargo, admitió que a dos meses de haber tomado posesión como presidente de la República se reunió con las comisiones políticas del Partido Liberal y del Partido Nacional para analizar la conveniencia o no de realizar esas elecciones. (TDG).

## TIEMPO/9 DE JUNIO DE 1987

# TIA FLORENTINA Y LOS AUGURES

*Por J. RIERA*

**\*\*\*... se verá que sigue siendo cierto el refrán: después de un gustazo...**

Lo dicen muchos: estamos viviendo días de crisis y dificultades tan serias, que podrían, alguna vez, poner en entredicho la estabilidad de la república.

Las voces proceden, generalmente, del seno de algunas aspirantes al poder en las filas del partido colorado, actualmente en el disfrute del mando.

La cosa, piensan algunos, es verdaderamente lamentable, pues los liberales, en vez de apoyar y rodear al gobierno del ingeniero Azcona, se dedican a hacer declaraciones públicas y algunas veces, a comentar en corrillos callejeros, situaciones que afectan a la administración del Estado.

"En la época romántica, los destinos de los gobiernos europeos se decidían en las tertulias de los cafetines".

Hoy no es posible hacerlo, aunque en Honduras todavía prevalecen los cafetines como centros políticos, donde es común hablar mal del gobierno y, en general, de todo títere con cabeza. Tal vez esta situación tenga que ver con el alto índice del desempleo. Mucha gente se acerca a este tipo de establecimientos y mientras disfruta de una taza de café, afila la lengua y comienza la plática:

-Oye, viejo, supiste lo del ingeniero Azcona?

-No. ¿Qué pasó? Que el presidente sigue empecinado en no ceder un ápice en las frecuentes peticiones que le formulan para reestructurar su gabinete.

-Ajá! ¿Y con eso que tratas de decir? Todos sabemos que Pepín -al fin matemático- cuando dice que dos y dos son cuatro, nadie puede hacerlo cambiar. Su gabinete, según su criterio, es el mejor que ojos humanos hayan visto. Y tal vez esté en lo justo. Para él sus ministros, mientras no se demuestre lo contrario, son los más competentes y honestos. Antes habrá que probarle que está equivocado. Y esto podría conducirnos hasta el término de su gestión de gobernante. Faltan aún muchos días, muchas semanas y hasta muchos meses antes de que se produzca esta especie de milagro.

Mientras, siguen siendo bastantes las personas y aún los grupos que tenaces, piden a Pepín que reestructure su gabinete. Hay más: hay un señor que, a través de un medio de comunicación, ha cogido suficiente valor -aquí en Honduras todos lo tenemos- para pedir la renuncia del ingeniero Azcona y, como si esto no tuviera la menor importancia, a renglón seguido, un destacado dirigente liberal afirmó, por los mismos medios, que él se encargaría de presionar, a su regreso de Israel al ingeniero Azcona, para que proceda a cambiar su gabinete y hasta otros funcionarios de menor categoría.

La cosa mueve a serias meditaciones. Todas estas voces se levantan cuando hay crisis en el agro, cuando los maestros alzan su voz para presionar, cuando los trabajadores de la Portuaria y del Ferrocarril Nacional y del SANAA hacen lo mismo, mientras la crisis de poder de que se habla en los corrillos, en las calles y los cafetines, sigue siendo provocada por elementos, muy conocidos, que buscan, supuestamente, la desestabilización del gobierno, por aquello de que, en río revuelto, cualquiera come pescado...

El ingeniero Azcona, a su retorno de Israel se encontrará, pues, con una serie de problemas, capaz de quitar el sueño a un dormilón.

Será entonces que Pepín probará que no lo asustan ni las apariciones fantasmagóricas ni los gritos de los olingos.

Entre tanto, haría bien, pero muy bien, en escuchar algunas voces sensatas que lo llaman a la reflexión. Con oír no se pierde nada.

Debería escuchar algunas sugestiones y rodearse de algunos elementos que, aunque no fueran de su propio partido, podrían ayudarlo en la dirección de la cosa pública.

El presidente Azcona podría, a su regreso de Israel, repetir y hacerse objeto del refranero:
¡Después de un gustazo, un trancazo!

LA TRIBUNA/9 DE JUNIO DE 1987

## TIA FLORENTINA EN TONCONTIN
### Por J. RIERA

**\*\*\*... se habla de las muchas preguntas que harán los periodistas a Pepín...**

Repetitivos, repetimos nuestra visita al aeropuerto internacional Toncontín para ver y saludar, a su regreso a la patria, al presidente de la república, don José Simón Azcona Hoyo.

Esta vez, el ingeniero tuvo que aceptar los actos protocolarios. No así en su viaje a Israel, donde apenas estuvieron diciéndole adiós, algunos miembros de su familia, unos pocos periodistas, unos cuantos militares y unos pocos, poquísimos empleados públicos. Esta vez, gracias a los "queda bien", que estuvieron llamando a las diferentes dependencias públicas, para hacerse presentes en los actos ceremoniales de bienvenida, el ingeniero, aun con la precisión que traía de llegar luego a su casa, tuvo que ver y saludar, levantando la mano a muchas personas, amigas unas, conocidas otras y desconocidas las demás...

Aun sin el consentimiento de Pepín, que no gusta del espectáculo, el presidente tuvo que soportar y hacerse el desentendido con estas demostraciones. Mucha gente humilde, así decía el locutor de una empresa radioemisora que narraba el suceso, hizo acto de presencia en el aeropuerto, el mismo que sigue siendo, al decir del ministro de Comunicaciones, Obras Públicas y Transporte, apenas un lugar maloliente, parecido a un cuchitril...

La gente humilde estaba, como nosotros, ansiosa de estrechar la mano del mandatario. Pero no se pudo. Pepín no venía con muchas ganas de saludar y ser saludado. Algunos querían conducirlo al salón diplomático, para retratarse junto a él y sus acompañantes. para mostrar después a los amigos y más adelante a los nietos, el histórico momento. Algunos, seguramente, se sintieron frustrados. Don José Simón, apenas recién apeado del avión, enfiló al lugar donde lo esperaba el carro presidencial, al cual subió, si no precipitadamente, a toda carrera. Gracias que tuvo tiempo de echarle el brazo a su sustituto de 12 días, don Joche Pineda Gómez. Este, a su vez, suspiró, satisfecho del deber cumplido y más aún, de abandonar un puesto que muchos consideran igual que confites en el infierno

Antes de abandonar Toncontín, el presidente Azcona ofreció a los periodistas, una conferencia de prensa, que tendrá como escenario la sala de conferencias de la casa de gobierno, en las inmediaciones del Rio Grande, ahora empequeñecido, y al lado del Banco Central, donde se guarda el dinero.

En su reunión con los comunicadores sociales. ya descansado, Pepín estará como siempre, amable y cordial con los periodistas, a quienes contará de sus experiencias por Europa y también por el Medio Oriente. Los periodistas tendrán que conformarse con saber, de segunda mano -aunque sea la del gobernante- de lo que Pepín habló con su homólogo israelita. El ingeniero, a veces poco comunicativo, no le gusta andar ni menos que lo sigan los periodistas. A él le gusta hacer de todo, unas veces de presidente y otras de locutor...

Los periodistas son muy preguntones. Preguntan de todo. Seguro preguntarán al mandatario qué sintió cuando sus amigos de Israel le ofrecieron el pan y la sal; qué sabor tiene el pan israelita y qué la sal; qué sensación experimentó cuando su homólogo le impuso la kipá. Después querrán saber cuál es el significado de esta palabra y si es el mismo que los sacerdotes católicos dan al solideo. Otros, a su vez, interrogarán al gobernante lo que vio al visitar la fábrica de aviones K-fir. Si por asociación de ideas pensó en los gringos, que hasta ese momento estaban renuentes a ofrecerle los F5E y muchas cosas más que Pepín no podrá responder por no haber hecho o más bien por haber perdido su edecán el libro de apuntes...

El gobernante, a su regreso a la patria y a su cargo de presidente de todos los hondureños, enfrentará -él es un hombre valiente- a los que llegarán a visitarlo, para pedirle que devuelva al Congreso a su secretario privado y de paso a su electricista, el director de la planta de energía eléctrica, don Jack Arévalo. a quien los peticionarios acusan de malgastar su tiempo y también otras cosas, haciéndole la propaganda a nuestro amigo el doctor Jorge Roberto Maradiaga.

Finalmente, los comunicadores sociales podrán interrogar al ingeniero Azcona sobre la chambonada que hicieron otros ingenieros- sus colegas, al construir el bulevar de la Comunidad Económica Europea, y para cerrar con broche de oro la entrevista, quiénes fueron por fin los que convencieron a los diputados y senadores gringos para que soltaran los aviones, dilucidando en esta forma el entrevero que se ha armado cuando unos ilustres representantes del pueblo hondureño aseguran ser ellos los progenitores de la criatura y otros, que no son diputados, también...

Otras preguntas hechas al señor presidente trataremos de trasladarlas después a este periódico orientador de la opinión pública.

¡Hasta entonces, como dicen en mi pueblo, que le vaya bien!

**LA TRIBUNA/9 DE JUNIO DE 1987**

## AZCONA REACCIONA CONTRA AGAS

El presidente José Azcona Hoyo afirmó que nadie le puede impedir nombrar comisiones para resolver problemas, refiriéndose a la oposición de la Asociación de Ganaderos Agricultores de Sula (AGAS) por la integración de un grupo de trabajo para agilizar la entrega de las tierras.

El gobernante dijo que las organizaciones campesinas están claras de que el problema de las tomas de tierra se está resolviendo de acuerdo a la Ley de Reforma Agraria y que enmarcado en esa misma Ley se atenderán los problemas de los ganaderos.

"He leído el planteamiento de los ganaderos. Algunas de esas cosas ya se han realizado, pero me parece que es sumamente dura su posición porque vuelven con la palabra esa de exigimos, exigimos", expresó.

La AGAS emplazó al gobierno dándole 30 días a partir del lunes para que sea resuelta la crisis en el agro, especialmente en Cortés.

El mandatario agregó que "aquí en este país todo mundo exige y que el único que no tiene derecho a erigir es el gobierno, al cual lo ponen entre la espada y la pared y todo mundo exige".

"Los campesinos vienen y también exigen. Ahora vienen los ganaderos a exigir. Vamos a estudiar esa situación, pero lo cierto es que los ganaderos han contado siempre con el apoyo del gobierno hasta donde ha sido posible y por eso no deben tomar posiciones drásticas porque eso no le conviene a nadie", señaló.

Azcona subrayó que esa palabra de exigimos debe suprimirse de los planteamientos que se hacen, pero explicó que si se integró una comisión especial para la aplicación de la Reforma Agraria es porque se tenía un problema muy fuerte al cual habría que buscarle una salida.

"A mí nadie me va a impedir que integre comisiones para resolver los problemas cuando los mismos han llegado a una situación crítica y por eso se integró la comisión", concluyó.

**LA TRIBUNA/10 DE JUNIO DE 1987**

## HOY LLEGA PHILIP HABIB

TEGUCIGALPA. El enviado especial del presidente Reagan para asuntos centroamericanos, Philip Habib, llegará hoy al país para entrevistarse con el presidente José Azcona Hoyo en el marco de una gira que realiza por la región.

Habib completa con la visita al presidente Azcona su séptima gira por el área, sin conocerse, hasta el momento, los temas, pero se presume que la posición del gobierno hondureño respecto a la iniciativa regional de paz promovida por el gobierno de Costa Rica interesa el enviado de Reagan.

Aún no se sabe la hora exacta de su llegada, solamente que funcionarios de la embajada de Estados Unidos en el país se apersonarán al aeropuerto para recibirlo y posteriormente acompañarlo a Casa Presidencial. El mandatario Azcona en la conferencia de prensa brindada el lunes al mediodía dijo que recibirá a Habib "como siempre se ha hecho".

La última vez que vino el representante del gobierno norteamericano a Honduras fue el 27 de abril y en todas sus visitas ha sido corto en sus declaraciones a periodistas nacionales y extranjeros.

**Philip Habib**

**LA PRENSA/10 DE JUNIO DE 1987**

# ES ATRIBUCIÓN DEL PRESIDENTE PONER Y QUITAR: JOSÉ AZCONA

*"Pero no he pensado en quitar y poner nuevos ministros", apunta*

TEGUCIGALPA. -El presidente José Azcona Hoyo dijo ayer que ha decidido aceptar la renuncia del abogado Raúl Elvir Colindres del cargo de ministro de Gobernación y Justicia, pero que no hará ningún otro cambio en el Gabinete de Gobierno, aunque el Congreso Nacional lo presione.

Aseguró que no existe ningún enfrentamiento entre el Poder Legislativo y el Poder Ejecutivo, y no es cierto que el Congreso Nacional tenga intención de presionarle para que efectúe cambios en el Gabinete de Gobierno, porque así se lo comunicó ayer el secretario de ese poder del Estado, Oscar Melara Murillo,

"El presidente de la República tiene la atribución de quitar y poner ministros y, por ahora, no he pensado en quitar ni poner nuevos ministros, con excepción del ministro de Gobernación que le aceptaremos su renuncia a finales de este mes, porque él quiere retirarse", agregó.

Azcona expresó que Elvir Colindres, quien padece de una trombosis cerebral, le interpuso su renuncia en forma irrevocable tres días antes de viajar a Israel, cuando le visitó en su residencia, "le dijimos que se la vamos a aceptar para fines de este mes, y entonces estamos buscando un candidato para ese puesto".

"Yo no sé cómo me pueden presionar, ni el Congreso Nacional ni ningún otro organismo tiene esa facultad, en eso yo he sido muy claro, muy tranquilo y muy sereno", añadió.

En relación al interés del presidente del Congreso Nacional, Carlos Orbin Montoya, de hacer que el secretario privado de la Casa Presidencial, William Hall Rivera, y el gerente de la Empresa Nacional de Energía Eléctrica (ENEE), Jack Arévalo Fuentes, se reincorporen al Congreso Nacional como diputados, el presidente Azcona manifestó que no sabe si la Constitución de la República le da esa facultad al Congreso Nacional.

Dijo que él respetará la Constitución de la República, "si se estima que el Congreso Nacional puede cancelarles el permiso y tienen que reintegrarse al Congreso Nacional, pues lo harán, pero si no tiene ese derecho, entonces se quedarán siempre en el gobierno".

Sin embargo, advirtió que no cancelaria a Hall Rivera ni al ingeniero Arévalo, solamente porque el Congreso Nacional me lo pida. Incluso, estos funcionarios al querer ser removidos pueden irse en amparo a la Corte Suprema de Justicia o pedir inconstitucionalidad de esa determinación del Congreso Nacional". (TDG).

**AZCONA**

**TIEMPO/9 DE JUNIO DE 1987**

138

# AZCONA CONFIRMA PRÓXIMA REUNIÓN DE MISQUITOS CONTRAS EN HONDURAS

*\*Aunque asegura que su gobierno desea involucrarse "lo menos posible en el conflicto de Nicaragua*

El presidente José Azcona dijo ayer que su gobierno está tratando de involucrarse lo menos posible en el conflicto interno de Nicaragua y anunció que en el futuro no se permitirá reuniones de los dirigentes contras en territorio hondureño.

Sin embargo, el mandatario contradijo su declaración inicial al manifestar que no se opondrá a una reunión de dirigentes misquitos nicaragüenses contras en la zona de Rus Rus, departamento de Gracias a Dios, quienes buscan unificar las minorías étnicas de la Costa Atlántica de Nicaragua.

"Los contras deben estar peleando en Nicaragua por lo que ellos piensan es la liberación de su país. Creemos que la mayoría o casi todos los rebeldes nicaragüenses están peleando dentro de Nicaragua".

El mismo Daniel Ortega manifestó que se les infiltraron unos 2.500 contrarrevolucionarios por lo que creo que los rebeldes nicaragüenses están en Nicaragua no en Honduras", afirmó.

Azcona afirmó en un principio que no tenía conocimiento de que los líderes de la contra se iban a reunir la semana anterior en esta capital, "incluso no sabemos si se reunieron o no", apuntó, pero luego agregó que no hubo una "obligación forzada" para sacarlos del país.

"El gobierno de Honduras, subrayó, está procurando involucrarnos lo menos posible en el conflicto interno que hay en Nicaragua. Entonces siguiendo esa línea de conducta nosotros creímos que era conveniente la no celebración de asambleas de dirigentes contras en el país".

El mandatario advirtió que en el futuro no se permitirán reuniones de dirigentes contras en Honduras, pero al recordarle que los misquitos contras tienen programada una asamblea para los próximos días, indicó que ya tenía conocimiento sobre esa reunión de misquitos contras "y creo que sí se va realizar".

Azcona negó que entre las Fuerzas Armadas de Honduras y los contras nicaragüenses hayan existido relaciones directas y por lo tanto no puede haber distanciamiento entre contras y nuestras Fuerzas Armadas, porque nunca han tenido relaciones".

## DESVENTAJA MILITAR

Por otro lado, el gobernante reafirmó que el gobierno sandinista no puede acusar a Honduras de estar entrando en una carrera armamentista al que adquirir 12 aviones F-5E, "porque lo único que estamos haciendo es reemplazando los viejos Super Mister"

"Con excepción de Costa Rica, nosotros somos los que tenemos el arsenal y el número de hombres en armas más pequeño de la región.

Honduras siempre ha tenido un poquito de más fuerza en el arma aérea.

Sin embargo, la adquisición de los aviones F-5E no creará un desbalance de las fuerzas militares en la región porque nosotros siempre estaremos en desventaja frente a Nicaragua, El Salvador y Guatemala". comentó.

Azcona aseguró que los fondos para darle mantenimiento a los aviones F-5E que entregará en los próximos meses la administración Reagan saldrán de los 60 millones de dólares que en ayuda militar proporciona Estados Unidos a Honduras anualmente.

Respecto a la próxima reunión de mandatarios centroamericanos en Antigua, Guatemala, el mandatario dijo que Honduras no será un obstáculo para alcanzar un acuerdo de paz en esa cita y que cree que la compra de los nuevos aviones militares tampoco entorpecerá la reunión, ni la posición que mantiene su gobierno frente a los contras.

"Hemos manifestado, señaló, que sí creemos que la contra debe ser ayudada para obligar al gobierno sandinista a buscar una salida política al conflicto nicaragüense, pero esto no va a tener ningún efecto en la reunión de Guatemala porque a la misma vamos asistir con el corazón y el espíritu abiertos y no vamos a ser un obstáculo para que se llegue a un acuerdo".

LA TRIBUNA/9 DE JUNIO DE 1987

## TÍA FLORENTINA Y LA BRUJERÍA

*Por J. RIERA*

...se verá que Pepín, con los amigos que tiene no necesita enemigos...

Aunque muchos no lo crean, existen los brujos y la brujería.

Antes, en el pasado, se creía que la brujería tenía únicamente su sede de operaciones en La Paz, lugar del nacimiento del niño que más tarde habría de hacerse médico, después diputado y pasados los años, por azar de la fortuna, candidato y presidente de la república.

La brujería existe. En muchos países, supuestamente civilizados, los brujos se reúnen en asambleas, hacen sus congresos, hablan de lo que conviene a los brujos. Y dejan pasar el tiempo...

Aquí mismo, en esta tierra de pan llevar como la llamó, en su tiempo, nuestro gran Rafael, más de una vez los brujos han asistido a los congresos. Unas veces de brujería y otras, la mayor de las veces, a los recintos parlamentarios. Porque brujería y mucha se necesita para que muchos bonísimos ciudadanos, que apenas conocen la O por lo redonda, se vean un día ungidos-más bien señalados de dedo- para ocupar un puesto en la que muchos han dado en llamar la cámara de representantes.

Vamos a los hechos: una vez, de esto hace un montón de años, los políticos de casa, esos malabaristas que todo lo confunden, mientras hacen sus piruetas, llevaron a ocupar una curul en el congreso de la república a un valiente y denodado ciudadano, cuya única virtud, la que se le conocía, era estar presente en todas las revueltas, no revoluciones, que periódicamente se sucedían en el país. El ilustre parlamentario de este cuento, apenas si sabía -se lo enseñaron al momento de vestir la levita-garabatear su nombre. De legislar sabía tanto como mi abuelita del idioma en que se comunicaban en aquel entonces los mandarines en la China amurallada...

Pero fue diputado. Y cuando le tocó votar, lo hizo haciendo lo que algunos legisladores, de ahora, levantar la mano. Y también el brazo, que no se puede hacer una cosa sin la otra- y después, satisfecho, dedicarse a soñar, unas veces despierto y las restantes dormido. Hay que decir que, en el pasado, los congresistas, asistían al recinto parlamentario, vistiendo. para las grandes ceremonias. jaquet y para los días corrientes, traje formal. También hay que recordar que en el pasado los ilustres representantes del pueblo apenas disfrutaban de un sueldo de cinco pesos que no se conocían entonces los lempiras- por sesión. El que no concurría, se quedaba, como apuntan los que se dedican al juego de la pelota chica, en home...

Habrá que apuntar, asimismo, que el recinto parlamentario era demasiado humilde -se parecía tanto al de ahora como la sala de un modesto picapleitos, a una sala versallesca...

Los parlamentarios de entonces tampoco bebían café y si lo hacían, lo servían en sus propias casas. Ahora los ilustres representantes del pueblo, que llegan al recinto parlamentario, en camisa y calzando botas, no sólo saborean, gratuitamente, humeantes tazas de café, con leche, sino que aprovechan para disfrutar de otras golosinas.

Oh tempore! O mores!...

Pero volviendo al principio, al de la brujería, Pepín, el presidente, tendrá que hacer uso de toda su sabiduría, para desenredar el ovillo y el enredo en que lo han metido, durante su ausencia del país, sus antiguos amigos y correligionarios, y también los que no lo son. Don José Simón tendrá que hilar muy bonito para descifrar el rompecabezas. Los políticos, por un lado, los congresistas por otro, los obreros y los campesinos y también los educadores por el otro, estarían crucificando a Pepín o, por lo menos llevándolo al patíbulo.

¿Qué hará el ingeniero Azcona cuando el presidente de la cámara de diputados ordene a los señores Jack Arévalo y William Hall Rivera, ambos ocupando altos cargos en el ejecutivo, regresar al congreso? Ni modo que los obligará a quedarse, pues si lo hace, los ilustres representantes del pueblo podrían quedarse, como quien dice, sin Beatriz y sin retrato...

¡Don José Simón Azcona Hoyo, baila en estos momentos en la cuerda floja!

**LA TRIBUNA/10 DE JUNIO DE 1987**

## EN COMAYAGUA: TAULABÉ, NUEVO MUNICIPIO

TEGUCIGALPA. - El presidente de la República, José Azcona Hoyo, firmó ayer el decreto 23-87, declarando nuevo municipio del país a Taulabé, en el departamento de Comayagua, con él totalizan 289 en todo el país. Los miembros del Comité Pro Municipio de Taulabé se entrevistaron con el ministro de la Presidencia, Céleo Arias Moncada, quien les notificó oficialmente la disposición del Ejecutivo de crear el nuevo municipio.

Sólo en el presente año se han declarado municipios a Bonito Oriental, en el departamento de Colón; Vallecillo, Francisco Morazán y en el departamento de Comayagua, Lajas y Taulabé.

"Nosotros consideramos que junio es el mes de la libertad de nuestro pueblo", dijo Víctor Manuel Castellanos, presidente del comité quien reveló que los habitantes de Taulabé, que ascienden a más de 30 mil, entre aldeas y caseríos, tienen 11 años de luchar para conseguir la categoría de municipio.

Ahora el departamento de Comayagua tendrá un total de 21 municipios y Siguatepeque posee una aldea menos al perder a Taulabé que tendrá bajo su jurisdicción 27 aldeas y 15 caseríos. El primer alcalde de Taulabé será nombrado próximamente por el ministro de Gobernación por ley. Rumualdo Bueso Peñalba. según informaron los pobladores de ese lugar.

**LA PRENSA/10 DE JUNIO DE 1987**

## AZCONA DIALOGA CON PRECANDIDATOS

**Sorpresivamente el presidente Azcona se reunió anoche con los miembros del Consejo Central Ejecutivo del Partido Liberal y con los precandidatos de esa misma institución política a fin de tratar el candente tema relacionado con las elecciones internas y las juntas electorales municipales exigidas por la mayoría del pueblo hondureño. (Foto de Daniel Toledo).**

**LA PRENSA/10 DE JUNIO DE 1987**

# AZCONA HINCHA DEL CAMPEON

Al presidente José Azcona, le gusta el deporte, su disciplina preferida es el tennis de mesa, pero en su reciente visita a Israel, estuvo en el estadio "Ramadat Ghadam" de Tel Aviv, presenciando Brasil y la selección de casa que ganaron los "canarillos" 3-0. El domingo, el mandatario y su primer designado abogado José Pineda Gómez, estuvieron en el Nacional, para aupar al Olimpia, y aunque éstos (los Merengues) no convencieron en su debut, el presidente Azcona salió satisfecho porque él es un hincha más del campeón...

**EL HERALDO/10 DE JUNIO DE 1987**

## AZCONA FIRMA ACUERDO PARA CREAR MUNICIPIO DE TAULABÉ

El presidente José Azcona Hoyo suscribió ayer el Acuerdo Gubernamental mediante el cual se crea el nuevo municipio de Taulabé en el departamento de Comayagua, según informó el presidente del Comité Pro Creación del Municipio, Víctor Manuel Castellanos.

Los directivos del citado Comité se entrevistaron con el mandatario a quien le aseguraron que las autoridades de Siguatepeque, a cuya demarcación pertenecía Taulabé, no se han opuesto en ningún momento a la creación del nuevo término municipal.

Sin embargo, el diputado por Comayagua, Ramón de Jesús Sabillón, ex alcalde de Siguatepeque, fue visto rondando la Casa de Gobierno y manifestando su disgusto porque los vecinos de Taulabé no le habían consultado para que les ayudara a gestionar la creación del nuevo municipio.

Castellanos aseguró que Taulabé goza de mejor infraestructura que muchos municipios del país ya que cuenta con alcantarillado. energía eléctrica, teléfonos, correo, centros de salud, instituto de segunda enseñanza y una escuela primaria de primera categoría.

Indicó que la comunidad urge de la pavimentación de sus principales calles y que sus autoridades edilicias, las primeras en más de 100 años de fundación del poblado, serán nombradas por el Ministerio de Gobernación.

Taulabé consta de 26 aldeas y 15 caseríos y sus habitantes oscilan entre 25 y 30 mil, los cuales se dedican a la agricultura y la explotación de las canteras de yeso que abastecen a las distintas plantas cementeras del país.

**Autoridades civiles de Taulabé en Casa Presidencial, luego que el Ejecutivo convirtiera en municipio esa comunidad. (Foto Efraín Salgado).**

EL HERALDO/10 DE JUNIO DE 1987

# DE UN PLUMAZO CONVIRTIÓ AZCONA AYER EN MUNICIPIO A TAULABÉ

TEGUCIGALPA. - El presidente José Azcona Hoyo firmó ayer el decreto otorgándole la categoría de municipio a Taulabé, departamento de Comayagua en vista de que cuenta con aproximadamente 30 mil habitantes.

Los miembros del Comité Pro-Municipio de Taulabé se reunieron ayer con el presidente Azcona para pedirle que firmara dicho decreto, puesto que Taulabé cuenta con la infraestructura para convertirse en un municipio y no seguir siendo una aldea de Siguatepeque.

El presidente del referido comité, Víctor Manuel Castellanos, dijo que el presidente Azcona confirmó que ayer mismo firmaría el decreto, y "nosotros consideramos que junio es el mes de la libertad de nuestro pueblo", agregó.

Castellanos informó que Taulabé tiene 26 aldeas y 15 caseríos, y su número de habitantes es de 25 mil a 30 mil, y desde hace 11 años se viene luchando para que se le otorgue la categoría de municipio, aclarando que esa exigencia no obedece, de ninguna forma a problemas con las autoridades de la corporación municipal de Siguatepeque.

Destacó que el principal patrimonio de Taulabé son las canteras, que producen piedras para abastecer las cementeras del país, y, en segundo lugar, la agricultura.

Indicó que el Ministerio de Gobernación escogerá y nombrará las personas que integrarán la corporación municipal, a menos que el Congreso Nacional decida no suspender las elecciones municipales. (TDG)

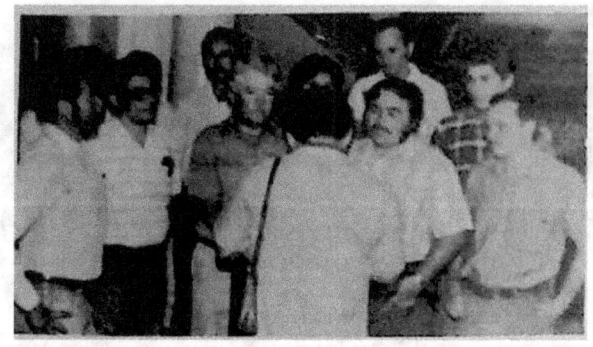

**Las fuerzas vivas de Taulabé al momento de salir de casa presidencial luego de reunirse con el presidente José Azcona y quien les prometió que declararía municipio a esa comunidad.**

TIEMPO/10 DE JUNIO DE 1987

## PRIMER DOMINGO DE SEPTIEMBRE SERÁN ELECCIONES LIBERALES

Ante la presencia del presidente de la República, José Azcona Hoyo, anoche los aspirantes presidenciales del Partido Liberal, a excepción de Carlos Flores Facussé, se comprometieron a realizar las elecciones internas para el primer domingo del mes de septiembre de este año.

La reunión, en la cual participaron los miembros del Consejo Central Ejecutivo, sirvió también para que los aspirantes hablaran ante Azcona Hoyo sobre la posición que mantienen sobre las elecciones municipales.

El mandatario, quien al parecer ahora ha decidido intervenir en la política de su partido, dijo al momento de finalizar la sesión que no se habló de reformas a la Ley Electoral y de las Organizaciones Políticas, pero sí de las elecciones municipales.

Sobre ello, explicó el mandatario, no se definió ninguna posición, pues se estimó conveniente que lo mejor es estudiar todos los aspectos jurídicos y políticos sobre el tema.

Los aspirantes presidenciales que asistieron a la sesión y que estuvieron de acuerdo que los comicios internos del liberalismo sean el primer domingo de septiembre son: Carlos Montoya, Jorge Maradiaga, Enrique Ortez Colindres y Ramón Villeda Bermúdez.

Según reveló Jorge Maradiaga, existió uno que otro aspirante que propuso que las elecciones se hicieran hasta en noviembre, pero después de deliberaciones se acordó que el mes indicado era septiembre.

La próxima reunión, siempre con la presencia del mandatario Azcona Hoyo, será el martes y a la misma se ha invitado a Carlos Flores Facussé, a fin de obtener un criterio sólido, según dijo Romualdo Bueso Peñalba, presidente del Consejo Central Ejecutivo del Partido Liberal.


**AZCONA HOYO**


**EL HERALDO/10 DE JUNIO DE 1987**

# TOMAR CARTAS EN ASUNTO DE MIGRACIÓN, PROMETE AZCONA

Los resultados de la investigación legislativa sobre las actuaciones de la Dirección General de Población y Política Migratoria en la zona occidental del país, fueron entregados ayer al presidente José Azcona Hoyo por la Comisión de Cumplimiento Constitucional del Congreso de la República.

El diputado nacionalista, Marco Augusto Hernández, dijo que el presidente prometió "tomar cartas en el asunto" en el menor tiempo posible para dilucidar la situación del jefe migratorio de Santa Rosa de Copán, José Alberto Zelaya Reyes.

Este funcionario fue acusado por una comisión legislativa de diversos atropellos en contra de ciudadanos hondureños y extranjeros, entre ellos cobros ilegales, arrestos arbitrarios y abuso de autoridad.

Hernández señaló que en la reunión con el presidente Azcona no se trató lo relativo a la acusación vertida por Zelaya Reyes, quien habría dicho que "con un poco más de apoyo podría expulsar del país al propio presidente Azcona, quien tiene nacionalidad dudosa".

El tema no se tocó, según el diputado, porque "es un tópico suficientemente debatido y extemporáneo".

Zelaya Reyes negó ayer, en declaraciones a EL HERALDO, que haya acusado al presidente de no tener la nacionalidad hondureña y acusó a los diputados de no quererle porque les ha descubierto varios negocios ilícitos.

Finalmente, el diputado Hernández dijo que el Congreso había integrado una comisión-investigadora porque no estuvo conforme con un Comunicado de las Fuerzas Armadas en el que daban su respaldo al delegado de Migración de Copán.

## EL HERALDO/11 DE JUNIO DE 1987

## EDITORIAL
## LOS ENEMIGOS DE LA DEMOCRACIA Y LOS LOBOS CON PIEL DE OVEJA

En una maquiavélica maniobra para obtener la suspensión de las elecciones municipales, los signatarios del PUN ("Pactito" de Unidad Nacional, más justamente promotor de la "desunión nacional") han querido presionar al presidente de la República, ingeniero José Simón Azcona del Hoyo, para dejarle la responsabilidad de este atentado al orden constitucional.

De esta manera le han tirado la pelota, como se dice, a efecto de inducirlo a pronunciarse en favor de la suspensión, y este es el sentido de las revelaciones hechas por el líder del Partido Nacional, licenciado Rafael Leonardo Callejas, y su mano derecha, el abogado Mario Rivera López, en el sentido de que el mandatario se comprometió, a la hora de cocinarse el PUN, a la no realización de estos comicios.

De sobra se sabe que ningún "pacto" puede prevalecer sobre la ley -en este caso nada menos que la Constitución de la República-. Posteriormente se ha tratado de empujar al presidente Azcona para que, en un papel de árbitros fuera de sus facultades constitucionales, decida si habrá o no elecciones.

En primera instancia, la jugarreta de los partidos tradicionales, o mejor dicho de sus cúpulas, consistió en buscar la salida inconstitucional a través del Tribunal Nacional de Elecciones, a través de una pretendida falta de convocatoria. Cuando el TNE, en observancia de la ley, hizo dicho llamamiento a los comicios, se recurrió a la estratagema con el presidente de la República, la cual también ha fallado si aquilatamos las últimas declaraciones del gobernante.

Entonces los promotores de la suspensión del proceso electoral amenazan con hacer del Congreso Nacional el instrumento de su objetivo de lesa patria, pues la misma Constitución así califica cualquier conspiración para burlar la soberanía popular.

El secretario del Congreso Nacional, abogado Oscar Melara, insiste en la consumación del atropello: si el TNE no declara desiertas las elecciones, lo hará la asamblea legislativa. Sin embargo, en la cámara de representantes la cuestión no aparece tan fácil para los anticonstitucionalistas, sobre todo en la bancada liberal.

En efecto, los diputados liberales en su mayoría sostienen la legalidad, y aún el grupo de respaldo al montoyismo se ha dividido en este punto. Esta situación pone en un brete al callejismo, el cual procura mantenerse en segunda fila para no perder imagen de democrático, dejando a los liberales el trabajo sucio.

El presidente Azcona del Hoyo ha sido enfático en manifestar que a él no le corresponde determinar la celebración de los comicios o su suspensión. "A nosotros -dice- solamente nos compete poner los fondos y nosotros nunca hemos dicho que no vamos a promover el dinero, si es que se pueden llevar a cabo los comicios municipales".

Y agrega: "No vamos a poner como disculpa el hecho de que se tengan que gastar unos 10 millones de lempiras para realizar las elecciones municipales. Jamás vamos a invocar esos gastos para no realizar esos comicios".

Los anticonstitucionalistas o pumpuneros han venido diciendo que los únicos interesados en machacar sobre las elecciones municipales son los izquierdistas. Si así fuera, tendríamos que convenir en que la casi totalidad de la ciudadanía hondureña y de los sectores nacionales están bajo ese signo político, pues el clamor por la realización de las elecciones municipales es general.

En buena lógica, serían las izquierdas las menos interesadas en la realización de las elecciones municipales, por varias razones, entre ellas: a) Porque la izquierda radical siempre ha sostenido que los procesos electorales son un aspecto puramente formal -nunca democrático-participativo– que el sistema usa para mantener su posición dominante; y b) Porque la suspensión de las elecciones municipales sería el más formidable argumento para justificar el sistema marxista-leninista y, en lo que a América Central se refiere, la presencia del régimen revolucionario de Nicaragua.

Pero así son los "demócratas" pumpuneros, que se llenan la boca denostando a quienes consideran enemigos de la soberanía popular, siendo ellos mismos los verdaderos opositores al sistema democrático-electoral, a la manera de lobos con piel de ovejas.

**TIEMPO/10 DE JUNIO DE 1987**

*Anoche:*
## AZCONA DISCUTIÓ CON CÚPULA LIBERAL ELECCIONES INTERNAS Y MUNICIPALES

TEGUCIGALPA. - El presidente José Azcona Hoyo se reunió anoche con los aspirantes presidenciales liberales y las autoridades del partido de gobierno para discutir lo relativo a las elecciones internas y los controversiales comicios municipales.

La reunión, convocada por el Consejo Central Ejecutivo del Partido Liberal (CCEPL), se inició minutos después de las 7 de la noche en la sede de esta institución política.

A la cita asistieron Ramón Villeda Bermúdez, William Hall Rivera, Jorge Arturo Reina, Jorge Roberto Maradiaga, Enrique Ortez Colindres.

Se encontraban ausentes Carlos Montoya, que se esperaba llegara un poco más tarde, y Carlos Flores Facussé que está fuera del país.

El partido de gobierno se encuentra actualmente prácticamente sin autoridades y pendiente de acudir a unas elecciones internas cuya fecha de realización no se vislumbra en forma precisa.

Además, es sacudido por una fuerte división provocada por la serie de aspiraciones presidenciales que afloraron a escasos días de asumir el poder el mandatario José Azcona Hoyo.

Las diferencias se han ahondado en los últimos días debido a las posiciones encontradas en torno a la celebración o no de los comicios municipales.

Azcona Hoyo, al ingresar a la reunión, dijo que se iba a entrevistar con las autoridades del CCEPL y los aspirantes presidenciales para discutir los problemas que está teniendo el partido y que nosotros podemos en alguna forma contribuir a solucionarlos".

Indicó que se dilucidaría lo relativo a las elecciones municipales.

Carlos Montoya se supo ayer tarde antes de acudir a la cita con el presidente y los otros aspirantes se reunió con la comisión política callejista.

En la cita participaron Rafael Leonardo Callejas, Mario Rivera López, Roberto Ramón Castillo, Gilberto Goldstein y Oscar Melara Murillo.

En la reunión, se supo, se abordó lo relativo a las elecciones municipales, las cuales se considera se podrían celebrar en 1988, pero previo reformas a la Ley Electoral y de las Organizaciones Políticas a lo que se opone el callejismo. (GP).

**TIEMPO/10 DE JUNIO DE 1987**

*Cara a cara las cabezas del Ejecutivo y Legislativo:*
# PERSONALMENTE LE RATIFICÓ MONTOYA A AZCONA H. QUE DEBE CAMBIAR MINISTROS

TEGUCIGALPA. -El presidente del Congreso Nacional Carlos Orbin Montoya, reiteró al mandatario José Azcona su deseo de que reestructure su gabinete de gobierno, en una reunión celebrada ayer para disipar el aparente distanciamiento entre el Parlamento y el Ejecutivo.

En la cita, se supo, Azcona y Montoya discutieron lo relativo a la suspensión de las elecciones, punto en que se asegura en medios políticos ambos están de acuerdo argumentando razones económicas y legales.

La reunión de Azcona Hoyo con su correligionario presidente del Congreso se produjo un día después de que se dio cita con el máximo líder del Partido Nacional, Rafael Leonardo Callejas.

Montoya, que confirmó la reunión con el mandatario, dijo que las relaciones entre el Ejecutivo y el Congreso marchan "fraternalmente y el Parlamento da su respaldo al régimen.

En los últimos días se creó un clima de distanciamiento entre el Congreso Nacional, especialmente Carlos Montoya y Azcona Hoyo, debido a ataques de portavoces de la casa de gobierno en contra del presidente de la Cámara.

Según dijo Montoya, "la ecuanimidad del presidente ha logrado bajar los niveles de confrontación entre el Ejecutivo y el Poder Legislativo, incrementados por funcionarios de la casa de gobierno como el secretario de Prensa, Lizandro Quezada, el secretario privado de la presidencia William Hall Rivera, entre otros.

Montoya calificó como un hecho 'grave" que supuestamente de la casa de gobierno se tirara línea a grupos de tendencia izquierdista" en torno a la exigencia de elecciones municipales.

El político dijo que el problema de las elecciones municipales se limita únicamente al incumplimiento de los plazos para la inscripción de planillas por parte de los partidos políticos.

Dijo además que, si se celebraran estos comicios, sería hasta en 1988 y habría que analizar el hecho de hacer una inversión de 10 millones de lempiras para una elección de autoridades que culminarían su periodo en poco tiempo.

Indicó que el Congreso hablará con todos los sectores sociales del país sobre las elecciones municipales y les explicará la situación.

El presidente del Congreso Nacional restó importancia a los que denominó despectivamente "paladines democráticos" que ahora demandan comicios municipales y en 1985 apoyaron el continuismo del ex mandatario Roberto Suazo Córdova.

Dijo que hay alcaldías donde los liberales pidieron que quieren "la revancha" para ganar, pero donde triunfó el partido de gobierno "se quiere ayuda para realizar obras comunales".

Montoya reveló que en la reunión insistió al mandatario sobre la conveniencia de efectuar cambios en el gabinete de gobierno, para mejorar la administración pública.

El presidente de la Cámara se pronunció, además, en favor de que se aplique el cobro del peaje a la ciudadanía hondureña a pesar de que no existen vías alternas y las carreteras actuales están en pésimo estado.

Sostuvo que existe una ley que permite al Ejecutivo imponer esta nueva carga tributaria a pesar del rechazo popular y la oposición de un amplio sector de diputados del Congreso Nacional.

Interrogado sobre los cobros exagerados que pretende imponer Hacienda y SECOPT, para transitar por las carreteras dijo que "hay que pagar, pero hay que pagar lo justo". (GP)

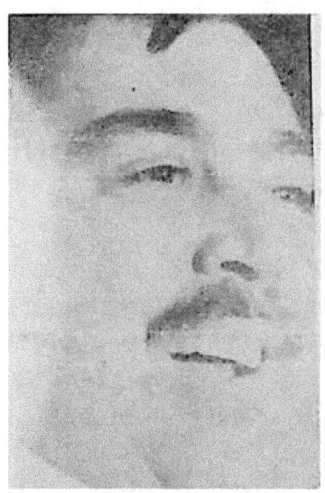 

**TIEMPO/10 DE JUNIO DE 1987**

## HABIB EXPONE A AZCONA POSICIÓN DE EU ANTE CUMBRE DE GUATEMALA

El embajador itinerante de los Estados Unidos para América Central, Philip Habib, aseguró ayer en esta capital que los cuatro presidentes demócratas del área "propugnan por la democratización de la región y todos tienen la esperanza de la paz".

Habib se reunió por espacio de una hora con el presidente José Azcona para escuchar sus puntos de vista sobre la próxima reunión de gobernantes centroamericanos que tendrá lugar en Guatemala y explicarle la posición de Estados Unidos.

En la cita, celebrada en el despacho presidencial también participaron el embajador de Estados Unidos, Everett Briggs y el ministro de Relaciones Exteriores, Carlos López Contreras.

El super-embajador norteamericano negó que miembros del Senado de su país o de la Cámara de Representantes consideren que sus giras por la región constituyan un boicot para las negociaciones de paz.

"Nunca he oído que se diga que mis giras por América Central son un boicot para la paz en la región. Primero que todo, señaló, quiero decirles que esta es apenas una continuación de lo que vengo haciendo desde hace un año".

Agregó que ha estado en consultas con los cuatro presidentes democráticos del área, realizando negociaciones para encontrar la paz. en América Central

"Como ustedes saben, apuntó. se avecina una reunión de mucha importancia en Guatemala y es evidente que yo vine para conocer las opiniones de los presidentes y para hacer conocer también los puntos de vista de los Estados Unidos".

Subrayó que "nosotros tenemos un interés muy importante en esta región del mundo. Tenemos compromisos para con nuestros amigos. También tenemos otros motivos para estar interesados en la región de tal forma que seguiré realizando estas visitas en el futuro".

Habib dijo que no tiene prevista una visita a Nicaragua, "Sólo voy a reunirme con los cuatro presidentes elegidos libremente dentro de un régimen democrático porque con ellos puedo discutir fácilmente el tema de la democratización de Centroamérica que es algo que propugnan todos. Ellos (los presidentes) tienen la esperanza de la paz", concluyó.

**El enviado especial Philip Habib, acompañado por el embajador Everett Briggs, se dirige al despacho del presidente José Azcona. (Foto de Aquiles Andino).**

**LA TRIBUNA/11 DE JUNIO DE 1987**

## Azcona destituirá jefe de Migración de Copán

El jefe de Migración en Santa Rosa de Copan, José Alberto Zelaya será destituido en las próximas horas por el presidente de la República, José Azcona, anunciaron ayer miembros de la Comisión de Cumplimiento Constitucional del Congreso Nacional.

El diputado Marco Augusto Hernández dijo que le planteó al gobernante las violaciones a la ley que viene cometiendo el citado funcionario de Migración, las cuales fueron comprobadas por una comisión nombrada por el Poder Legislativo.

"La comisión parlamentaria que investigó al jefe de Migración en Copán lo encontró culpable por lo que recomendó su destitución inmediata", expresó.

Hernández informó que al entregarle al presidente Azcona la copia del informe rendido por la comisión investigadora, "nos dijo que inmediatamente tomará cartas en el asunto".

El parlamentario reiteró que tal funcionario había expresado que con un poco más de apoyo de parte de las autoridades militares podría expulsar del país al propio presidente de la República, porque tiene pruebas de que es español.

"El informe contiene lo dicho por ese funcionario de Migración en cuanto a la nacionalidad del mandatario y el mismo merece de toda credibilidad, puesto que fue elaborado por una comisión integrada por representantes de todos los partidos políticos", comentó.

LA TRIBUNA/11 DE JUNIO DE 1987

# COMPROMISOS CONTRA LA LEY

A su regreso a Honduras, el presidente Azcona confirmó lo que en días anteriores había declarado el presidente del Congreso Nacional, en el sentido de que la idea original de no llevar al pueblo a elecciones municipales era del primer mandatario y no suya.

Ante la avalancha de protestas públicas, de todos los sectores, menos aquellos comprometidos con el PUN, el encumbrado presidente de la Cámara Legislativa tuvo que admitir, a manera de un "zafón de cuerpo", que lo han dejado en la estacada sosteniendo una tesis punpunera, con el agregado de que los cercanos colaboradores del ingeniero Azcona, en vez de retribuirle con generosidad, por lo menos verbal, "el sacrificio", lo han llenado de improperios.

Azcona vino a terminar de ponerle sal al huevo, al decir paladinamente que sobre esa cuestión de las elecciones municipales ya había un compromiso con Callejas, en el sentido de que "si se consideraba necesario (¿necesario para quién y para qué?) se suspenderían dichas elecciones.

Tal compromiso, de espaldas al pueblo y a la Constitución de la República, se habría sellado en 1986, o sea, casi un año antes de que el presidente del Congreso apareciese enfrentado a la ciudadanía, arrogándose el papel de vocero principal del acuerdo ilegal, y para-rayos voluntario en la tormenta de protestas que tal violación ha originado.

Peor para el malhadado PUN y desgracia añadida para el defensor de esta mala causa.

Como siempre, los callejistas han estado tratando de tapar los huecos de este barco inconstitucional que por todos lados ha hecho aguas, ora soslayando su directa responsabilidad por negarle a los municipios el derecho a su gobierno legalmente renovado cada dos años, ora escabulléndose por el atajo del sofisma o dejando que, al igual, la opinión pública se confunda y piense que son los azconistas-montoyistas los realmente interesados en el tema municipal.

Pero el presidente Azcona, en un acto de sinceridad personal o en la continuación de una cadena de ingenuidades políticas suyas, vino a poner en claro que sobre las elecciones municipales ya se había pactado con el callejismo.

¿Sobre qué otros puntos vitales de la vida democrática de Honduras han pactado Callejas y Azcona? ¿A qué se ha obligado el liberalismo oficialista, como compensación al callejismo, por las posiciones que éste "ayuda" a sostener, incluyendo la del propio presidente de la Cámara Legislativa? ¿Qué otras sorpresas nos tendrá reservadas el PUN para los próximos dos años?

Siempre ha habido en Honduras el repugnante manoseo de los asuntos públicos; varias veces se ha traicionado la buena fe del pueblo, mediante los arreglos de traspatio y los pactos rubricados en misas negras, contra las aspiraciones legítimas de las mayorías, pero por primera vez asistimos a ese sobijamiento grosero de la vida institucional del país, sin que se recurra siquiera al refinamiento y a la simulación púdicos. No, no lo necesitan. La mancebía impopular y las tratativas indecorosas se hacen con total desprecio por los valores inmanentes del sistema democrático, por el que tantos hondureños nos hemos venido esforzando, a lo largo de los últimos cincuenta años. Ya no hay el más mínimo intento por darle a las posiciones falsas una apariencia de legitimidad. ¿Para qué?

Es penoso observar estos acontecimientos de la vida nacional y darse cuenta

que este pueblo nuestro no sólo tiene que luchar contra las causas normales de su atraso y de su pobreza, sino que también tiene que batir el cobre contra los que, sin necesidad más que personal, subalterna y pequeña, retrasan el desarrollo de la institucionalidad en ciernes y se adocenan para que el ascenso democrático sea aún más lento.

**LA TRIBUNA/11 DE JUNIO DE 1987**

**Philip Habib:**
# HABLAMOS CON EL PRESIDENTE AZCONA SOBRE LA PAZ EN C.A.

TEGUCIGALPA. -El enviado especial del presidente norteamericano Ronald Reagan, Philip Habib se entrevistó con el presidente de la República ingeniero José Azcona Hoyo y, al finalizar la misma, el embajador itinerante explicó que la sesión fue reconocer las opiniones del mandatario y explicar los puntos de vista de los Estados Unidos (EEUU). Asimismo, señaló que su actual gira por Centroamérica es una continuación de todo el trabajo realizado por un año, encabezadas con las demás democracias centroamericanas y los gobernantes de esas. Informó que los objetivos o tema central de las conversaciones fue el tratado del Proceso de Paz y las negociaciones sobre la misma en la región y lo mismo será con los otros mandatarios. Reiteró a los medios de comunicación que los Estados Unidos tienen un interés muy importante en la región; agregando, tenemos compromisos con nuestros amigos.

Ante insistentes preguntas sobre las interioridades de las conversaciones con el presidente Azcona Hoyo, dijo que él tiene por regla general no discutir con la prensa.

Consultado sobre la posibilidad de una entrevista con el mandatario nicaragüense Daniel Ortega, recalcó Habib, que él venía a dialogar con los cuatro presidentes democráticos que propugnan por la paz; todos tienen la esperanza de la paz, dijo finalmente.

Philip Habib saluda al presidente José Azcona del Hoyo, mientras observa el embajador americano Everett Briggs.

**LA PRENSA/11 DE JUNIO DE 1987**

**MEJORARAN SALARIO A ALCALDES.** Diputados nacionalistas y liberales que integran dos comisiones legislativas informan al presidente José Azcona Hoyo de la situación imperante en la Penitenciaria Central y la necesidad de que se incremente cuanto antes el salario de los alcaldes. El-mandatario prometió pagar este año un salario de L. 250.00 a los jefes edilicios. (Foto Efraín Salgado).

**EL HERALDO/11 DE JUNIO DE 1987**

# NO HAY CLIMA PROPICIO PARA UN INDULTO GENERAL

TEGUCIGALPA. - (Por Faustino Ordóñez Baca). La ola delictiva que está azotando últimamente el país que ha generado crímenes espeluznantes podría influir para que decenas de reos no sean favorecidos con un indulto general, reveló ayer el presidente de la comisión de Gobernación y Justicia del Congreso, Jorge Roberto Maradiaga.

Maradiaga, y los demás miembros de la comisión se reunieron ayer con el presidente de la República, José Azcona Hoyo para plantearle la inquietud de los presidiarios, pero esta situación tendrá que ser bien analizada por el gobernante dada la situación criminal que se ha presentado en los últimos días en el país, según se informó.

En la actualidad, dijo el también aspirante presidencial, hay en todas las cárceles del país un total de 3 mil 77 detenidos de los cuales sólo un 12 por ciento están sentenciados.

Maradiaga comentó que "la administración de la justicia en Honduras anda tardía y lenta" y que en los próximos días viajarán a la zona sur del país para conocer las condiciones de los reos.

Un indulto general corresponde practicarlo al poder ejecutivo bajo el cual se beneficiarían aquellos reos que reúnan ciertos requisitos como el cumplimiento parcial de la condena y que se les haya observado buena conducta.

Pese a que los últimos delitos se han convertido en circunstancias adversas para las aspiraciones de centenares de reos, "hay que reconocer que no todos los condenados cometieron la infracción porque tenían tendencia delictiva en su fuero interior sino por circunstancias calificadas", dijo el vicepresidente del congreso.

Recientemente la comisión de Gobernación y Justicia se presentó a la Penitenciaría Central donde se enteró de la situación de los presidiarios que solicitaron su ayuda para la consecución de un indulto general.

**La comisión de Gobernación y Justicia del Congreso Nacional se reunió con el residente José Azcona para discutir dos temas: la posibilidad de una amnistía general y los salarios de los alcaldes municipales. (Foto Salinas).**

**LA PRENSA/11 DE JUNIO DE 1987**

## AUMENTARÁN SALARIO A ALCALDES

*\*Este año será de 250 lempiras mensuales*

El presidente José Azcona Hoyo recibió ayer a los miembros de las comisiones de Cumplimiento Constitucional y Gobernación y Justicia del Congreso Nacional a quienes prometió mejorar las condiciones existentes en la Penitenciaría Central.

Igualmente, el mandatario llegó a un acuerdo con los diputados para proceder a reajustar los salarios de los alcaldes municipales de la República, algunos de los cuales han venido devengando "sueldos ridículos de 20 y 30 lempiras", según el vice presidente del Congreso, Jacobo Hernández.

El parlamentario nacionalista declaró que durante el presente año se destinarán 1.3 millones de lempiras para que el salario mínimo de los jefes edilicios sea de 250 lempiras mensuales y que en 1988 se hará la provisión presupuestaria para que devenguen 300 mensuales.

Con respecto a la situación de la Penitenciaría Central, cuyas instalaciones fueron visitadas la semana anterior por la Comisión de Gobernación y Justicia, el diputado Marco Augusto Hernández, dijo que el presidente prometió apoyar las actividades de la Dirección del Centro Penal.

"Le planteamos al presidente Azcona las necesidades que está sufriendo la Penitenciaría y la falta de apoyo de parte de la Dirección General de Establecimientos Penitenciarios y él nos contestó que está dispuesto a cooperar y que ya adelantó algunas gestiones en ese sentido", acotó Hernández.

El miembro de la Comisión Legislativa señaló que lo ideal sería trasladar la PC a las afueras de la capital y convertirla en Granja Penal, pero destacó que la obra demandaría por lo menos 400 millones de lempiras que el estado no está en capacidad de erogar.

El parlamentario añadió que también solicitarán una audiencia con la Corte Suprema de Justicia en pleno para plantear la situación legal de miles de prisioneros que todavía no han sido condenados.

Hernández aseguró que la falta de condenas no solamente es responsabilidad de los jueces, sino que muchos profesionales del Derecho "no colaboran en su deber de agilizar las defensas de oficio".

Sobre la posibilidad de que el Congreso legisle para detener la ola de crímenes que abaten a la ciudadanía, Hernández dijo que es contrario a la instauración de la pena de muerte, pero que es partidario de que la Cámara fije un marco legal apropiado para esa clase de delitos.

**EL HERALDO/11 DE JUNIO DE 1987**

## AZCONA Y EL PARTIDO NACIONAL

Tan pronto como las Fuerzas Armadas se reunieron con la empresa privada, cuando nuestro presidente estaba en Europa. se empezaron a tejer ideas sombrías de un golpe al estado actual de las cosas.

Algunos de los participantes tuvieron que aclarar que sólo se trataba de las reuniones usuales que ambas instituciones tienen de cuando en vez.

Luego apareció la noticia que hacía aparecer a Callejas y Montoya exigiéndole al presidente un cambio de gabinete y otras tantas cosas.

Todo esto tiene su dosis de especulación y posiblemente de alguna intención de ciertos elementos que quisieron desestabilizar el orden constituido.

Lo que sí es necesario, es poner claro las cosas en cuanto al Partido Nacional se refiere.

Los nacionalistas no quieren ni desean un golpe de Estado, ni existe en el ánimo de sus lideres el más mínimo deseo de interrumpir el cuatrenio del señor ingeniero José Azcona.

Las cosas hay que verlas con pragmatismo. y ante todo con patriotismo. En este último enfoque hay que enfatizar que, aunque hay de todo en el partido azul, priva el más grande respeto por la patria que nos alberga y los elementos humanos que actualmente la dirigen, y creen que el destino democrático es un objetivo presente y eterno para nuestra nación.

En el otro lado de la moneda, un cambio en el orden constitucional acabaría con el deseo de miles de nacionalistas de acudir a las urnas en 1989, y colocarle la banda presidencial a un presidente azul, y si este fuese Callejas, el placer sería más grande.

El Partido Nacional ha definido claramente, que éste es un gobierno liberal, y que la rama ejecutiva está bajo las riendas del señor presidente Azcona.

En ningún momento el partido azul desea presionar al ingeniero Azcona para que cambie su gabinete; por el contrario, cree que él tiene la inteligencia y el derecho de escoger y mantener a su lado a la gente que él desee.

Sabemos que Azcona es un hombre cabal, honesto y bien intencionado, y en esto se distingue de su antecesor el doctor Suazo, quien fue un presidente desastre para este país.

Como partido en la oposición, el Partido Nacional y sus voceros más conspicuos, sí tienen el derecho de criticar las actuaciones tanto del presidente como de su gobierno en general, pues esto es lo común y corriente en una democracia.

Pero tanto Callejas como otros miembros del Partido Nacional lo han hecho con el respeto que se merece el señor presidente y sin afán de ennavajar o desestabilizar su gobierno.

Vemos con tristeza como este segundo gobierno liberal no ha podido encontrar las respuestas a los problemas nacionales, y más que todo nos asusta la falta de cohesión en las filas liberales, que, desgarrándose por alcanzar el poder, debilitan la actuación del presidente, y hunden al país en un caos crónico que en nada ayuda a sus habitantes.

El nuevo Partido Nacional cree y defiende el proceso democrático, comprende que la era golpista pertenece al pasado, y no puede más que desear con patriotismo que el señor presidente concluya su periodo, para que le coloque la banda presidencial a un presidente nacionalista.

*Tegucigalpa, D. C., 8 de junio de 1987.*

## LA TRIBUNA/11 DE JUNIO DE 1987

## AZCONA RECIBE 'RECOMENDACIONES' DEL ENVIADO ESPECIAL DE REAGAN

*\*\*\*Preocupada administración norteamericana*

TEGUCIGALPA. -El enviado especial de los Estados Unidos para Centro América, Philip Habib, le planteó ayer al presidente José Azcona Hoyo la preocupación de la administración Reagan de que en la Cumbre de presidentes centroamericanos que se llevará a cabo en Guatemala el 25 y 26 de este mes, surja un acuerdo de paz para la región que no salvaguarde los intereses de seguridad de los Estados Unidos.

Philip Habib se reunió con el presidente Azcona durante más de una hora, y en la misma participaron el embajador de los Estados Unidos, Everett Briggs. y el ministro de Relaciones Exteriores, Carlos López Contreras.

Habib dijo que su visita a Honduras es la continuación de las gestiones de paz que él lleva a cabo desde hace un año con los presidentes de los países aliados de los Estados Unidos, pero que en esta oportunidad tenía como objetivo también conocer los puntos de vista de los mandatarios centroamericanos sobre la reunión que sostendrán próximamente en Guatemala y al mismo tiempo, exponer las inquietudes de los Estados Unidos en torno a esa reunión.

"Nosotros tenemos un interés muy importante en esta región del mundo y tenemos compromisos para con nuestros amigos También tenemos otros motivos de estar interesados en esta región". agregó.

Preguntado por qué no visita Nicaragua también puesto que este país es parte del conflicto centroamericano, Philip Habib expresó que "ustedes siempre me hacen las mismas preguntas, ustedes conocen mi respuesta. saben quo voy a visitar los cuatro presidentes elegidos libremente dentro del régimen democrático, con ellos puedo discutir fácilmente el tema de la democratización de Centroamérica, que es algo que propugnan todos".

Por su parte, el canciller Carlos López Contreras dijo que Philip Habib planteó algunas sugerencias que la administración Reagan pretende que los cuatro presidentes centroamericanos las tomen en consideración antes de suscribir un acuerdo de paz en Guatemala.

"Honduras es un país amigo de los Estados Unidos y, en ese sentido, escucha y procesa y los toma en consideración, así como nosotros igualmente hacemos nuestras observaciones a ellos para que tomen en cuenta nuestros intereses de tipo político, económico y de seguridad", añadió.

López manifestó que no podría revelar las recomendaciones expuestas por Habib, "porque son conversaciones de tipo restringido, confidencial, de un representante del gobierno de los Estados Unidos con el presidente Azcona".

Sin embargo, expresó que la administración Reagan tiene preocupación de que "pudiera surgir un acuerdo que no salvaguarde sus intereses de seguridad".

Explicó que al gobierno de los Estados Unidos le preocupa que en Guatemala se suscriba un acuerdo de paz para Centro América y que Nicaragua continúe vinculada a la Unión Soviética. (TDG).

**HABIB**

**TIEMPO/11 DE JUNIO DE 1987**

## INDULTO LIMITADO PODRÍA DECRETAR EL PRESIDENTE

TEGUCIGALPA. - Los miembros de la comisión de Gobernación y Justicia del Congreso Nacional pidieron ayer al presidente José Azcona Hoyo que estudie la posibilidad de decretar un indulto para beneficiar a los reos que merecen ser puestos en libertad.

El presidente de la comisión, y a la vez vicepresidente del Congreso Nacional, Jorge Roberto Maradiaga, dijo que en el país existe una mala administración de la justicia, porque de los 3,077 detenidos en los centros reclusorios. apenas el 12 por ciento ha sido sentenciado.

"La administración de la justicia anda tardía, lenta, y de otorgarse un indulto el sector favorecido sería realmente poco", recalcó, agregando que muchos de los detenidos están pagando penas por "delitos no cometidos y otros han cumplido la sanción que les correspondía, pero al no haber sido condenados, no pueden conseguir la libertad".

Sin embargo, el aspirante presidencial manifestó que una determinación de favorecer con un indulto a una parte de los reos, no sería visto con "buenos ojos" por el pueblo hondureño, porque la delincuencia ha aumentado últimamente en el país.

El presidente Azcona le expresó a la comisión de Gobernación del Congreso Nacional que un indulto podría traer consecuencias negativas para el país, en vista de la ola de delincuencia que se ha desatado, pero estudiaría la posibilidad de decretarlo para los reos que guardan prisión injustamente.

La comisión le planteó también al mandatario la necesidad de que la presidencia de la República apoye económicamente a la Penitenciaría Central, para mejorar la situación de los reclusos.

El diputado Marco Augusto Hernández indicó que la situación en que viven los reos en la Penitenciaría Central, es "muy difícil", por lo que urge el apoyo gubernamental.

Señaló que por el momento el Estado no está en la capacidad de otorgar 400 millones de lempiras para la construcción de una granja penal, que vendría a sustituir a la Penitenciaria Central. (TDG).

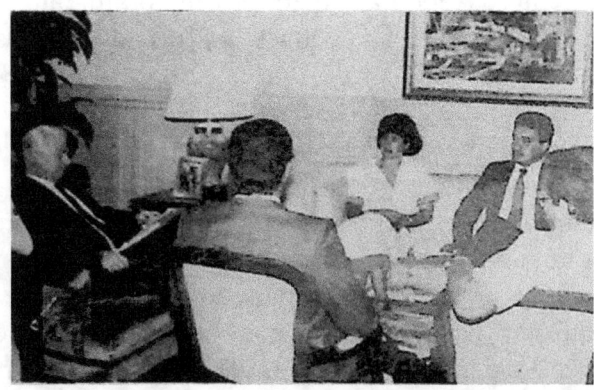

Comisión del Congreso que se reunió ayer con el presidente José Azcona

**TIEMPO/11 DE JUNIO DE 1987**

# AZCONA APRUEBA DECRETO QUE REDUCE IMPORTACIÓN DE LECHE

El decreto que reduce la importación de leche en polvo para su uso en las procesadoras industriales y su mezcla con leche fluida suministrada por los ganaderos nacionales, fue aprobado por el presidente José Azcona, se supo ayer en esta capital.

De acuerdo a lo indicado por la fuente oficial consultada, dicho decreto reduce en un 20 por ciento las importaciones de leche en polvo envasada o en bloque, a excepción de las leches medicinales.

Con ello el gobierno procura resolver el grave problema que venían atravesando los ganaderos nacionales que le suministran el producto a las plantas industriales, al reducir éstas los niveles de captación de la leche fluida para su combinación con la importada.

El mencionado decreto afirma que las plantas procesadoras de leche, helados y otras industrias "cuya materia principal sea la leche, quedan obligadas a utilizar leche cruda nacional, por lo menos en un 50 por ciento del total de la misma".

Al establecerse las cuotas de leche íntegra deshidratada o descremada, semidescremada en forma sólida como en bloques y polvo para el presente año, conforme al decreto 91 del ocho de noviembre de 1973, el Ministerio de Economía "lo hará mediante una reducción del 20 por ciento en relación al promedio de importaciones de los últimos años, quedando exceptuadas de esta disposición las leches medicinales".

Las disposiciones del decreto se mantendrán vigentes, mientras subsista la situación que le dio origen. Asimismo, se indica que toda importación relacionada con las donaciones de leche en polvo destinadas al desarrollo de programas de distribución y consumo por parte de las clases de menos recursos económicos "deberán coordinar previamente con la Comisión Nacional de la Leche y sujetarse a la supervisión y control de la misma".

**EL HERALDO/12 DE JUNIO DE 1987**

## TAULABÉ: PLEITO CAUSA CREACIÓN DE MUNICIPIO

El otorgamiento de la categoría de municipio a la aldea de Taulabé, jurisdicción de Siguatepeque, Comayagua, ha degenerado en un enfrentamiento político entre sus habitantes.

El martes anterior los directivos del Comité pro-creación del municipio de Taulabé anunciaron que el presidente José Azcona había firmado el respectivo acuerdo de creación.

Sin embargo, los miembros del Patronato pro-mejoramiento de esa misma comunidad aseguraron ayer que el decreto todavía no ha sido firmado y acusaron a los miembros del Comité de buscar ventaja política a favor de Carlos Montoya, al haber anunciado algo que aún no ha sucedido.

Luis Ramón Leiva, presidente del Patronato, dijo que el presidente Azcona les prometió ayer que cuando sea elevado a la categoría de municipio serán los propios habitantes los que elegirán sus primeras autoridades municipales, en una asamblea pública.

Explicó que todavía falta elaborar los límites de Taulabé con respecto a Siguatepeque para que el mandatario proceda a firmar el acuerdo para convertir esa aldea en municipio.

"Los montoyistas quieren hacer política con la creación de ese municipio, e incluso, pretenden que sus dirigentes ocupen los cargos de la alcaldía, pero no lo vamos a permitir porque el presidente Azcona nos ha prometido que serán los habitantes quienes van a elegir a las autoridades municipales", señaló.

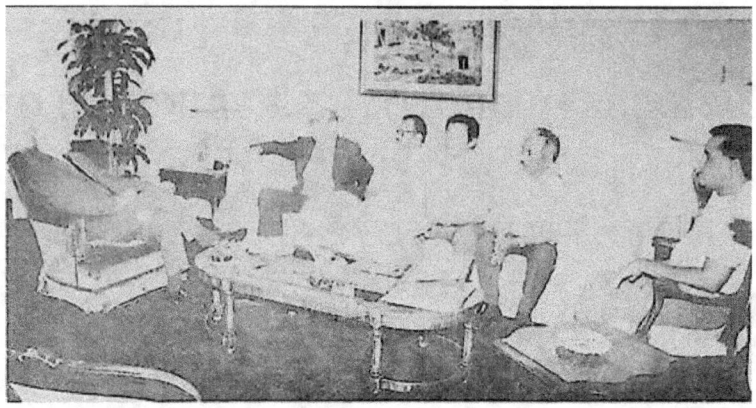

Directivos del Patronato Pro-Mejoramiento de Taulabé mientras solicitaban ayer al presidente José Azcona que se les permita elegir libremente a sus primeras autoridades municipales, una vez que su aldea sea convertida en municipio. (Foto Aquiles Andino).

**LA TRIBUNA/12 DE JUNIO DE 1987**

# AZCONA DE ACUERDO CON QUE SEAN REVISADOS LOS COBROS DEL PEAJE

Las tarifas para el cobro del peaje en las carreteras deben ser revisadas de común acuerdo entre el gobierno, los diputados y el sector transporte, según el presidente José Azcona Hoyo.

La opinión del mandatario fue divulgada ayer por el diputado y dirigente del transporte, Ramón de Jesús Sabillón, quien dialogó con el gobernante sobre ese particular.

Según Sabillón, el transporte organizado no se opone a que se ejecute el cobro del peaje en las carreteras, pero "deben cobrarse cuotas razonables, que estén al alcance económico de los transportistas y en ello está de acuerdo el presidente", aseguró.

Sostuvo el parlamentario que en otros países de la región se cobra el equivalente a 80 centavos de lempira en cada caseta mientras que el proyecto de ley que se pretende aprobar en el Congreso Nacional establece un cobro de dos lempiras por el paso de cada una.

Añadió que los transportistas desean que se les cobre una tarifa razonable porque han decidido no trasladar esos gastos al usuario en aras de contribuir al desarrollo del país.

Sabillón sostuvo además que las recaudaciones por concepto de peaje deben ser manejadas por el Banco Central de Honduras y no por el Gobierno Central para evitar que suceda lo mismo que pasó con los impuestos a los licores y cigarrillos que supuestamente servirían para el fomento del deporte y no son utilizados con ese fin.

**RAMON SABILLON**

**EL HERALDO/12 DE JUNIO DE 1987**

# AZCONA ELEGIRÁ HOY A NUEVO DIRECTOR DEL BANCO CENTRAL

El presidente José Azcona Hoyo elegirá hoy al nuevo director del Banco Central de Honduras (BANTRAL), en representación de las Fuerzas Vivas, debido a que este grupo no pudo lograr consenso para proponer un candidato al mandatario.

Los principales candidatos a ocupar el cargo son los empresarios Emín Abufele, de San Pedro Sula, Richard Zablah y Oscar Kafatti, los dos últimos de la capital, quienes aspiran a ser directores de la institución rectora de la política bancaria del país.

La reglamentación del BANTRAL establece que, de no haber unanimidad o nombramiento alguno en la postulación del candidato de las Fuerzas Vivas, el presidente de la República tiene la potestad de seleccionar al futuro director.

Las Fuerzas Vivas se reunieron hace tres semanas en los salones del BANTRAL, pero no lograron hacer una nominación oficial, ya que no existió quorum en la cita al asistir 16 de las 42 organizaciones sociales invitadas.

El empresario capitalino Emín Barjun desempeña actualmente el cargo de director propietario ante el directorio del BANTRAL, pero su mandato vence en este mes y en forma anticipada anunció que no se postularía para un periodo más.

Emín Abufele se desempeña como suplente de Barjun en el directorio, pero diversos candidatos se postularon para el cargo. De acuerdo a varias fuentes es el aspirante con mayores posibilidades a ser designado director propietario, por estar familiarizado con las tareas y decisiones del banco, aunque sectores empresariales de Tegucigalpa adversan su candidatura.

Richard Zablah fue nominado oficialmente como candidato del Consejo Hondureño de la Empresa Privada (COHEP), pero su postulación no pudo ser refrendada por las Fuerzas Vivas, mientras que Oscar Kafatti, un próspero empresario de la caficultura, es respaldado por los sectores campesinos y laborales agrupados en la Central General de Trabajadores (CGT) y FECORAH por llevar como suplente al dirigente sindical Marco Tulio Cruz.

El presidente José Azcona Hoyo deberá efectuar el nombramiento este día, debido a que hoy concluye el período para hacer la designación en vista que Barjun no continuará en el cargo.

En el directorio del BANTRAL se toman las resoluciones más trascendentales en cuanto a materia económica de la nación, además de regular por ley las políticas bancarias, de crédito y cambiaria.

**EL HERALDO/12 DE JUNIO DE 1987**

## COMPAÑÍA OFRECE COMERCIALIZAR PRODUCCION AGRICOLA HONDUREÑA

Una compañía norteamericana ofreció ayer al gobierno sus servicios para comercializar en el extranjero la producción agropecuaria de Honduras, especialmente el banano, el café y el azúcar.

Max García, presidente de la World Trading Corporation International, con sede en Tampa, Florida, dijo que durante los últimos días han sostenido pláticas con varios funcionarios gubernamentales y ejecutivos del sector privado y que tiene pendiente una cita con el presidente José Azcona.

"Nuestro propósito es contribuir a comercializar la producción agropecuaria de Honduras en el mercado mundial lo que indudablemente contribuirá a un incremento del empleo en el país y por ende el mejoramiento de la economía de esta nación", indicó.

García explicó que su compañía está interesada en exportar toda clase de productos agrícolas, principalmente azúcar, café y banano "ya que para esos productos tenemos un amplio mercado en el extranjero".

Ejecutivos de la firma norteamericana World Trading Corporation International al abandonar la Casa Presidencial. (Foto Aquiles Andino)

**La Tribuna /12 de junio de 1987**

*Azcona firmará decreto, pero*
## TAULABÉ NO HA SIDO DECLARADO MUNICIPIO

TEGUCIGALPA. - Dirigentes comunales de Taulabé y el alcalde de Siguatepeque, José Cerna, desmintieron ayer a un politizado comité pro-municipio que un día antes informó en Casa Presidencial que el presidente José Azcona había firmado el decreto declarando nuevo municipio al lugar.

**Dirigentes de Patronato Pro-Mejoramiento de Taulabé y de la Alcaldía de Siguatepeque se apersonaron a Casa Presidencial para desmentir la creación del nuevo municipio anunciado anteayer por un Comité seguidor de Carlos Montoya.** *(Foto Salinas).*

Resulta que Víctor Manuel Castellanos, que dijo ser presidente del comité creado como un organismo local de apoyo a la candidatura de Carlos Montoya, se adelantó a las legítimas autoridades del municipio para anunciar a los periodistas la noticia en un afán por adjudicarse méritos.

Pero ayer fue desautorizado por el alcalde Cerna y el presidente del Patronato Pro-Mejoramiento de Taulabé, Luis Ramos Leiva, quienes se entrevistaron con el presidente Azcona que les prometió firmar en los próximos días el referido decreto.

Informaron que según promesas del mandatario el primer alcalde de Taulabé será nombrado en una asamblea pública y no por el Ministerio de Gobernación y Justicia como lo habían anunciado los anteriores dirigentes.

En términos generales, los dos movimientos del municipio pretenden adjudicarse méritos políticos, ya que los primeros llegaron a Casa Presidencial acompañados del diputado Carlos Salgado y Ramón de Jesús Sabillón.

**LA PRENSA /12 DE JUNIO DE 1987**

*Por parte de Felipe Argüello Carazo:*
## AZCONA SERÁ INFORMADO HOY SOBRE LOS TÉRMINOS DE VENTA DE MINERAL EL MOCHITO

SAN PEDRO SULA. - El ingeniero Felipe Argüello Carazo, presidente de la Cámara de Comercio e Industrias de Cortés, y quien fue nombrado oficialmente hace cerca de dos meses como representante del gobierno en las negociaciones con la compañía alemana Metallgesellschaft M.G. para la compra del mineral de El Mochito informará hoy al presidente de la República sobre la forma e interioridades que condujeron a un feliz término en la venta del centro minero que a la mencionada firma.

Argüello Carazo se reunirá de 8:00 a 9:00 de la mañana de hoy con el mandatario hondureño, ingeniero José Azcona Hoyo, a quien le mostrará los documentos respectivos que contienen los informes y las condiciones en que se acordó la entrega de la mina a la empresa alemana, negociación que culminará en forma definitiva la próxima semana en Grenwich, Connecticut, Estados Unidos de Norteamérica cuando se firman los documentos de compra venta entre la Metallgesellschaft M.C. y la multinacional compañía AMAX, que es la propietaria del mineral de El Mochito, Santa Bárbara.

En la firma de tales documentos en el coloso del norte estarán presentes el presidente de la Cámara de Comercio e Industria de Cortés y representante oficial del gobierno en las negociaciones que se han venido realizando y que llegaron a un feliz término al anochecer del pasado miércoles en San Pedro Sula, así como dirigentes del sector privado de la Costa Norte quienes adquirirán el 49 por ciento de las acciones de la mina, en tanto que el 51 por ciento corresponderá a la Mettallgesellschaft.

Los negociadores alemanes en la compra del mineral de El Mochito estuvieron representados por Dietrich Wollff, Michael Herber. Stefan Garber, Hana W, Nolting, Thomas Spang y Claudio H. Stoltz.

**LA PRENSA /12 DE JUNIO DE 1987**

*Por más de un millón*
# PRESIDENTE APRUEBA TRANSFERENCIA PARA PRESTACIONES DE EMPLEADOS DE DIFOCOOP

El presidente de la República, José Azcona, autorizó la transferencia de más de un millón de lempiras, que se destinarán al pago de prestaciones de más de 150 empleados de la Dirección de Fomento Cooperativo (DIFOCOOP).

La fuente consultada señaló que el 18 del presente mes el mencionado organismo será convertido en el Instituto Cooperativo, por lo cual los 158 empleados recibirán sus respectivas prestaciones laborales.

Empero, se tenía el problema de que el Ministerio de Economía, del cual depende DIFOCOOP, no contaba con los fondos necesarios para atender tal requerimiento de prestaciones laborales, por lo cual el mandatario directamente adoptó la decisión de que se efectuara la transferencia del caso, de los fondos del Estado.

A partir del 19 del presente mes, la entidad comenzará a funcionar bajo el nuevo esquema administrativo contemplado en la ley de creación del Instituto de Cooperativismo, aprobada por el Congreso Nacional hace varias semanas. La sede del nuevo organismo será la ciudad de San Pedro Sula, según lo contempla la misma ley.

Decenas de empleados de la DIFOCOOP engrosarán las listas del ejército de los desempleados. Hasta el momento no se ha indicado si algunos empleados y de mandos intermedios serán reclutados para prestar sus servicios en la nueva entidad.

**EL HERALDO/12 DE JUNIO DE 1987**


# CENA DE GALA PRESIDENCIAL DE LA CRUZ ROJA HONDUREÑA

La Cruz Roja Hondureña realizará la tradicional Fiesta de Gala Presidencial, el 17 de julio próximo, la cual será presidida por el Excelentísimo señor Presidente Constitucional, ingeniero José Azcona Hoyo y su señora esposa doña Miriam.

El evento se llevará a cabo en el Centro Social Metro y al cual asistirán prominentes políticos, empresarios y público en general.

El Club de Jardinería que siempre brinda la colaboración a la Cruz Roja Hondureña en la decoración, contribuyendo enormemente a darle más distinción al evento.

Esperamos que el público apoye con su asistencia a esta benemérita institución, ya que la fiesta presidencial es una de las actividades de recaudación de fondos que realiza la Cruz Roja Hondureña para poder desarrollar los programas que tiene en marcha.

**Tiempo/12 de junio de 1987**


**Madrigal Nieto:**
# COSTA RICA DEFIENDE CON VEHEMENCIA SUSPENSIÓN DE AYUDA A LOS 'CONTRAS'

Estados Unidos discrepa un tanto del Plan Arias para la Pacificación de Centroamérica porque Costa Rica propicia con mucha vehemencia la suspensión de la ayuda a la contra nicaragüense, declaró ayer el canciller tico, Rodrigo Madrigal Nieto, al término de una reunión con el presidente José Azcona Hoyo.

Madrigal Nieto llegó a Tegucigalpa para sostener conversaciones con las autoridades hondureñas sobre las posibilidades de que el Plan Arias sirva para dar paso a la suscripción de un Tratado General de Paz que ponga fin a la violencia en la región.

"Estamos desarrollando ideas y tratando de encontrar fórmulas buenas para someterlas a la consideración de los demás colegas de la región", dijo Madrigal Nieto.

Señaló que los gobiernos de Honduras y Costa Rica coinciden en muchos de los puntos incluidos en el Plan Arias, especialmente la necesidad de que se decrete una amnistía política, la celebración de diálogos de reconciliación nacional, el cese al fuego y una mayor apertura de las libertades públicas.

Madrigal lamentó que el "desproporcionado armamentismo" de Nicaragua "provoque que los demás gobiernos de la región también decidan rearmarse" y añadió que esa situación podría superarse si los cinco países se adhirieran a los postulados del Plan Arias.

En relación a las declaraciones del negociador norteamericano, Philip Habib, quien dijo que su gobierno teme que los países centroamericanos firmen un Tratado de Paz que no garantice suficientemente la seguridad exterior de los Estados Unidos, Madrigal sostuvo que esa preocupación se deriva de la defensa ferviente que hace su país para que se suspenda toda ayuda a los contras.

Señaló, sin embargo, que el Plan Arias demanda que todas las partes en conflicto dejen de recibir ayuda externa y que ello incluye también a los guerrilleros salvadoreños.

"El problema centroamericano ha caído en medio del conflicto este-oeste y por ello buscamos fórmulas de paz que representen la voluntad política de los estados centroamericanos", concluyó el canciller tico.

El Plan Arias que ha presentado el gobierno de Costa Rica para procurar la paz en la región centroamericana, tendrá que ser estudiado más a fondo en reuniones de cancilleres, según acordaron ayer los gobiernos de Honduras y Costa Rica (Foto Salgado).

**EL HERALDO/13 DE JUNIO DE 1987**

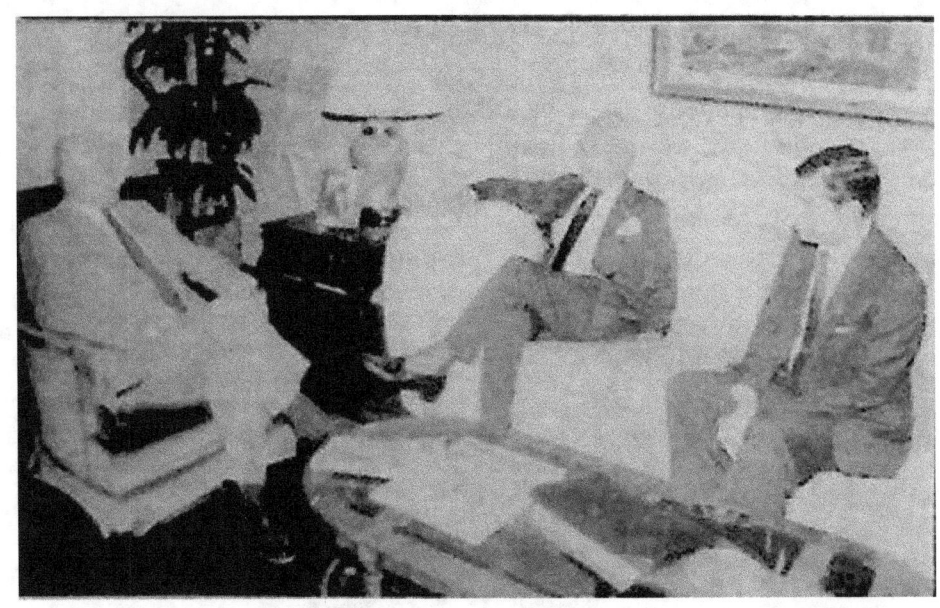

**El titular de Relaciones Exteriores de Costa Rica reunido con el homólogo hondureño Carlos López Contreras y el presidente José Azcona Hoyo. (FOTO AULBERTO SALINAS).**

TEGUCIGALPA. - El canciller costarricense Rodrigo Madrigal Nieto, tras reunirse con el presidente José Azcona Hoyo, declaró que Honduras coincide absolutamente con el "plan Arias" en que debe haber en Centro América una amnistía general, la incorporación de todos los grupos políticos al proceso de democratización, cese inmediato al fuego y la necesidad de una mayor libertad de prensa.

El rector de la política exterior de Costa Rica realiza una gira por los demás países centroamericanos para conocer los puntos de vista de cada uno de los mandatarios en relación al proyecto regional de paz promovido por el gobernante de Costa Rica Oscar Arias el cual será discutido los días 25 y 26 de junio próximos.

Madrigal Nieto dialogó ampliamente por la mañana con el presidente Azcona Hoyo, reunión en la que también participó el ministro de Relaciones Exteriores hondureño, Carlos López Contreras.

**LA PRENSA /13 DE JUNIO DE 1987**

*Para el próximo martes*
## VINICIO CEREZO ANUNCIA VIAJE A TEGUCIGALPA

GUATEMALA,11 JUNIO (ACAN-EFE). El presidente de Guatemala, Vinicio Cerezo, anunció hoy que viajará el martes a Honduras, para entrevistarse con su homólogo, José Azcona Hoyo, y conocer su posición frente a la reunión de mandatarios centroamericanos que se celebrará los días 25 y 26 de este mes.

El mandatario democristiano en una improvisada conferencia de prensa en el palacio de gobierno, indicó que desea conocer "la posición y criterio del presidente hondureño "sobre el plan de paz del presidente costarricense, Oscar Arias, que será analizado en la reunión que se celebrará en la capital guatemalteca.

El proyecto de paz para la región que fue promocionado recientemente por Arias, en una gira por Europa, según el gobierno de Guatemala, "tiene puntos positivos".

Cerezo agregó, sin embargo, que en el "Plan Arias" también hay puntos "que podrían crear dificultades".

Cerezo viajará acompañado de su canciller, Mario Quiñónez Amezquita, y permanecerá "pocas horas" en Honduras, porque únicamente se entrevistarán con Azcona para conocer su opinión sobre la "cumbre" presidencial.

El dignatario de Guatemala ya sostuvo entrevistas con los presidentes de Costa Rica, Oscar Arias, El Salvador, José Napoleón Duarte y Nicaragua Daniel Ortega, quienes le ratificaron su asistencia al encuentro de Jefes de Estado.

Cerezo no hizo ningún comentario sobre las modificaciones al plan de Paz de Arias, que han propuesto Honduras y El Salvador.

**Vinicio Cerezo**

**La Prensa/12 de junio de 1987**

## SUSPENDIDA CUMBRE DE PRESIDENTES

*\*\*Rodrigo Madrigal: Óscar Arias y José Azcona ya aceptaron y los demás actuarán de conformidad*
*\*\*No es en represalia por la cancelación de la reunión de cancilleres en Tela: López Contreras*
*\*\*La decisión coincide con la gira de Phillip Habib*

La reunión cumbre de mandatarios centroamericanos que debía celebrarse a fines del mes en Guatemala fue suspendida indefinidamente, horas después de que el embajador itinerante de Estados Unidos para América Central, Phillip Habib, concluyó una gira por la región.

La suspensión de la cumbre, quienes discutirían el Plan de Paz elaborado por el presidente de Costa Rica, Oscar Arias, fue solicitada por el mandatario de El Salvador, José Napoleón Duarte.

Los cancilleres de Honduras y Costa Rica, Carlos López y Rodrigo Madrigal, se encargaron de anunciar la suspensión durante una conferencia de prensa realizada ayer tarde en la Casa de Gobierno.

Madrigal, quien se encontraba de visita en esta capital, dijo que el presidente salvadoreño argumentó para pedir la suspensión de la reunión, la no realización de una cita preparatoria de los cancilleres.

La reunión de cancilleres centroamericanos estaba programada para celebrarse el 22 y 23 próximos en Tela, Honduras, pero fue cancelada en vista de que el canciller: guatemalteco, Mario Quiñonez concertó para el mismo 23 pláticas bilaterales con su homólogo nicaragüense, Miguel D'Escoto.

López afirmó que la suspensión de la cita no es en represalia a la actitud de Guatemala.

El canciller costarricense también señaló que el presidente Duarte dijo que tenía previsto un viaje a Europa en los próximos días, que le impediría asistir a la reunión de mandatarios centroamericanos.

Madrigal indicó que tanto el presidente hondureño, José Azcona, como el de Costa Rica, Oscar Arias, "han aceptado la posposición de la cita solicitada por su colega salvadoreño e imaginamos que los demás gobernantes actuarán de conformidad".

Ambos cancilleres afirmaron que era justificable que el presidente salvadoreño solicitara una reunión de los ministros de Relaciones Exteriores de la región, previo a la reunión cumbre de mandatarios.

El canciller hondureño dijo que Duarte ofreció a San Salvador como sede de la reunión preparatoria que tendrán los cancilleres del área antes de que se lleve a cabo la cita cumbre, aunque aclaró que todavía no hay fechas para ambas reuniones.

López Contreras no quiso responder una interrogante en la cual se señaló la coincidencia de que la reunión de presidentes centroamericanos fue suspendida horas después de que Habib concluyó su octava gira por la región.

Precisamente, el super-embajador negó el miércoles en esta capital, al finalizar su entrevista con el presidente Azcona, que su gira por la región obstaculizara las negociaciones de paz que iban a realizar los mandatarios centroamericanos.

Horas antes de anunciarse la suspensión indefinida de la cita cumbre, el canciller costarricense dijo que el gobierno de Estados Unidos no estaba muy de acuerdo con la cancelación de la ayuda a los contras, uno de los puntos, que contiene el Plan de Paz del presidente Arias.

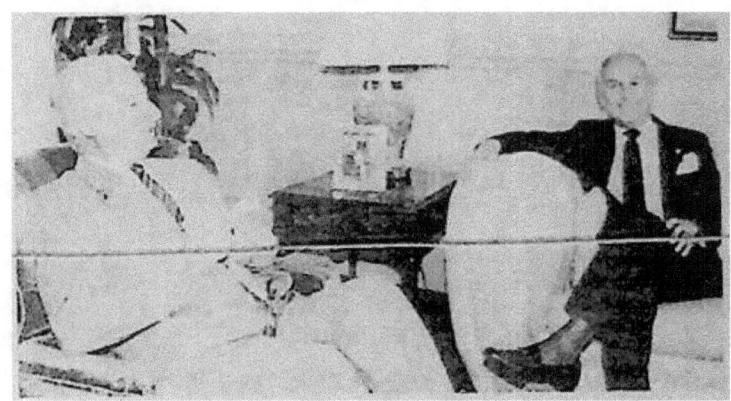

**El presidente José Azcona y el canciller costarricense, Rodrigo Madrigal, mientras dialogaban en la Casa de Gobierno.** *(Foto de Mario Fajardo).*

**LA TRIBUNA/13 DE JUNIO DE 1987**

# POR LO MENOS 4 REUNIÓN DE CANCILLERES SOLICITA DUARTE

SAN SALVADOR. Jun. 12 (AFP). El gobierno de El Salvador sugirió hoy la posposición de una reunión de presidentes centroamericanos programada para el 25 y 26 de junio en Guatemala, en la que se analizará el Plan de Paz regional del mandatario costarricense, Oscar Arias.

El presidente Napoleón Duarte dijo hoy aquí que "sería peligroso llegar a Guatemala sin un documento elaborado antes por los cancilleres".

Asimismo, el canciller Ricardo Acevedo sugirió "posponer la reunión porque no hay una clara fórmula para llevar".

Las declaraciones surgieron a raíz de la suspensión de una cita de cancilleres centroamericanos que se realizaría en Tela, Honduras, los días 22 y 23 de junio próximos, en la cual se analizaría el Plan Arias.

Duarte pidió hoy a Acevedo solicitar por lo menos cuatro reuniones de cancilleres, porque de no hacerlo así "sería peligroso reunir a cinco presidentes".

El mandatario salvadoreño reveló que Arias le solicitó "analizar la situación".

"Es mejor que nos tomemos nuestro tiempo y que haya por lo menos unas cuatro reuniones de cancilleres para que ellos pulan el documento que van a conocer los presidentes", afirmó Duarte.

Según Duarte, Nicaragua no se ha definido sobre el plan ya que "ha hecho cinco declaraciones, todas contradictorias".

Acevedo expresó que "estamos sumamente preocupados porque si los cancilleres no podemos ponernos de acuerdo sobre una reunión, o ni siquiera sobre un punto, es discutible el éxito o incluso la viabilidad de la reunión de presidentes".

"Nosotros vamos a hacer lo posible por ejercer nuestras influencias para realizar a corto plazo las reuniones de cancilleres, en las cuales se esperan aportaciones o modificaciones al documento", acotó.

**LA TRIBUNA/13 DE JUNIO DE 1987**


# SUSPENDEN CUMBRE DE PRESIDENTES DE C.A.

*\*Habib nada tiene que ver en la decisión según López C.*

**TEGUCIGALPA.** - El canciller de Honduras, Carlos López Contreras y el de Costa Rica, Rodrigo Madrigal Nieto, anunciaron ayer la suspensión de la cumbre de presidentes de América Central programada para realizarse el 25 y 26 del presente mes en Guatemala, Ambos funcionarios aseguraron que la decisión no fue tomada por sugerencia del enviado norteamericano Philip Habib. Madrigal Nieto se reunió con el presidente de la República, José Azcona.

**TIEMPO/13 DE JUNIO DE 1987**

Con la presencia de Azcona:
## PRECANDIDATOS LIBERALES DISCUTIRÁN SUSPENSIÓN DE COMICIOS MUNICIPALES

Los precandidatos del Partido Liberal de Honduras se reunirán mañana nuevamente a fin de ponerse de acuerdo en forma definitiva si es conveniente o no para ese instituto político suspender las elecciones municipales.

La cita de los siete aspirantes presidenciables contará con la presencia del mandatario José Azcona Hoyo, quien se ha visto obligado a intervenir en el relajo político que se tienen los dirigentes, los cuales no quieren ponerse de acuerdo por sus ambiciones personales.

A la reunión de mañana se ha dicho participará el ingeniero Carlos Flores Facussé, quien por encontrarse fuera del país no asistió a la cita que se celebró el miércoles de la semana anterior.

En esa entrevista se acordó como fecha tentativa para celebrar las elecciones internas del liberalismo el primer domingo del mes de septiembre de este año, fecha que será ratificada o cambiada este martes.

Según la mayoría de los aspirantes al Consejo Central Ejecutivo, esa fecha está adecuada, pues así les da oportunidad a cada uno de los movimientos de prepararse mejor, aunque algunos creen que éstas deben celebrarse en el mes de agosto.

En esta reunión los aspirantes y las autoridades del CCEPL también buscarán ponerse de acuerdo en la práctica o no de las elecciones municipales, aunque en el Congreso Nacional existe una decisión de las bancadas Callejista y Montoyista por suspender las municipalidades.

Carlos Montoya dijo que el grupo que él dirige está dispuesto acatar lo que decidan las autoridades de su partido en lo que se refiere a las elecciones internas del liberalismo.

El presidente del Congreso Nacional reveló que en la reunión de la semana anterior se acordó entre los aspirantes que era conveniente trasladar al Tribunal Nacional de Elecciones la decisión de declarar o no desiertas las elecciones municipales.

**EL HERALDO/15 DE JUNIO DE 1987**

# SUSPENDEN CUMBRE DE MANDATARIOS DE CA

TEGUCIGALPA. - Los presidentes de Honduras y Costa Rica aceptaron ayer la solicitud del presidente de El Salvador, José Napoleón Duarte, de posponer la reunión cumbre de mandatarios centroamericanos, programada para celebrarse el 25 y 26 de este mes en Guatemala.

El anuncio fue hecho ayer en la tarde sorpresivamente por los cancilleres de Honduras y Costa Rica, Carlos López Contreras y Rodrigo Madrigal Nieto, respectivamente, después de dos reuniones sostenidas con el presidente José Azcona Hoyo.

En la conferencia de prensa que dieron en la Casa Presidencial, Madrigal Nieto explicó que el presidente salvadoreño "les ha notificado a sus colegas que él estima que dadas las circunstancias que imperan en este momento, y que no ha habido la posibilidad todavía de preparar algunos documentos que él considera de gran importancia para la reunión, creía que debía posponerse, porque él personalmente no podría asistir en esas circunstancias".

Dijo, además, que Napoleón Duarte tiene programado viajar a Europa en los próximos días, por lo cual les ha solicitado a los señores presidentes que se posponga esta cita para su regreso, en una fecha que habrá de convenirse pocos días después del regreso de él. Imaginamos que será una cosa de unos 10 ó 15 días después de su regreso".

El canciller costarricense manifestó que previamente a la reunión de mandatarios, "se tratará de hacer algunas reuniones de cancilleres para tratar de elaborar con más precisión los documentos que hemos de ver en esa reunión".

"De manera que tanto el presidente Azcona como el presidente de Costa Rica, Oscar Arias Sánchez, han aceptado la posposición solicitada por el presidente Duarte. Imaginamos que los demás colegas actuarán de conformidad", agregó.

Por su parte, el canciller López Contreras anunció que el gobierno de El Salvador ha ofrecido la ciudad de San Salvador como sede para la celebración de la primera reunión de cancilleres centroamericanos, previa a la reunión cumbre de mandatarios.

A la pregunta por qué demasiada coincidencia que inmediatamente después de la visita del enviado especial de los Estados Unidos, Philip Habib, los tres presidentes de El Salvador, Honduras y Costa Rica, deciden posponer la reunión cumbre, López Contreras expresó que "quisiera llamar la atención también de que hay una coincidencia muy extraordinaria el hecho de que se haya visto forzada la cancelación de la reunión de cancilleres en Tela".

"Obviamente dicha reunión -continuó- tenía el objeto de tener un intercambio multilateral entre los cancilleres, y por lo que concierne a la República de Honduras, el presidente estuvo de acuerdo asistir a la reunión de Guatemala, a pesar de que no hubiera una reunión previa de cancilleres, pero no es el pensar ni el sentir de todos los presidentes, y eso definitivamente es perfectamente de respetar".

En tanto Madrigal Nieto señaló que la decisión de posponer la reunión de mandatarios, no debe atribuirse a "ninguna influencia negativa o inconfesable, ni tampoco a ninguna actitud de irresponsabilidad".

"De manera que nosotros lo que estamos haciendo es atendiendo una solicitud que tenemos que respetar por tratarse de un gobierno amigo y respetado como es el de El Salvador para nosotros", añadió.

El canciller hondureño negó que la actitud asumida por los gobiernos de El Salvador, Honduras y Costa Rica, sea una represalia por el fracaso de la reunión de cancilleres que se llevaría a cabo en Tela, "que se tratará de una acción concertada la frustración de la reunión de Tela".

Madrigal Nieto dijo, por su parte, que "nosotros no tenemos por qué tomar una represalia en algo que sencillamente no perjudica particularmente a uno de nuestros países; cualquier atraso lo que hace es perjudicar la causa de la paz, en la cual están interesados todos los países del área".

"A nosotros lo que nos preocupa es la posposición no en la medida en que toque a la vanidad o no de un gobernante, sino más bien en que Centroamérica necesita urgentemente la paz y el desarrollo, y sentimos que cuanto antes deberíamos trabajar en forma intensa para alcanzar esa meta, pero la actitud nuestra no obedece absolutamente a ningún aspecto de vanidad, sino que es una resolución lógica porque no íbamos a ir a una reunión en la que faltara un hombre tan calificado y que tiene tanto que decir en cuanto a la suerte de Centroamérica, como lo sería el presidente Duarte", apuntó.

Madrigal recalcó que "carecería de sentido una reunión en que se convoque a los cinco presidentes y no vaya el presidente Duarte, que es uno de los países que enfrenta todavía una lucha interna".

El canciller costarricense sostuvo que en la búsqueda de la paz en Centroamérica no puede hablar de "fracasos, sino de tropiezos, y los tropiezos son ajenos a la voluntad de los hombres, muchas veces son producto de las circunstancias".

Insistió que "no es un antojo del presidente Duarte el posponer la reunión, no es un acto de irrespeto a los demás colegas, no está inventando el viaje a Europa, sino lo que él dice es que al haber fracasado el proceso preparatorio de la conferencia y no poder contar con un documento que hubiera sido intensamente estudiado por todos los cancilleres de Centroamérica, habrá que posponer la reunión mientras se celebran esas conferencias de cancilleres".

Es de hacer notar, que en las declaraciones que diera Madrigal Nieto después de la primera reunión que sostuvo con el presidente Azcona, manifestó que la reunión de mandatarios centroamericanos programada para el 25 y 26 de este mes se mantenía firme, pese al fracaso de la reunión de cancilleres.

Dijo que con el presidente Azcona conversó sobre la necesidad de considerar nuevas "fórmulas" que completen el Plan de Paz del presidente costarricense, previo a la cumbre de mandatarios.

Madrigal se abstuvo de revelar que las nuevas "fórmulas" que pretenden proponer, aduciendo que "no podemos definirlas así inmediatamente porque a veces más bien se corre el peligro de que cuando se dice una cosa muy compleja en palabras muy breves, se desorienta a la opinión pública". (TDG).

**El presidente de la República, José Azcona y los cancilleres de Costa Rica, Rodrigo Madrigal Nieto y de Honduras, Carlos López Contreras.**

**TIEMPO/13 DE JUNIO DE 1987**

# TIA FLORENTINA Y LOS PLEITOS

Por J. RIERA

*** *...se verá que Pepín tendrá que hacer de taumaturgo para unir a los cheles...*

Supuestamente don José Simón, antes de emprender viaje a Israel. dejó arreglada la casa. Sólo supuestamente. Apenas a unos cuantos días de haber abandonado el solar nativo, la mala hierba invadió los predios y sembrado de cardos los campos labrantíos...

Don José, a su regreso de su corto viaje por el Medio Oriente, casi desconoce el medio. Los campesinos siguen empeñados en adquirir la tierra, a "como haya lugar". En algunos lugares, labriegos y autoridades militares se hacen sus tiritos. Todavía no han aparecido los muertos, pero no sería remoto que un día de estos, uno cualquiera, los periódicos reprodujeran las fotografías de unos desconocidos, abandonados en el monte.

Tal vez Pepín haya pensado, contemplando el desastre socio-político en que se desenvuelve la república: "mejor me hubiera quedado en casa y no salido más allá de la rotonda". Quizá habría sido mejor. El designado presidencial, don Joche Pineda Gómez, que le tuvo la peña, hizo más de lo que podía. Conciliador, trató, que las cosas no llegaran más allá del enfrentamiento verbal. Lo consiguió a medias. En Comayagua y La Paz los campesinos, agotada la paciencia, hicieron lo que nuestro famoso futbolista Zapata en Guatemala: entrarle al toro por los cuernos...

En lo que no pudo hacer nada el sustituto de don José Simón, fue en el pleito, de perros y gatos, en que se hallan involucrados, lo colorados. Tampoco podrá hacerlo Pepín. El Partido Liberal, se encuentra dividido y partido por su eje. Los alconistas por un lado y los restantes por el otro. Nunca llegarán a ponerse de acuerdo. Más que adversarios, parecen irreconciliables enemigos.

Ya en su residencia o en su oficina de la casa de gobierno, el ingeniero Azcona, a menos que sea taumaturgo, podrá enderezar el rumbo. En su ausencia, algunos de sus correligionarios, apartados de la realidad, hablaron de supuestos golpes de estado, tratando de meter en el costal, a los empresarios. Si los militares estuvieran interesados en darle el "pencazo" al ingeniero Azcona, con o sin la complicidad de los empresarios o de otros grupos, lo harían. Lo que realmente ocurre es que las condiciones del área y luego el espíritu democrático que anima a su jefe, el general Regalado Hernández, no permiten la acción.

Lo peor que podría ocurrir al partido colorado en el poder es su falta de madurez. Ellos - algunos líderes- piensan derrotar a su tradicional adversario, el partido de la enseña azul y la estrella solitaria a puros sombrerazos. Posiblemente anden equivocados. Si no hay unión, que sería un verdadero milagro, los nacionalistas se echarán a la bolsa al partido en el poder.

No habrá más golpe que el que los propios liberales están asestando a la democracia, impidiendo que se verifiquen elecciones municipales. Lo que criticaban antes lo ponen en vigencia ahora. Se quejaban y con razón, de los regímenes dictatoriales. Los colorados combatieron con denuedo al gobierno del general Carías, pero a su vez están tratando de imitarlo en estos momentos.

No sabiendo hacia qué rumbo lanzar la piedra, la arrojan sobre el primero que les sale al paso. Hablan del general López Arellano, autor del golpe militar contra el gobierno liberal y democrático de Villeda Morales. Olvidan que don Oswaldo ya no tiene el poder, que no puede, aunque quisiera lanzar al ejército a otra aventura.

La sombra del volantín continúa pendiendo como una moderna espada de Damocles, sobre la cabeza de algunos miembros del partido colorado.

No habrá golpe militar. Lo único, una terrible descomposición dentro de las filas del liberalismo. Una descomposición tan grave y evidente, que bien podría acabar con las pretensiones de continuar, por un periodo más en el disfrute del mando.

Otra vez decimos: Pepín, a su retorno de su venturoso viaje por el Medio Oriente, se verá obligado a saborear las hieles de la desidia y la incomprensión de algunos de sus correligionarios.

¡Después de un gustazo, el trancazo!

LA TRIBUNA/13 DE JUNIO DE 1987

## FIRME AZCONA: ROMERO SE QUEDA EN LA ENP

SAN PEDRO SULA. -El presidente José Azcona ratificó el nombramiento del ingeniero Pablo Romero como nuevo gerente de la Empresa Nacional Portuaria en sustitución del ingeniero Jorge Craniotis.

Una fuente de casa presidencial le informó a TIEMPO que el propio presidente Azcona le dijo al ingeniero Pablo Romero que no cederá ante las presiones del sindicato de la ENP, que se opone al nombramiento.

Según el informante, Pablo Romero visitó al presidente Azcona para decirle que aún estaba a tiempo de nombrar a otra persona en la gerencia de la Portuaria para evitarse problemas con el sindicato de esa institución, sin embargo, el mandatario le dijo que él no estaba dispuesto a reconsiderar ese nombramiento por presiones del sindicato.

La fuente dijo que Pablo Romero será juramentado esta semana y que esta misma semana tomará posesión del cargo, con o sin la anuencia del SITRAENP. (DRM),

TIEMPO/16 DE JUNIO DE 1987

## AZCONA Y PRESIDENCIABLES LIBERALES DECIDIRÁN MAÑANA SOBRE MUNICIPALES

TEGUCIGALPA. - El presidente José Azcona se reunirá mañana nuevamente con los aspirantes presidenciales liberales en búsqueda de un consenso en torno a la suspensión o no de las elecciones municipales.

Azcona Hoyo se reunió el martes anterior con los aspirantes presidenciales a excepción de Carlos Flores Facussé, logrando un acuerdo preliminar sobre la celebración el 6 de septiembre próximo de las elecciones internas.

Esta determinación, se supo, será ratificada hoy posiblemente cuando asista Flores Facussé.

La reunión se desarrollará bajo la expectativa de los miembros del montoyacallejismo, que tendrá dentro a uno de sus miembros: Carlos Montoya.

La alianza azconacallejista en el Congreso, decidió la semana pasada ordenar al Tribunal Nacional de Elecciones (TNE) que declare desierto el proceso municipal convocado para el 29 de noviembre próximo.

Los miembros del TNE, representantes del Partido Liberal Pompilio Romero Martínez y del Nacional, Roberto Callejas han dicho que atenderán la determinación del Poder Legislativo y se da por descontado que la misma actitud asumirá el nacionalista César Tomé Rápalo que representa a la Corte Suprema de Justicia.

Sin embargo, el Asesor Legal del organismo electoral, abogado Manuel Enrique Alvarado, dijo a TIEMPO que el TNE no tiene autoridad para declarar desiertas las elecciones municipales y que tendría que hacerlo el Congreso.

El democristiano Ignacio Osorto opinó que la decisión del Congreso de devolver al TNE la determinación de declarar desierto el proceso es una maniobra del Montoya-callejismo para evadir la responsabilidad directa de hacerlo ellos.

En medios políticos se supo que las comisiones políticas del azconacallejismo observan con expectativa esta cita del Presidente con los aspirantes liberales, pues ellos han adoptado la decisión de suspender los comicios.

Estos políticos encabezados por Carlos Montoya y Rafael Leonardo Callejas, que abandonó ayer el país para pasar unas vacaciones de 30 días en el extranjero, confían en que Azcona sacará de la reunión un consenso para que se apoye la decisión de suspender los comicios.

Azcona ha dicho públicamente que el Tribunal Nacional de Elecciones debería declarar desierto el proceso municipal, coincidiendo con Montoya y Callejas.

Entre tanto el Tribunal Nacional de Elecciones conocerá hasta el miércoles la comunicación oficial del Congreso ordenándole declarar desierto el proceso municipal, pues en la sesión de mañana se ratificará el acta anterior, donde se aprobó la resolución. (GP).

**TIEMPO/15 DE JUNIO DE 1987**

## DAMAS ESPARTANAS PIDEN A AZCONA INSTALACIÓN DE ENERGÍA ELÉCTRICA

CEIBITA WAY, ESPARTA, Atlántida. - Las señoras Enma Varela de García y Aída Rosales, dirigentes del patronato de esta comunidad, piden a través de Diario LA PRENSA al presidente José Azcona del Hoyo que les electrifiquen cuatro comunidades, Relatan ellas, que desde hace tiempos están haciendo esta gestión y pidiendo pacíficamente que les instalen el sistema eléctrico, pero hasta el momento no han tenido resultados positivos.

Ellas confían también en la buena voluntad del ingeniero Jack Arévalo Fuentes, quien cuando visitó los municipios de Atlántida prometió que el gobierno de Azcona les ayudaría a resolver sus problemas más ingentes.

Los habitantes de esta población, indicaron que de no instalarse la luz eléctrica se tomarán la carretera de La Ceiba, ya que todo parece indicar que sólo cuando se practican medidas drásticas es que las autoridades ponen sus buenos oficios. (Félix Rivera, corresponsal).

**Los espartanos piden que les instalen la energía eléctrica.** *(Félix Rivera, corresponsal)*

**LA PRENSA/15 DE JUNIO DE 1987**

# AZCONA DECIDIRÁ REUBICACIÓN FINAL DE GRUPOS CAMPESINOS

SAN PEDRO SULA. - Un promedio de 14 mil hectáreas de tierras han sido entregadas a unos 120 grupos campesinos de las diferentes organizaciones en los departamentos de Cortés, Yoro, Choluteca y parte de Santa Bárbara por la Comisión Gubernamental para la agilización del Plan Emergente de entrega de tierras nombrada por el presidente de la República el 22 de mayo pasado.

Según el representante de dicha comisión de parte de la Asociación Nacional de Campesinos de Honduras (ANACH), Juan Francisco Vásquez, dicha cantidad de tierras y beneficiarios aumentará cuando se revise totalmente las tierras recuperadas por los campesinos en el operativo nacional hecho el mes pasado.

En la actualidad, dijo, se está conociendo todos los casos del departamento de Santa Bárbara, El Paraíso y de Francisco Morazán y consideró que las áreas más conflictivas están en Cortés, Yoro, Santa Bárbara, parte de Choluteca y Comayagua.

Agregó que hasta el momento se han reubicado a unos 16 grupos campesinos de terrenos que a criterio de la Comisión Gubernamental no pueden ser recuperados de acuerdo a la Ley.

Señaló que la reubicación final de estos grupos será hecha al finalizar el trabajo de la Comisión a nivel nacional y explicó se han escogido terrenos ubicados en la zona de El Pantano, Valle de Agalta, El Pico Paulaya en el departamento de Olancho.

Al tener este dato, continuó, se le presentará al presidente Azcona Hoyo el informe correspondiente con la recomendación de reubicar a esta gente lo más pronto posible en estas zonas que son aptas para la agricultura y la ganadería.

Informó el representante de la ANACH que el único problema que ha enfrentado la Comisión es la falta de agilización del INA en la entrega de la información y de los listados de problemas que se vienen ventilando desde 1982. Francisco Vásquez reconoció el apoyo que le está dando las Fuerzas Armadas a dicha Comisión, lo que ha contribuido, dijo, a que se mantenga el ritmo de trabajo (RM).

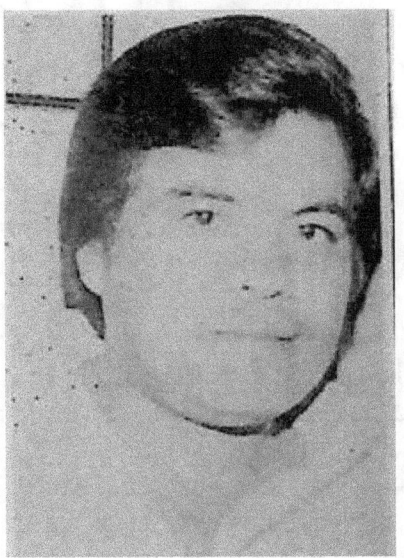

**JUAN FRANCISCO VÁSQUEZ**

**TIEMPO/15 DE JUNIO DE 1987**

175

# ARIAS: ACEPTO LA POSTERGACIÓN

**El canciller de Costa Rica, Rodrigo Madrigal Nieto (centro) llegó ayer a Tegucigalpa para sostener conversaciones con el Presidente José Azcona Hoyo y el canciller Carlos López Contreras, con quienes decidió atender una petición del presidente salvadoreño, José Napoleón Duarte, para que se posponga la reunión presidencial de Guatemala. *(Foto Salgado).*

**EL HERALDO/13 DE JUNIO DE 1987**

*Madrigal Nieto:*
## COSTA RICA DEFIENDE CON VEHEMENCIA SUSPENSIÓN DE AYUDA A LOS 'CONTRAS'

Estados Unidos discrepa un tanto del Plan Arias para la Pacificación de Centroamérica porque Costa Rica propicia con mucha vehemencia la suspensión de la ayuda a la contra nicaragüense, declaró ayer el canciller tico, Rodrigo Madrigal Nieto, al término de una reunión con el presidente José Azcona Hoyo.

Madrigal Nieto llegó a Tegucigalpa para sostener conversaciones con las autoridades hondureñas sobre las posibilidades de que el Plan Arias sirva para dar paso a la suscripción de un Tratado General de Paz que ponga fin a la violencia en la región.

"Estamos desarrollando ideas y tratando de encontrar fórmulas buenas para someterlas a la consideración de los demás colegas de la región", dijo Madrigal Nieto.

Señaló que los gobiernos de Honduras y Costa Rica coinciden en muchos de los puntos incluidos en el Plan Arias, especialmente la necesidad de que se decrete una amnistía política, la celebración de diálogos de reconciliación nacional, el cese al fuego y una mayor apertura de las libertades públicas.

Madrigal lamentó que el "desproporcionado armamentismo" de Nicaragua "provoque que los demás gobiernos de la región también decidan rearmarse" y añadió que esa situación podría superarse si los cinco países se adhirieran a los postulados del Plan Arias.

En relación a las declaraciones del negociador norteamericano, Philip Habib, quien dijo que su gobierno teme que los países centroamericanos firmen un Tratado de Paz que no garantice suficientemente la seguridad exterior de los Estados Unidos, Madrigal sostuvo que esa preocupación se deriva de la defensa ferviente que hace su país para que se suspenda toda ayuda a los contras.

Señaló, sin embargo, que el Plan Arias demanda que todas las partes en conflicto dejen de recibir ayuda externa y que ello incluye también a los guerrilleros salvadoreños.

"El problema centroamericano ha caído en medio del conflicto este-oeste y por ello buscamos fórmulas de paz que representen la voluntad política de los estados centroamericanos", concluyó el canciller tico.

**EL HERALDO/13 DE JUNIO DE 1987**

## AL COHEP:
## AGILIZAR PRIVATIZACIÓN DE EMPRESAS PROMETE AZCONA

TEGUCIGALPA. - El presidente José Azcona prometió a los miembros del Consejo Hondureño de la Empresa Privada interponer sus buenos oficios, a fin de que el sistema de privatización de las empresas quebradas de CONADI siga un ritmo más acelerado.

El mandatario se reunió el jueves con miembros de la Cámara de Comercio e Industrias de Cortés, quienes le informaron sobre la reactivación de la mina de El Mochito, utilizando capital alemán, la instalación de una fábrica de ropa en ese mismo lugar y ofertas sobre la compra de varias de esas empresas, especialmente de Mejores Alimentos y Productos Lácteos Sula.

Hablando para LA PRENSA, el doctor Jorge Gómez Andino expresó que resulta frustrante que la actividad de la Comisión de Evaluación vaya a cuenta gotas, por cuanto hay que aprovechar al máximo el interés de la inversión extranjera en la adquisición de esas empresas ya que de lo contrario siguen en manos de CONADI, representando un gasto todavía oneroso para el fisco.

A su juicio los miembros de esa comisión se fijan en menudencias especialmente de los entes fiscalizadores gubernamentales lo que dependiendo del Congreso Nacional, se gestionará ante sus autoridades superiores para que se acelere el proceso de privatización a través de mecanismos viables, evitando que los inversionistas extranjeros pierdan su entusiasmo demostrado durante los últimos días.

El contrabando ocupó la atención durante el cambio de impresiones pues se ha incumplido la realización de la campaña nacional para contrarrestarlo, fijada para efectuarla con el Ministerio de Hacienda a principios de este año.

El galeno agregó que incluso existe determinada cantidad para iniciar la cruzada y para colmo de males, tampoco la comisión integrada en su momento para llevar a cabo ese trabajo se ha reunido.

El presidente informó que lo antes posible hablará con el abogado Efraín Bu Girón para determinar la fecha cuando se iniciará la campaña y fijar los mecanismos que se seguirán.

También la suspensión de las elecciones municipales fue tema de discusión, reconociendo el mandatario que eso ha ocurrido en parte porque los partidos no cumplieron con la ley respectiva en su oportunidad.

"El presidente Azcona nos informó que ante lo sucedido se buscan los mecanismos adecuados para llegar a un acuerdo que sea adecuado a los intereses de la nación, aunque arguye la inconveniencia de estar en forma casi perenne en la práctica de elecciones, durante cuya vigencia paralizamos todo, incluso la producción, contrario a lo que sucede en otros países, en donde al día siguiente de los procesos no se habla de política y todo mundo se dedica a sus quehaceres", comentó el dirigente empresarial.

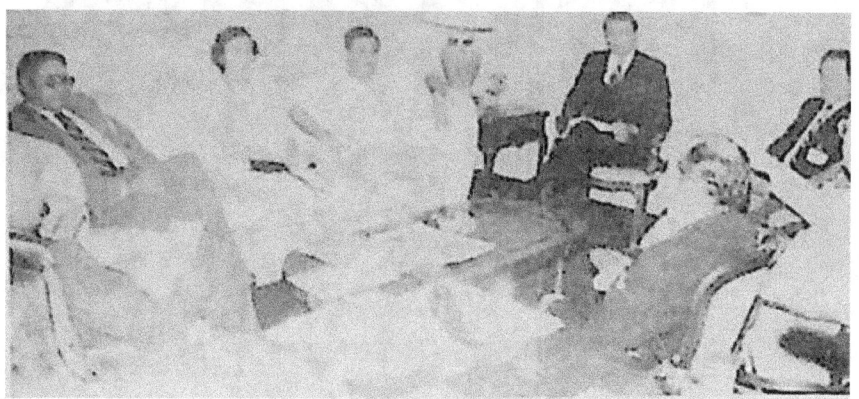

**Dirigentes del Consejo Hondureño de la Empresa Privada COHEP, reunidos con el presidente José Azcona Hoyo.** *(Foto Aulberto Salinas).*

**LA PRENSA/13 DE JUNIO DE 1987**

## AZCONA Y CTH SE REÚNEN HOY PARA ACLARAR TRES DESPIDOS

TEGUCIGALPA. - El presidente de la república, José Azcona Hoyo, se reunirá mañana con la dirigencia de la Confederación de Trabajadores de Honduras CTH y las autoridades de la Dirección General de Servicio Civil para discutir y resolver un caso relacionado con el despido de tres empleados del gobierno.

Mariano de Jesús Gonzales, presidente de la CTH, dijo que el director de Servicio Civil, Donaldo Valladares, sin dar las explicaciones y justificaciones del caso, despidió recientemente a un motorista y a dos empleados del Departamento de Administración.

Los afectados acudieron en amparo ante los dirigentes de la Asociación Nacional de Empleados Públicos (ANDEPH) y de la CTH, quienes hasta el momento y pese a las consultas con el director de Servicio Civil, no han logrado el reintegro de los cesanteados. Servicio Civil ha sido un organismo creado para mantener el equilibrio entre los servidores públicos y el gobierno, sin embargo, es este organismo el que está atropellando e irrespetando la ley, acusó Gonzáles.

Precisó que lo que se busca es el reintegro de los despedidos por cuanto no hay causales como para que sean separados de sus cargos y de ninguna manera van a negociar las prestaciones como lo plantea el director de Servicio Civil.

**LA PRENSA/15 DE JUNIO DE 1987**

*Gobierno guatemalteco:*
# IRRESPONSABILIDAD HISTÓRICA SERÍA SUSPENDER LA CUMBRE

Guatemala (ACAN-EFE). - El gobierno de Guatemala se mostró "sorprendido" ayer tarde por la anunciada suspensión de la "cumbre" presidencial "Esquipulas II", a petición del presidente de El Salvador, José Napoleón Duarte.

El vicecanciller, encargado del despacho, Julio Armando Martini. afirmó a ACAN-EFE que el gobierno de Guatemala "no ha recibido ninguna petición de El Salvador para que sea aplazada la cumbre presidencial, prevista para el 25 y 26 de junio".

"Mantenemos firme la línea de realizar las reuniones de cancilleres si el resto de los países de la región están anuentes", indicó el viceministro del exterior.

El diplomático agregó que Guatemala está decidida a acudir a cualquier reunión de responsables de la política exterior de los países centroamericanos.

Dijo que el anuncio hecho por los cancilleres de Honduras, Carlos López Contreras y Costa Rica, Rodrigo Madrigal Nieto, "vienen a sorprendernos, porque lo lógico era que El Salvador hiciera su petición de aplazamiento al gobierno de Guatemala, por ser el anfitrión de la cumbre".

Con anterioridad, el portavoz presidencial de Guatemala, Julio Santos, había dicho que una inasistencia de El Salvador a la "cumbre" presidencial "Esquipulas II" o pedir su aplazamiento, "es no afrontar con responsabilidad la situación que vive Centroamérica ni hacer esfuerzos por alcanzar la paz".

"No se puede prever un fracaso de algo que aún está en su fase preparatoria", agregó Santos, al refutar las afirmaciones del canciller salvadoreño, Ricardo Acevedo Peralta, quien considera que la causa serían el 'clima de desconfianza y alejamiento" de los países centroamericanos.

El portavoz del presidente Vinicio Cerezo subrayó que "Guatemala y el resto de las naciones de la región no pueden echar marcha atrás al reto histórico que presenta el conflicto centroamericano en la actualidad".

Dijo que "no puede haber fracaso". tras recordar que la comunidad internacional espera con expectativa "resultados positivos" de la cita presidencial, porque el área está bajo la mirada de las naciones democráticas.

"Claro -dijo Santos- que El Salvador, si considera que no existen las condiciones para la reunión presidencial, puede proponer su aplazamiento en la reunión previa de cancilleres que celebrará el 23 y 24 de junio en esta capital".

Pero será "una irresponsabilidad histórica, rehuir al diálogo y a la negociación, en estos momentos, en que hasta Estados Unidos ha mostrado su interés por una salida diplomática al problema bélico". subrayó el portavoz presidencial de Guatemala.

Indicó que el presidente Cerezo ha recibido la confirmación de asistencia de los cinco gobernantes del área, y "precisamente para conocer la posición de Honduras", viajará el próximo martes para entrevistarse y tratar ese tema con el presidente José Azcona.

Para el canciller Acevedo Peralta, las causas para pedir el aplazamiento de la "cumbre" serían "la falta de un trabajo previo, de una discusión de cancilleres, la ausencia de un consenso mínimo y la modificación del plan original de paz".

Argumentó, además, que eso "sería la causa de una reunión confrontativa" entre los cinco presidentes centroamericanos.

**EL HERALDO/13 DE JUNIO DE 1987**

# POSPONER LA "CUMBRE" POR MESES SERÍA UNA BURLA AL DIÁLOGO Y PAZ

SAN JOSE, COSTA RICA, (ACAN-EFE). - Oscar Arias, presidente de Costa Rica y gestor del Plan de Paz que se iba a analizar en la "cumbre" de presidentes centroamericanos suspendida ayer, aceptó el retraso con la condición de que sea "por unos días, o lo máximo algunas semanas".

Arias Sánchez declaró anoche que la suspensión "por meses" de esta reunión, cuya celebración estaba programada para el 25 y 26 de junio en la capital de Guatemala, "sería una burla al diálogo y al deseo sincero de los pueblos centroamericanos" de lograr la paz.

La dilación de la cita de los cinco gobernantes, donde sería conocida la propuesta de paz de diez puntos de Oscar Arias, fue anunciada ayer en Tegucigalpa por los cancilleres de Costa Rica, Rodrigo Madrigal Nieto, y de Honduras, Carlos López Contreras.

La suspensión de la cita fue anunciada después que el gobierno de El Salvador afirmase que no asistiría a la reunión de Guatemala si no estaba precedida por al menos cuatro encuentros de cancilleres de la región.

Una reunión de ministros de Relaciones Exteriores prevista para los días 22 y 23 de junio en la capital guatemalteca había fracasado al negarse el canciller hondureño a asistir.

La propuesta de Arias Sánchez prevé un alto al fuego en los países que enfrentan conflictos armados en el área, la suspensión de toda ayuda exterior a grupos rebeldes, una amnistía general y el diálogo entre los gobiernos y las fuerzas políticas internas.

"Estoy de acuerdo (con la posposición) si es estrictamente necesario y si con esta postergación vamos a aunar voluntades y encontrar un consenso que nos permita llevar la paz que los pueblos centroamericanos anhelan". apuntó Arias Sánchez.

**EL HERALDO/13 DE JUNIO DE 1987**

## EDITORIAL
## LA EXPLOTACIÓN DE EL MOCHITO PRONTO SE REANUDARÁ

El problema del cierre del mineral El Mochito –al dejar su explotación la transnacional Rosario Resources Corporation- está a punto de ser resuelto, y este hecho viene a constituir uno de los más importantes logros del gobierno.

La firma alemana Metallgesellschaft ha llegado a acuerdos con los negociadores gubernamentales, dirigidos por el Designado a la Presidencia de la República, ingeniero Jaime Rosenthal Oliva –por disposición del presidente, ingeniero José Azcona del Hoyo-quien ciertamente ha sido extraordinariamente eficaz y diligente para cumplir con la misión a él encomendada.

Bien se sabe que el cierre de la mina significaba un golpe demoledor a la economía del país, pero sobre todo para las 1,200 familias que dependen del empleo generado por esa empresa, y para la región donde se ubica el mineral.

La actitud insensata del Sindicato Obrero de El Mochito (SOEM), partiendo de malos cálculos sobre la situación de la plata en el mercado mundial y de prejuicios muy propios del liderazgo laboral, precipitaron la salida de la Rosario Resources Co., que buscaba una oportunidad para acabar sus operaciones en Honduras por razones económicas.

Asimismo, el gobierno al principio mostró poca agilidad e imaginación para enfrentar el caso. Una notable propuesta del licenciado Jorge Bueso Arias, que pudo en su momento dar una buena salida, fue prácticamente ignorada.

Cuando el problema estaba ya en un punto casi insoluble, se le dio al designado Rosenthal Oliva la responsabilidad de buscar una solución, con los frutos ahora comentados, que le dan al gobierno un triunfo digno del mayor encomio y que recae, naturalmente, en favor del presidente Azcona.

Anteriormente el ingeniero Rosenthal Oliva, con mucha experiencia y personal desinterés en negociaciones económicas, ha logrado similares triunfos para este gobierno liberal. Por ejemplo, los arreglos para resolver los problemas entre las dos transnacionales bananeras –la United Fruit Company y la Standard Fruit Company- y los trabajadores, a la hora de enfrentar problemas para la aplicación de los respectivos contratos colectivos.

Gracias a esas negociaciones, hoy los trabajadores bananeros gozan de estabilidad en sus empleos, algo de suma importancia en esta época de crisis de desempleo y de depresión en las inversiones, y, además, estas empresas han entrado en una etapa de expansión de sus plantaciones.

Igual podemos decir de la decisiva contribución del designado Rosenthal Oliva para solucionar los problemas de la administración y rehabilitación de Cementos de Honduras, en su quinta expansión, que parecía condenada al fracaso. En buena medida, las relaciones personales del designado con la firma F.L. Schmidt y Co., hizo posible la readecuación de la deuda de Cementos de Honduras en condiciones muy ventajosas para el Estado hondureño.

También podríamos señalar el esfuerzo positivo del ingeniero Rosenthal para lograr la readecuación de la deuda externa de Honduras, cuyos avances han sido espectaculares, todo ello en su condición de asesor del presidente Azcona del Hoyo para asuntos económicos.

La solución del problema de El Mochito, debe servir de punto de reflexión para todos los hondureños, pero principalmente para los trabajadores que estuvieron a punto de quedar completamente desempleados.

Una de las características del arreglo que está a punto de concluir es el de que no se trata de una venta del mineral, sino de una concesión para la explotación del mismo, en el cual también participará capital privado nacional en un monto prácticamente de igual a igual. Este hecho determina, también, la confianza que los propios hondureños tenemos en el futuro económico de nuestro país.

El gobierno que preside el ingeniero José Simón Azcona del Hoyo tiene, por esto, sobrados motivos de satisfacción por el deber cumplido, y merece el aplauso de todo el país.

**TIEMPO/12 DE JUNIO DE 1987**


### A petición de Duarte
## SUSPENDIDA CUMBRE DE GUATEMALA

TEGUCIGALPA. (ACAN- EFE). - Honduras y Costa Rica anunciaron ayer haber accedido a la petición del presidente de El Salvador, José Napoleón Duarte, de aplazar la "cumbre" de gobernantes centroamericanos prevista para los días 25 y 26.

Los jefes de la política exterior de Honduras y Costa Rica, Carlos López Contreras y Rodrigo Madrigal Nieto, respectivamente, anunciaron en esta capital la suspensión de la "cumbre Esquipulas II", atendiendo a la petición del presidente Duarte.

Desde San Salvador se informó que Duarte manifestó que antes de la "cumbre" de presidentes centroamericanos, los cancilleres de cada país deben reunirse al menos cuatro veces para preparar un documento básico.

Al inaugurar una oficina que centralizará las exportaciones del país, el presidente Duarte pidió hoy "al canciller (Ricardo Acevedo Peralta) que proponga a los presidentes centroamericanos que realicen por lo menos cuatro reuniones antes de la cumbre", y afirmó que "es mejor que tomemos nuestro tiempo".

Los presidentes centroamericanos tenían previsto reunirse dentro de trece días, en Guatemala, para analizar el plan de paz presentado en febrero por el presidente costarricense, Oscar Arias.

Antes del anuncio de la suspensión, Duarte había reconocido que su celebración "nos coloca en una posición de ir a la cumbre sin un papel de trabajo de los cancilleres".

Asimismo, el canciller salvadoreño, Ricardo Acevedo Peralta, había manifestado hoy que, de no posponerse la "cumbre" presidencial, "podría producirse una reunión confrontativa" y el "fracaso de la reunión, lo que queremos evitar a toda costa".

Acevedo Peralta agregó que los cancilleres centroamericanos, previamente a la "cumbre", deben desarrollar un documento único, con el consenso de los cinco países, para que pueda ser discutido y aprobado por los gobernantes de Centro América.

Por otro lado, el presidente Duarte anunció esta mañana que su colega costarricense, Oscar Arias, visitará El Salvador para "intercambiar puntos de vista" sobre el proceso de paz en el área.

Sin precisar una fecha determinada, el dirigente salvadoreño dijo que el presidente Arias vendrá en los "próximos días" para conversar no sólo sobre la "cumbre", sino también del proceso de pacificación en Centro América.

"En las últimas semanas se han multiplicado las visitas entre presidentes y enviados del área", dijo Duarte refiriéndose, entre otros, a las giras efectuadas por el embajador especial de la Casa Blanca para Centroamérica, Phillip Habib, y por el canciller de Costa Rica, Rodrigo Madrigal Nieto.

## SUSPENDIDA CUMBRE DE GUATEMALA

El canciller de Costa Rica, Rodrigo Madrigal Nieto, se entrevistó ayer con el presidente Azcona (gráfica) con quien dialogó sobre el Plan Arias y sobre la solicitud presentada por el gobernante salvadoreño, José Napoleón Duarte, a fin de que la reunión de mandatarios sea suspendida mientras se logra un cierto entendimiento entre los países del área y se disipa el clima de desconfianza que priva en la región. (Foto Salinas).

**LA PRENSA/13 DE JUNIO DE 1987**

# SORPRENDIDO GOBIERNO DE CEREZO

**GUATEMALA, 12 Jun, (ACAN-EFE). -** El gobierno de Guatemala se mostró "sorprendido" esta tarde por la anunciada suspensión de la "cumbre" presidencial "Esquipulas II", a petición del presidente de El Salvador, José Napoleón Duarte.

El vicecanciller encargado del despacho, Julio Armando Martini, afirmó a ACAN-EFE que el gobierno de Guatemala "no ha recibido ninguna petición de El Salvador, para que sea aplazada la cumbre presidencial, prevista para el 25 y 26 de junio".

Dijo que el anuncio hecho por los cancilleres de Honduras, Carlos López Contreras y Costa Rica, Rodrigo Madrigal Nieto, "vienen a sorprendernos, porque lo lógico era que El Salvador hiciera su petición de aplazamiento al gobierno de Guatemala, por ser el anfitrión de la cumbre".

## LA PRENSA/13 DE JUNIO DE 1987

# IKLE Y ABRAMS HABLARON SOBRE ASUNTOS DE DEFENSA CON AZCONA

**TEGUCIGALPA. –** El subsecretario de Defensa de los Estados Unidos, Fred Ikle, y el subsecretario de Estado Adjunto para Asuntos Interamericanos, Elliot Abrams, se reunieron ayer con el presidente José Azcona Hoyo, para tratar asuntos de defensa, económicos, y la determinación del Congreso de los Estados Unidos de permitir la venta de los aviones F-5 a Honduras.

En la reunión, que duró más de una hora, participaron también el sub-secretario de Defensa para Asuntos Interamericanos, Robert Pastor Pastorino, el miembro del Consejo de Seguridad Nacional José Solórzano y el embajador de los Estados Unidos en Honduras, Everett Briggs.

Asimismo, participó el jefe de las Fuerzas Armadas, general Humberto Regalado Hernández, y otros altos jefes militares, extrañándose la ausencia del ministro de Relaciones Exteriores, Carlos López Contreras.

El sub-secretario de Defensa, Fred Ikle, dijo que en la reunión con el presidente Azcona abordaron temas bilaterales relacionados con asuntos económicos y de defensa, y de la "decisión positiva" del Congreso de los Estados Unidos para la entrega de los aviones F-5 a Honduras, rehusando entrar en más detalles.

Por su parte, el embajador Everett Briggs manifestó que los aviones F-5 estarían llegando a Honduras en octubre o noviembre de este año.

En tanto, Elliot Abrams rehusó dar declaraciones a la prensa señalando que el vocero oficial era Fred Ikle, quien para transmitir sus breves palabras en español tuvo que auxiliarse del embajador Briggs. (TDG).

## TIEMPO/16 DE JUNIO DE 1987

# DUARTE ENVÍA SU MINISTRO DE RELACIONES EXTERIORES

**TEGUCIGALPA. –** El ministro de Relaciones Exteriores de El Salvador, Ricardo Acevedo Peralta, llegará hoy a Tegucigalpa, para discutir probablemente con el gobierno hondureño la suspensión de la reunión cumbre de mandatarios centroamericanos.

La visita de Acevedo Peralta coincide con la llegada del presidente de Guatemala, Vinicio Cerezo Arévalo, quien se reunirá con su homólogo José Azcona Hoyo, para tratar de que la reunión de mandatarios se realice el 25 y 26 de este mes en Guatemala, como se tiene programada.

El canciller salvadoreño estuvo en Honduras antes de que el presidente Azcona viajara a Israel, y con el canciller Carlos López Contreras discutió la reunión de cancilleres centroamericanos que se llevará a cabo en Tela. (TDG).

**TIEMPO/16 DE JUNIO DE 1987**

# HOY ARRIBA VINICIO CEREZO

***\*\*\*La entrevista será en la base aérea y militar Hernán Acosta***

**TEGUCIGALPA.** - El presidente de Guatemala, Vinicio Cerezo Arévalo, arribará hoy a Tegucigalpa, a las 9 de la mañana, para dialogar con el presidente José Azcona Hoyo sobre asuntos relacionados con la crisis centroamericana, especialmente la suspensión de la reunión de mandatarios centroamericanos que se llevará a cabo en Guatemala el 25 y 26 del presente mes.

El mandatario guatemalteco se reunirá por espacio de dos horas con el presidente Azcona en la base militar, "Hernán Acosta Mejía" de Toncontín, en donde no se permitirá el acceso de periodistas, comunicó ayer el secretario de Prensa, Lisandro Quezada.

El presidente Cerezo, según trascendió ayer, está interesado en que la cumbre de mandatarios centroamericanos no se suspenda, puesto que implicaría un retraso en la búsqueda de la paz para la región.

La posposición de la reunión ha sido solicitada por los presidentes de El Salvador, Honduras y Costa Rica, inmediatamente después de la visita realizada por el enviado especial de los Estados Unidos, Philip Habib, quien planteó la preocupación de la administración Reagan de que en esa reunión se suscribiera un acuerdo de paz para Centroamérica que no salvaguarde los intereses de seguridad de los Estados Unidos.

La solicitud de posposición de la cumbre fue planteada luego de que el gobierno hondureño comunicara la cancelación de la reunión de cancilleres centroamericanos que se llevaría a cabo en Tela, en vista del descontento surgido porque los cancilleres de Guatemala y Nicaragua habían iniciado pláticas bilaterales previas a esa reunión.

En la reunión de Cerezo y Azcona se presume que participarán también el jefe de las Fuerzas Armadas, general Humberto Regalado Hernández, y el ministro de Relaciones Exteriores, Carlos López Contreras. (TDG).

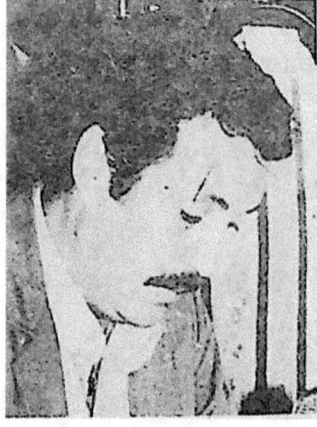

**TIEMPO/16 DE JUNIO DE 1987**

# HOY ARRIBA CEREZO A TEGUCIGALPA

El presidente de Guatemala, Marco Vinicio Cerezo Arévalo, llegará hoy para dialogar con su homólogo hondureño, José Azcona, sobre la posibilidad de realizar la cumbre prevista para el 25 y 26 de junio próximo.

Oficialmente, hasta ayer tarde los voceros de Casa de Gobierno no habían precisado los temas a abordar entre ambos gobernantes, pero se supo que hablarán sobre la intempestiva suspensión de la reunión cumbre.

Cerezo será recibido a las 9:00 de la mañana por Azcona, en la Base Aérea Hernán Acosta Mejía, lugar en donde se verificarán las reuniones de trabajo y de consulta, a la que no tendrán acceso los periodistas.

En declaraciones ofrecidas en Guatemala a la periodista Dolores Valenzuela a una radio local y reproducidas ayer por Radio América, el presidente guatemalteco Cerezo sostuvo que particularmente el enviado especial norteamericano Phillip Habib no había presionado a su gobierno para suspender la reunión de presidentes.

"A nosotros no nos presionó Phillip Habib, no sé a los otros presidentes; así como nosotros no aceptaríamos presiones de ninguna naturaleza de nadie, dudo que los otros presidentes lo hagan", sostuvo el gobernante guatemalteco.

En todo caso, agregó, "tendremos que consultar, Napoleón Duarte nos dirá cuál es la posición de los Estados Unidos. En lo personal creo que la suspensión de la reunión afecta especialmente la imagen de los Estados Unidos en el área centroamericana, porque todo el mundo va a pensar que ellos trabajaron para suspenderla".

"Estábamos dispuestos a visitar Tela en cualquier momento", comentó Vinicio Cerezo, quien agregó que "Guatemala es uno de los pocos países que ha manifestado su decisión de ir a cualquier país de Centroamérica a participar en cualquier reunión".

Sin especificar a qué gobierno se refería, manifestó que "es otro país centroamericano el que no manifestó especial interés por la reunión de cancilleres en Tela".

Sobre su visita a Honduras, el presidente Cerezo adelantó que con su homólogo hondureño abordarían temas sobre la reunión de Guatemala, las razones de la suspensión y la posibilidad de restablecer una nueva fecha.

## LA TRIBUNA /16 DE JUNIO DE 1987

*No habrá acceso a la prensa*
## EN SECRETO CONVERSARÁN AZCONA Y VINICIO CEREZO

La conferencia que hoy celebrarán los presidentes de Honduras y Guatemala, José Azcona Hoyo y Vinicio Cerezo Arévalo, será inaccesible para la prensa nacional e internacional, de acuerdo a lo preparado hasta la fecha.

Esta noticia despertó la incertidumbre de lo que pasará, lo cual se vio fortalecido desde ayer al conocerse la entrevista que sostuvieron el presidente Azcona Hoyo y sus colaboradores con el subsecretario de Estado para Asuntos Interamericanos de los Estados Unidos, Elliot Abrams, que sorpresivamente arribó ayer tarde a Tegucigalpa.

La conferencia Azcona-Cerezo se realiza en el marco del trajín diplomático que envuelve a las naciones centroamericanas, luego que se anunciara el viernes anterior la suspensión de la cumbre de presidentes que debía efectuarse el próximo 25 y 26 del presente mes en Guatemala.

El presidente guatemalteco realiza maniobras y esfuerzos extraordinarios para salvar la realización de la cumbre y para ello cuenta con el apoyo público de su homólogo nicaragüense Daniel Ortega.

La cita entre los mandatarios de Honduras y Guatemala estaba anunciada desde la semana anterior, pero la cancelación de la cumbre presidencial y el sorpresivo arribo de Abrams a Tegucigalpa cambiaron totalmente el panorama de la misma.

La reunión de ambos presidentes se efectuará hoy a las ocho de la mañana en la Base Aérea "Hernán Acosta Mejía" de la Fuerza Aérea Hondureña (FAH), en Tegucigalpa. De acuerdo al protocolo, Cerezo no saldrá de la base y una vez concluya su conferencia con Azcona abordará su avión que lo conducirá a su país o bien lo traslade a otra capital centroamericana si las circunstancias lo permiten, de acuerdo a la intensa gestión en que está envuelta la diplomacia centroamericana en estos momentos.

**EL HERALDO/16 DE JUNIO DE 1987**

# ELLIOT ABRAHAM Y SUBSECRETARIO DE DEFENSA DE EUA EN TEGUCIGALPA

**TEGUCIGALPA. (Por Faustino Ordóñez Baca).** – El presidente de la República, José Azcona Hoyo y el jefe de las Fuerzas Armadas, general Humberto Regalado Hernández, se entrevistaron por más de una hora ayer con el secretario adjunto de Estado para América Latina, Elliot Abrams y el subsecretario de la defensa Fred Ikle, de los Estados Unidos donde trataron aspectos de defensa y temas bilaterales.

La reunión inició a las cuatro con treinta minutos y finalizó a las cinco con cuarenta participando, además, el subsecretario de defensa para asuntos interamericanos, Robert Pastorino, el embajador estadounidense en Honduras, Everett Briggs, y José Zorzano, identificado como miembro del Consejo de Seguridad de los Estados Unidos. "Abordamos temas bilaterales, hablamos sobre la decisión conflictiva de los aviones F-5", dijo lacónicamente el subsecretario de defensa, único autorizado para hablar, mientras era escoltado por un grupo aproximadamente de 10 guardaespaldas que imposibilitaron la labor de los periodistas.

Las medidas de seguridad fueron extremas al grado que en el interior de la Casa de Gobierno fue cercado con vallas el lugar donde se encontraban más de 30 representantes de los medios, entre periodistas, camarógrafos y fotógrafos, lo que dio lugar a que los comunicadores sociales optaran por salirse para esperar la salida de los funcionarios norteamericanos.

El embajador norteamericano, Everett Briggs, anunció que las primeras entregas de los aviones de combate F-5 comenzarán en octubre y noviembre próximo.

Pese a que en reiteradas ocasiones se les preguntó a los representantes del gobierno norteamericano sobre la cancelada cumbre de mandatarios centroamericanos, estos rehusaron referirse al tema.

El jefe de las Fuerzas Armadas, general Regalado Hernández, salió por la puerta de atrás de Casa Presidencial, o sea la que da ingreso a la Guardia de Honor Presidencial; los periodistas tanto los nacionales como los extranjeros se quejaron de los principales portavoces del presidente Azcona Hoyo quienes no se interesaron en organizar una mini-conferencia para conocer sin dificultades las impresiones de los visitantes.

Los distinguidos visitantes estadounidenses en los momentos que dialogaban con el presidente hondureño, Azcona del Hoyo, que aparece al extremo derecho. (Foto Aulberto Salinas).

LA PRENSA/17 DE JUNIO DE 1987

## MONAMAH ADVIERTE
## AZCONA CONOCERÁ HOY PRUEBAS DE VIOLACIONES

**TEGUCIGALPA.** - La dirigencia de los colegios magisteriales agrupados en el Movimiento Nacional del Magisterio Hondureño (MONAMAH) informarán hoy al presidente José Azcona Hoyo sobre las anomalías que están cometiendo los funcionarios del Ministerio de Educación, acción que está empañando el gobierno liberal, informó Nery Rodrigo Paredes, presidente del COLPROSUMAH.

Además, la dirigencia magisterial presentará las pruebas al mandatario sobre las violaciones a las leyes educativas "que en forma constante se presentan en la cartera de educación y que, a pesar de los constantes reclamos, los funcionarios no han buscado mecanismos para remediar esta situación", dijo Marina Lemus de Morazán, presidenta del Colegio Profesional Magisterial Hondureño.

Los maestros aducen que "es necesario que el presidente Azcona intervenga en forma directa en la problemática educativa pues el magisterio nacional está dispuesto a llegar hasta las últimas consecuencias", "y no queremos que ello suceda, porque consideramos que vivimos en un gobierno constitucional y democrático, y confiamos en la capacidad del presidente Azcona para que estos problemas le sean resueltos al magisterio hondureño", agregó la profesora Lemus de Morazán.

También el Sindicato de Profesionales Docentes de Honduras (SINPRODOH), "apoyará el planteamiento que le presentarán al mandatario hondureño" además los maestros sindicalistas "le expondremos sobre el programa de profesionalización para maestros afiliados ya que Azcona desde el año anterior nos prometió que estaba para aprobar el programa y nos han comunicado que existe ya la transferencia de fondos para que la profesionalización inicie de inmediato", dijo Magdalena de Burgos, presidente del SINPRODOH, quien agregó que "apoyaremos las decisiones que el MONAMAH estime convenientes".

Por su parte Lila Luz de Maradiaga de PRICMAH señaló que "también el mandatario conocerá de la aprobación del Estatuto del Docente Hondureño, aspecto que fue considerado como el más importante en vista de que representa el interés de todos los maestros de Honduras", indicó la maestra.

Los dirigentes magisteriales serán recibidos hoy por el titular del ejecutivo, quien además conocerá aspectos importantes relacionados con el Sindicato de Trabajadores del Instituto Nacional de Previsión del Magisterio (SITRAIMPREMA).

**LA PRENSA/16 DE JUNIO DE 1987**

www.ingramcontent.com/pod-product-compliance
Lightning Source LLC
Chambersburg PA
CBHW081658120626
46550CB00010B/2941